新时代法学教育与法学理论文库

本项目受到到国家社科基金资助，批准号：17BFX049。

# 分散型民事执行程序研究

百晓锋 ——————— 著

THE DECENTRALIZED STRUCTURE OF
THE ENFORCEMENT SYSTEM

法律出版社
LAW PRESS · CHINA
——北京——

**图书在版编目（CIP）数据**

分散型民事执行程序研究 / 百晓锋著． -- 北京 ：法律出版社，2024． --（新时代法学教育与法学理论文库）． -- ISBN 978 -7 -5197 -9509 -2

Ⅰ．D925．118．35

中国国家版本馆 CIP 数据核字第 20242Z1K32 号

**分散型民事执行程序研究**
**FENSANXING MINSHI ZHIXING CHENGXU YANJIU**

百晓锋 著

责任编辑 赵明霞　宋佳欣
装帧设计 鲍龙卉

**出版发行** 法律出版社
**编辑统筹** 法商出版分社
**责任校对** 王　丰　郭艳萍
**责任印制** 胡晓雅
**经　　销** 新华书店

**开本** 710 毫米×1000 毫米　1/16
**印张** 17．5　　**字数** 242 千
**版本** 2024 年 11 月第 1 版
**印次** 2024 年 11 月第 1 次印刷
**印刷** 北京建宏印刷有限公司

地址：北京市丰台区莲花池西里 7 号（100073）
网址：www．lawpress．com．cn
投稿邮箱：info@ lawpress．com．cn
举报盗版邮箱：jbwq@ lawpress．com．cn

销售电话：010 - 83938349
客服电话：010 - 83938350
咨询电话：010 - 63939796



**书号**：ISBN 978 -7 -5197 -9509 -2
**定价**：66．00 元

凡购买本社图书，如有印装错误，我社负责退换。电话：010 - 83938349

# 目 录

Contents

# 绪 论

## 一、问题意识

清末新政以来，我国法院的生效裁判一直由法院，尤其是第一审法院负责执行。在法院内部的权力配置上，法官也一直居于绝对的主导地位。这在比较法上并不是一种流行的制度安排。在欧美发达国家，仅有西班牙等少数国家仍在坚持这种做法，其他国家要么将执行工作整体移交给行政机关，使法院仅负责裁判，要么在审执分离的基础上，由诉讼法院以外的其他法院和具有一定独立地位的执行员（或司法警察）分工负责。

比较法上的弱势很容易使第一审法院负责执行的国家陷入反思。比如，有西班牙学者在比较欧洲国家的执行体制时指出，裁判的执行是西班牙诉讼制度中最为糟糕的领域之一。现行《西班牙民事诉讼法》制定于1881年，反映的是乡村社会的需求，无法满足现代社会和商业活动的需要。[1] 民国时期，南京国民政府顾问法国人宝道也曾指出："在大多数之外国，执行之事皆由执行吏行之，其人不属于法院，但受法院之监督而已，判决之副本，恒附以执行之规则，由书记官发给，如无其他问题发生，执行之事完全由书记员及执行吏办理之。"[2] 进入21世纪，党的十八届四中全会决定"推动实行审判权和执行权相分离的体制改革试点"以

---

〔1〕 See Juan Pablo Correa Delcasso, *Efficiency in the Methods of Enforcement of Judgments: Public vs. Private system*, in Mads Andenas et al., eds., Enforcement Agency Practice in Europe, British Institute of International and Comparative Law, 2005, p. 49.

〔2〕 参见［法］宝道：《中国诉讼法改良之意见（1933年）》，载王健编：《西法东渐：外国人与中国法的近代变革》，译林出版社2020年版，第647页。

后，将执行工作从法院剥离的呼声更是不绝于耳。

不过，法律移植显然不是制度比较那么简单。比较法研究早就指出，每个法律体系都是“各种决定性因素之特定结合的独特产物”；它不但与所处的文化和社会环境密不可分，也深受历史传统的束缚。正所谓，“每一个社会、每一种法律体系都是其历史的囚徒”。[1] 考虑到我国法院百余年来一直负责执行的历史“传统”，要在短期内切换到行政机关负责的“外分”模式，显非易事。党的十八届四中全会的决定使用“推动实行……改革试点”的表述，而非直接推进相关改革，足以说明决策层对这一问题的慎重。

本书认为，尽管在比较法上，第一审法院负责执行可能是一种相对落后的制度安排，但从历史的角度来看，旋即将执行工作从法院剥离并非明智之举。就当下而言，更为迫切的任务应是解决“审执不分”的最大障碍——法官和执行员的身份混同，而非其他。

根据《人民法院组织法》《民事诉讼法》《法官法》的规定，法官和执行员是两个完全不同的权力主体：前者代表国家行使审判权，后者则专门办理执行事项。但在实践中，由于执行员队伍建设滞后，绝大部分的执行员由法官充任。有数据显示，2011 年前后，全国法院约有 4 万名执行人员，但执行员仅有 2000 多人，其余均为法官。[2] 由此导致的后果是，在执行过程中，法官不仅行使审判权，处理执行异议等裁判事项，也作为案件承办人，全面负责采取执行措施等事务性工作。这在比较法上是罕见的。即便在同样由第一审法院负责执行的西班牙，法官也不会全面介入事务性工作的实施。

新时代以来，虽然司法人员分类管理改革和员额制改革使法官大量退

---

〔1〕 参见［德］伯恩哈德·格罗斯菲尔德：《比较法的力量与弱点》，孙世彦、姚建宗译，清华大学出版社 2002 年版，第 68～74 页。

〔2〕 参见卫彦明、范向阳：《〈关于执行权合理配置和科学运行的若干意见〉的理解与适用》，载《人民司法·应用》2011 年第 23 期。

出执行领域，但由于执行员队伍建设滞后，法官以执行员的名义行使执行权的现象并没有实质改观。相反，随着2018年《人民法院组织法》删除执行员办理执行事项的规定，将法官助理、书记员和司法警察作为主要的审判辅助人员，《人民法院执行工作纲要（2019—2023）》也开始倡导以法官为主导的“法官+法官助理+书记员+司法警察”团队办案模式，使执行员的生存空间受到法官和审判辅助人员的双重挤压，立法与实践的脱节更为严重。

若未来的司法改革果真放弃执行员制度，审执分离改革无疑会失去一个调和“内分”和“外分”争议的重要抓手。相较而言，法官助理、书记员和司法警察的地位比较固定，只能在法院内部从事审判辅助工作，无法独立办理案件，所以，需要借助法官的办案资格，在法官团队内参与办案。这意味着他们只适合执行权“内分”的情形。而执行员的地位在比较法上则较为多样，既有作为司法辅助人员的执行员（西班牙），也有独立于法院，作为司法行政人员（德国）或半自由职业者的执行员（法国），还有设立于法院但独立于法官的执行员（苏联）。无论执行权“内分”还是“外分”，执行员制度都能妥善应对，从而避免权力主体更迭对执行程序稳定性产生冲击。为长远计，今后应继续坚持执行员制度，并在此基础上实现其与法官的角色区分，使执行权“回归”执行员，使法官专司审判。

不过，执行权“回归”执行员并不是单纯的人事变动和权力交接问题，更重要的是执行工作和执行程序的去司法化。有实务人士指出，执行员由法官充任，不仅占用审判资源，也使执行工作深受审判思维的干扰和影响，许多工作甚至直接套用审判工作的要求和模式，产生了种种问题。[1] 但实际上，执行工作司法化并不仅仅是实践思维或行为模式问题，也表现为《民事诉讼法》所确立的执行程序制度，主要是：其一，执行程

〔1〕 参见褚红军等：《推动实行审判权与执行权相分离体制改革试点的思考》，载《法律适用》2015年第6期。

序的启动需要法官审查并作出相关裁定。最高人民法院《关于人民法院执行工作若干问题的规定（试行）》第16条第2款规定，人民法院对符合条件的执行申请，应在7日内予以立案，否则应在7日内裁定不予受理。其二，人民法院采取执行措施，也需作出书面裁定。《民事诉讼法》第249～251条规定，人民法院查封、扣押、冻结、拍卖、变卖财产，扣留和提取收入时，应作出裁定并发出协助执行通知书。其三，执行案件因债务人无财产可供执行或其他事由无法执行的，也应作出书面裁定。《民事诉讼法》第268条第5项规定，自然人因生活困难无力偿还借款，无收入来源，又丧失劳动能力的，或债务人死亡后无遗产可供执行，又无义务承受人的，人民法院应裁定终结执行。最高人民法院《关于适用〈中华人民共和国民事诉讼法〉的解释》第517条规定，债务人经调查无财产可供执行的，经申请执行人签字确认或执行法院组成合议庭审查核实并经院长批准后，可裁定终结本次执行程序。由于《民事诉讼法》第157条明确规定，裁定书应由审判人员和书记员签名，加盖法院印章，所以，上述裁定的存在，决定了执行程序的控制权掌握在法官而非执行员的手中。要使执行权真正地“回归”执行员，对执行程序作“去司法化”改造势在必行。遗憾的是，虽然各界对审执分离的路径争议激烈，但大多局限于机构改革和权力分配，对于相应的程序配套所言寥寥。

鉴于此，本书拟以程序变革为重点，对欧美发达国家的执行体制作深入分析，以为我国执行程序的去司法化提供参考。经综合比较，分析对象拟限定为英国、法国、德国的“分散型”（decentralized）民事执行程序。

之所以不选择瑞典等国的行政化执行程序，主要是因为行政机关负责执行的模式与我国的执行体制差异过大，且在比较法上的影响有限。有学者指出，瑞典将执行工作交给行政机关负责虽然有许多优势，但这种体制更多用于实现国家的公法债权，且与其特殊的、行政和司法不分的历史传统及现实有关：法院曾长期充当行政权力的政治工具，行政机关则至今仍承担着大量的司法职能，行政管理和司法管理直到2010年才有了较为清晰的界限。所以，从制度影响来看，即便在欧盟范围内，该体制也很少被其他国家所借鉴。目前，除了瑞典，只有芬兰采取这一模式，而后者直到1809 年还是瑞典的一部分。[1]

之所以选择英国、法国、德国的“分散型”民事执行程序，理由如下。其一，这 3 个国家是现代法律文明的发源地和制度输出国：英国是英美法系的母国，法国和德国则是大陆法系的代表；巧合的是，3 个国家还都实行法院和执行员共享执行权的“分散型”体制，这足以说明该体制的代表性。其二，“分散型”体制在某种程度上是法院负责执行和行政机关负责执行的折衷，既能兼顾多数国家曾由法院负责执行的历史，又兼具行政机关负责执行的部分优势，可以为我国的审执分离改革提供新的视角。更为重要的是，法国和德国均经历过“审执合一”向“审执分离”的转变。其三，从历史来看，英国、法国、德国与我国近现代民事诉讼制度渊源颇深：毕利干翻译的法国民事诉讼法（“民律执掌”）是最早传入我国的完整的西方民事诉讼法典；[2] 英国的民事诉讼制度借助留学英国的修律大臣伍廷芳，成为我国第一部现代化诉讼法律草案——《大清刑事民事诉讼法草案》的主要参考对象；[3]《德国民事诉讼法》则经由日本成为我国近现代诉讼制度的模板，[4] 未正式颁行的《民事刑事诉讼暂行章程草案》和《强制执行律草案》更是直接尝试引入其确立的“分散型”民事执行程序。从新近向社会征求意见的《民事强制执行法（草案）》来看，其分则

---

〔1〕 See Wendy Kennett, *Civil Enforcement in a Comparative Perspective: A Public Management Challenge*, Intersentia Ltd., 2021, p. 143 - 144.

〔2〕 参见李政：《中国近代民事诉讼法探源》，载《法律科学（西北政法大学学报）》2000 年第 6 期。

〔3〕 清末修律的重要参与者董康曾指出，《大清刑事民事诉讼法草案》主要由伍廷芳和美国人林某起草，对英美法借鉴颇深。参见张勤：《清末民初的民事诉讼法及大陆法系的影响——以法典结构为视角》，载何勤华主编：《大陆法系及其对中国的影响》，法律出版社 2010 年版，第 397 页。

〔4〕 清末修律主要取法日本，而日本的诉讼制度则以 1877 年《德国法院组织法》和《德国民事诉讼法》为源头。参见华夏等：《日本的法律继受与法律文化变迁》，中国政法大学出版社 2005 年版，第 141 ~ 145 页。

的体例结构也在很大程度上参考了“分散型”民事执行程序的执行方法体系。

## 二、何为“分散型”民事执行程序

### （一）“分散型”与“集中型”的对立

“分散型”是德国学者在比较各国执行机关时使用的概念，与“集中型”（centralized）相对。博克哈特·海斯（Burkhard Hess）教授认为，各国的执行体制根据执行机关和程序是统一（uniform）还是分割（segregated）的，可分为“集中型”和“分散型”两种。[1] 弗里茨·鲍尔（Fritz Baur）等教授也指出，执行机关有“集中型”和“分散型”两种典型的组织模式。[2] 应当指出，这里的“统一”并非单一（single），不排斥隶属于同一系统的执行机关按照某种标准划分各自的管辖权限。

“分散型”体制的代表性国家是法国、德国和英国。执行机关除了法院，还有独立于法院的执行员。其中，法国的执行员称司法专员（commissaire de justice），参与执行的法院主要是初审法院（tribunal judiciaire）。[3] 德国的执行员称法院执达员（Gerichtsvollzier），参与执行的法院主要是初级法院（Amtsgericht）；诉讼法院（Prozessgericht）尤其是第一审法院仅在行为给付案件中，以间接强制的方式实施执行。英国的执行机关主要是高等法院（high court）和郡法院（county court）及其执行员——高等法院的执行员已于 2003 年从郡长（sheriff）变成了执行官（enforcement officer），郡法院的执行员则仍沿用百户长的称呼（bailiff）。另

---

〔1〕 See Burkhard Hess, *Comparative Analysis of the National Reports*, in Mads Andenas et al., eds., Enforcement Agency Practice in Europe, British Institute of International and Comparative Law, 2005, p. 31 – 33.

〔2〕 参见［德］弗里茨·鲍尔等：《德国强制执行法》（上册），王洪亮等译，法律出版社 2019 年版，第 117 页。

〔3〕 司法专员是 2022 年司法执达员（huissier de justice）和司法评估拍卖师（commissaire – priseur judiciaire）两个职业合并的结果，后文详述。

外，英国的治安法院及其民事执行员（civilian enforcement officer）和持证执行员（certified bailiff）也负责部分执行工作——地方税费和刑事罚金的执行。[1]

“集中型”体制包括“司法集中型”和“行政集中型”两种类型。前者的代表性国家是西班牙，执行权由法院集中行使。《西班牙民事诉讼法》第545条规定：法院作出的裁判，由第一审诉讼法院执行；法院作出的制裁决定书或批准的诉讼和解协议，由作出制裁决定或批准和解协议的法院执行；仲裁裁决由仲裁裁决作出地的基层法院执行；其他生效法律文书，由债务人普通审判籍所在地的基层法院执行，但债权人也可选择义务履行地或被执行财产所在地的基层法院执行。“行政集中型”的代表性国家是瑞典，《瑞典强制执行法》第3条规定：强制执行由执行局负责，由执行局的高级执行官或其他官员具体实施。依其1988年的法令，执行局是财政部税务局的下设机构，可以执行法院的生效裁判、仲裁机构的裁决，以及与罚金、税款、关税等金钱给付有关的行政决定。

相较于“司法集中型”体制，“分散型”体制下的执行机关有两个特点。一是引入了法院外的执行机关，以简化常规执行程序，方便当事人快速实现债权。正因如此，弗里茨·鲍尔等教授将“债权人支配强制执行，人们应当尽可能地为债权人铺设一条迅速通向执行机关的道路”作为“分散型”体制的基本要义。[2] 二是诉讼法院与执行法院分离。无论德国、法国还是英国，诉讼法院（尤其是第一审法院）的职能已大为缩减。在德国，诉讼法院仅负责纯粹的行为给付（作为或不作为）案件的执行；其他由法院承担的执行职责，均由财产所在地或债务人所在地的初级法院负责。法国的诉讼法院在执行程序中更没有存在感，即便是纯粹的行为给付案件，也难觅其踪。究其原因，应在于法国奉行“终局判决一经作出，

[1] 参见张永红：《英国强制执行法》，复旦大学出版社2014年版，第292、293页。
[2] 参见张永红：《英国强制执行法》，复旦大学出版社2014年版，第118页。

(裁判)法院的权力即告用尽”的理念。[1] 英国的诉讼法院较为活跃，因为其民事案件的初审管辖权集中于两个全国性法院——高等法院和郡法院[2],全国各地的登记处（registry）和审判中心（hearing center）都只是这两个法院的分支，司法的地域性消除殆尽。

相较于“行政集中型”体制，“分散型”体制的特点在于给法院保留了一定的执行权。这对于那些没有发达的行政系统，主要依靠法院实现社会治理（有谓“司法治国”[3]）的西欧国家而言，无疑是个可行的折衷道路。历史上，德国就曾经历了“司法集中型”向“分散型”的转变：普通法时期，德国主要通过诉讼法院实施强制执行，债权人要向诉讼法院提出两次执行申请。第一次申请后，法院会向债务人发出一项命令，要求其限期履行或在规定的时间内提出异议或抗辩，只有债务人超期没有履行，且没有提出异议和抗辩，案件才会进入实质性的执行阶段。此时，债权人须向法院提出第二次申请，由法官命令法警或施压者（Presser）实施执行。但因债务人可以各种现实的困难提出异议，法院和执行人员之间的沟通手续异常繁复，执行效率极为低下。基于这种失败的历史经验，进入 19 世纪以后，德国立法者遂以法国法为蓝本，确立了现在的“分散型”体制。[4]

### （二）以执行方法为中心的“分散型”程序结构

或许限于主题，海斯教授等人并未对“分散型”体制在执行机关以外的内涵进行讨论。本书认为，“分散型”体制的内涵还可以扩展至相关国家的“分散型”程序结构。这对于长期由法院依职权实施执行的我国而

---

〔1〕 See Peter E. Herzog & Martha Weser, *Civil Procedure in France*, Springer Science Business Media, B. V., 1967, p. 558.

〔2〕 郡法院原来按照司法区设立，但在 2013 年《犯罪与法院法》（the Crime and Court Act）中被合并成单一法院。原有的郡法院变成郡法院的分支——审判中心，且数量被大幅削减。

〔3〕 参见于明：《司法治国：英国法庭的政治史（1154—1701)》，法律出版社 2015 年版，第 29～55 页。

〔4〕 参见［德］弗里茨·鲍尔等：《德国强制执行法》（上册），王洪亮等译，法律出版社 2019 年版，第 40～42、118、119 页。

言，具有更为重要的参考意义。

在我国，由于法院（尤其是第一审法院）同时负责审判和执行，审判程序和执行程序曾长期没有明显的界线，要么由同一审判人员自审自执，要么由审判人员移送执行。20 世纪 90 年代我国普遍设立执行机构，1997～1998 年推行大立案制度以后，执行程序与审判程序的界限才逐渐明晰，执行案件的立案成为执行程序的起点。债权人取得生效法律文书以后，债务人逾期未履行义务的，可向有管辖权的法院申请执行，经法院立案，成为一个执行案件。一般情况下，一份生效法律文书对应一个执行案件。法院会给每个案件确定一个编号和承办人（或团队），并在规定的时间内完成所有的执行程序环节，包括“财产调查→财产控制（查封、扣押和冻结）→资金划拨或财产变现（拍卖、变卖）→款物交割（发放价款、交付拍卖标的、以物抵债）”等，直至生效法律文书确定的债权全部实现或出现法定的结案事由。在此过程中，包括查找债务人的财产在内，承办人（或团队）可依职权采取各种执行措施，包括限制高消费、限制出境、纳入失信被执行人名单等辅助性执行措施，以及罚款、拘留等妨害民事诉讼制裁措施，无须等待当事人的指示。所以，在程序结构上，我国的执行程序是一套融合了各种执行措施的综合性程序。

但在“分散型”体制下，由于执行权分散于不同的执行机关，执行程序被拆分成了不同的程序单元，即执行方法。

执行方法是对英国法上“method of enforcement”的直译。《英国民事诉讼规则》第 70.2 条规定：为实现金钱债权，除非立法、诉讼规则或实务指南另有规定，债权人可以同时或先后使用任何一种或几种执行方法。根据该条的实务指南，债权人可以利用的执行方法主要有 5 种，分别是：（1）动产控制令（writ/warrant of control）；（2）第三方债务令（third party debt order）；（3）押记令（charging order）及其配套的停止令（stop order）、停止通知（stop notice）；（4）收入扣押令（attachment of earnings order）；（5）委任管理人（appointment of a receiver）。在此基础上，有学者进一步将执行方法的范围扩展到实现非金钱债权的诸多令状，包括以财产给付为目的的交付令状（writ/warrant of delivery）和占有令状（writ/warrant of possession），以及以行为给付为目的的间接强制措施，主要是罚款（fine）、拘禁（committal）和暂扣财产（writ/warrant of sequestration）等。[1]

法国的执行方法称为“voies d'éxécution”（又译执行途径），[2] 多以扣押（saisie）的名义出现。《法国民事诉讼法》规定的执行扣押主要有4种，分别是动产执行扣押（saisie – éxécution）、待收获的作物扣押（saisie-brandon）、对金钱债权的支付扣押（saisie – arrêt）和不动产扣押（saisie – immobilière）。1991年《法国民事执行程序法》单独制定的过程中，除了改革动产执行扣押（改为动产变卖扣押，saisie – vente）、待收获的作物扣押（改为 saisie de récoltes sur pied）和支付扣押（改为归属扣押，saisie – attribution）以外，又增加了劳动报酬扣押（saisie des rémunérations du travail）、公司股权和有价证券扣押（saisie des droits sociaux et des valeurs mobilières）、陆路机动车扣押（saisie de véhicules terrestres à moteur）、存放在保险柜的财产扣押（saisie de bines conservés dans un coffre fort）、动产转移扣押（saisie – appréhension，实现合同中的动产交付）、动产追还扣押（saisie – revendication，实现侵权中的原物返还）和驱逐（éviction）7种新的执行方法。[3] 其中，动产转移扣押、动产追还扣押和驱逐属于以交还财产为目的的执行方法，其他属于实现金钱债权的执行方法。

德国通常以执行种类或类型（Vollstreckungsarten）来概括各种执行方法，大致可分为以金钱给付为目的的强制执行、以财产给付为目的的强制

---

〔1〕 See Neil Andrews, *English Civil Procedure: Fundamentals of the New Civil Justice System*, Oxford University Press, 2003, p. 919 – 920.

〔2〕 参见［法］让·文森、［法］雅克·普雷沃：《法国民事执行程序法要义——强制执行途径与分配程序》，罗结珍译，中国法制出版社2002年版，第1页。

〔3〕 参见［法］让·文森、［法］雅克·普雷沃：《法国民事执行程序法要义——强制执行途径与分配程序》，罗结珍译，中国法制出版社2002年版，第19、20、50~55页。法国法上的扣押包括执行扣押和保全扣押两种，此处仅讨论执行扣押。

执行和以行为给付为目的的强制执行 3 种。[1] 其中，以金钱给付为目的的强制执行根据财产类型的不同，可细分为：(1) 有形动产的扣押（Pfändung）和变价（Verwertung）；(2) 不动产的强制拍卖（Zwangsversteigerung）、强制管理（Zwangsverwaltung）和强制抵押登记（Zwangshypothek）；(3) 债权和其他财产权利的扣押、转付（Überweisung）和变价。以财物给付为目的的强制执行主要是强制交付或返还特定有体物，包括动产和不动产（船舶）。以行为给付为目的的强制执行主要是强制债务人为或不为一定的行为，主要通过罚款和拘禁等制裁措施间接实现。

这里需注意法国以实现行为给付为目的的执行方法。在 2016 年之前，《法国民法典》基于“不得强迫任何人行为”的理念，对于作为或不作为之债，仅规定了代履行和损害赔偿两种救济：如果作为或不作为可由债权人或第三人代为实施，债权人可根据该法第 1143 条和第 1144 条的规定要求债务人承担代履行的适当费用；若不能代为实施，则只能根据该法第 1142 条“作为之债和不作为之债，在债务人不履行的情况下，皆以损害赔偿了结”之规定，要求债务人予以赔偿，从而将行为给付转化为金钱给付。但这两种救济并无法满足当事人的利益诉求，故实务界很快就通过判例承认了债权人的继续履行请求权，并创造了强制债务人继续履行的逾期罚款（astreinte）制度。[2] 该制度经 1972 年 7 月 5 日的法律确认，为《法国民事执行程序法》所吸收。不过，由于逾期罚款支付给债权人而非国库，所以，学界对其法律性质的认识并不一致。法国最高（司法）法院的判决也曾认为，逾期罚款并不是一种真正的强制执行方法。[3] 考虑到 2016 年修改后的《法国民法典》已全面废除作为之债和不作为之债转化为

---

〔1〕 参见［德］奥拉夫·穆托斯特：《德国强制执行法》，马强伟译，中国法制出版社 2019 年版，第 9 页。

〔2〕 参见李世刚：《法国合同法改革——三部草案的比较研究》，法律出版社 2014 年版，第 220 页。

〔3〕 参见［法］让·文森、［法］雅克·普雷沃：《法国民事执行程序法要义——强制执行途径与分配程序》，罗结珍译，中国法制出版社 2002 年版，第 27、28 页。

损害赔偿的规定，强制债务人继续履行（行为给付）已成为债权人的法定权利,[1] 且英国和德国均将强制债务人继续履行的法律手段归入执行方法的范畴，将逾期罚款作为间接实现行为给付的执行方法亦未尝不可。

如图1－1所示，英国、法国和德国的执行方法根据执行目的（生效法律文书确定的给付内容）的不同，大致可区分为以金钱给付为目的的执行方法、以财产给付为目的的执行方法和以行为给付为目的的执行方法3种。其中，前两者都是针对财产的直接执行方法，可根据财产对象的不同作进一步细分；最后一种是间接的执行方法，主要是通过罚款和拘禁等法律制裁，迫使债务人为或不为一定行为。

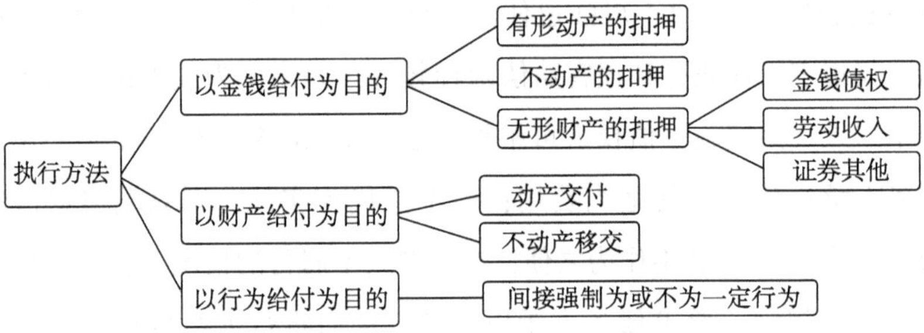


**图1－1　英国、法国和德国执行方法体系**

另外，应说明的是，英国、法国、德国等国的执行方法与我国的执行措施有内在不同。我国的执行措施泛指执行机关迫使债务人履行义务的各种手段和方法,[2] 比如查封、扣押、拍卖、变卖等，但在执行程序的总体架构中，它们只是执行程序的一个环节或步骤，不是独立的程序单元。而在英国、法国和德国，执行方法则是一套完整的、可以独立存在的“子程序”。无论是查封、扣押等控制性措施，还是拍卖、变卖等处分性措施，

〔1〕《法国民法典》第1217条明确将强制继续履行作为合同守约方的法律救济。该法第1221条也明确规定：经事先催告，债权人可向法院请求债务人继续履行，除非债务已没有履行可能，或债务人的履行成本与债权人的收益不成比例。参见张民安：《法国合同法总论》，中山大学出版社2021年版，第306～309、322～331页。

〔2〕参见张卫平：《民事诉讼法》，法律出版社2016年版，第511页。

都可以作为执行方法的一个环节。正如法国学者对“扣押”的解释：对债务人的财产实行控制，直至将财产变价、用变价所得清偿债务，整个程序都可以称为扣押。[1] 得益于这种独立性，执行方法得以作为执行程序的基本单位，分配给不同的执行机关。一般而言，以行为给付为目的的间接执行方法因涉及拘禁、罚款等强制手段的使用，多由法院（尤其是诉讼法院）的法官负责。以特定财产给付为目的的执行方法因涉及强力手段的使用，通常由具有一定强制权限的执行员负责；涉及不动产腾退的，因可能涉及承租人或用益权人的保护，法官也会在必要时介入。以金钱给付为目的的执行方法通常会根据财产类型和执行工作的复杂程度，分别交由法院和执行员负责：一般情况下，普通（有形）动产的执行会交给执行员负责；不动产和债权、劳动收入等无形财产的执行会交由法院负责。法国略微特殊，经过近些年的改革，除了不动产和劳动收入的执行分别由不动产所在地和债务人住所地的初审法院负责外，其他财产的执行均由执行员负责（详见本书第三章）。

在执行方法的选择方面，英国、法国和德国的一致做法是将其交给当事人决定。英国允许当事人根据案件的具体情况选择执行方法，包括同时选择不同的执行方法，法院不会帮助当事人决定如何执行。[2] 法国学者也指出，债权人可以自由选择其愿意实施的执行途径，甚至同时选择多种执行途径；法律并没有规定任何应当遵守的顺序。[3] 德国学者同样认为，当事人有权对执行方式和执行客体自由处分，无须遵循顺位原则，具有类似连带债务场合的“老爷地位”。[4] 债权人有选择执行客体（财产）和执行方式的自由。

---

〔1〕 参见［法］让·文森、［法］雅克·普雷沃：《法国民事执行程序法要义——强制执行途径与分配程序》，罗结珍译，中国法制出版社2002年版，第51页。

〔2〕 参见张永红：《英国强制执行法》，复旦大学出版社2014年版，第79页。

〔3〕 参见［法］让·文森、［法］雅克·普雷沃：《法国民事执行程序法要义——强制执行途径与分配程序》，罗结珍译，中国法制出版社2002年版，第44页。

〔4〕 参见［德］弗里茨·鲍尔等：《德国强制执行法》（上册），王洪亮等译，法律出版社2019年版，第99页。

### （三）关于"分散型"民事执行程序的概念

应该说，"分散型"民事执行程序与德国学者所言的"分散型"体制并无本质区别。之所以使用前者而非后者，主要是为了表明"分散型"体制不仅有分散的执行机关，还有分散的程序结构。两者是互为依存的关系。

对于我国而言，"分散型"作为一个概念符号或许略显陌生，但究其实质，无非是指执行机关的多元化，而对这一点，我国学界和实务界自然不会陌生。只不过，受限于中国法的问题意识，人们更习惯以"法院内设"和"法院外设"[1]、"内分型"和"外分型"[2]等模式化概念予以归纳。本书之所以没有沿袭这些传统的模式化概念，一方面因为各方的区分标准不尽统一，对各种亚类型的归纳太过个性化，另一方面因为本书是从比较法的外部视角，而非中国法的内部视角看待相关国家的执行机关及其程序设置的。

当然，"集中型"和"分散型"并非比较法上唯一的分类方法。除此以外，还有另一种常见的分类方法，即"法院主导型"（court - centred model）、"司法官型"（judicial officer model）和"行政型"（administrative model）。之所以不采取这种分类方法，也与"集中型"和"分散型"的划分标准尺度明确、不容易引起争议有关。"法院主导型"、"司法官型"和"行政主导型"的三分法，由英国学者温蒂·肯尼特（Wendy Kennett）教授提出，是基于"谁负责强制执行"的设问，对各国执行机关所作的简单归类。[3] 由于其着眼点是各国执行机关的微观设置，较为具体，所以分类标准具有很大的不确定性。比如，关于"法院主导型"，该教授坦承，这

---

〔1〕参见高执办：《国外执行机构概览》，载《人民司法》2001 年第 3 期。

〔2〕参见陈杭平：《比较法视野下的执行权配置模式研究——以解决"执行难"问题为中心》，载《中外法学》2018 年第 2 期。

〔3〕See Wendy Kennett, *Civil Enforcement in a Comparative Perspective*, Intersentia Ltd., 2021, p. 9 – 10.

虽然是欧陆国家的经典模式，但由于各国的差异如此明显，只能说这是一个松散的、勉为其难的模型。[1] 在相关论述中，该教授更是增加了“混合型”的概念，试图将德国和奥地利从“法院主导型”中剥离。[2] 另外，温蒂·肯尼特教授对司法官概念的使用也不尽合理。作为一种模型，该教授将司法官的含义限定为独立且自由职业化的司法官，并指向法国的执达员。但实际上，司法官的含义并不局限于此。尽管该词汇的最初来源确实是对法国执达员的英语翻译，区别于英国法上的“sheriff”和“bailiff”，但随着国际司法官联盟（UIHJ[3]）的设立，这一概念内涵已经完全泛化，不仅包括法国的执达员，还包括德国的执达员和奥地利的执行员（Exekutor）等。更何况，法国的执行机关并不局限于执达员，还有负责不动产和劳动收入执行的初审法院。如果将初审法院考虑在内，法国的执行体制实际上与德国是非常接近的。它们都属于法院和执行员分工负责的混合型体制。德国学者之所以将法国和德国共置于“分散型”体制之下，原因也正在于此。

## 三、研究“分散型”民事执行程序的意义

本书是关于“分散型”民事执行程序的专题研究，主要内容如下。一是以英国、法国、德国 3 个具有代表性的国家为例，较为完整地勾勒出欧美国家以执行方法为中心的“分散型”程序结构，以及以法院和执行员共享执行权为特色的“分散型”执行机关。二是厘清“分散型”民事执行程

〔1〕 See Wendy Kennett, *Civil Enforcement in a Comparative Perspective*, Intersentia Ltd., 2021, p. 10.

〔2〕 See Wendy Kennett, *Civil Enforcement in a Comparative Perspective*, Intersentia Ltd., 2021, p. 50.

〔3〕 国际司法官联盟的缩写“UIHJ”源于法语名称（Union Internationale des Huissiers de Justice）。该联盟于 1952 年在法国巴黎创立，创始国仅有比利时、法国、希腊、意大利、卢森堡、荷兰和瑞典 7 个国家，但现在，其成员已遍布欧洲、非洲、美洲和亚洲的 94 个国家。无论是德国的法院执达员，还是奥地利的执行员，抑或日本的执行官，均被归入“司法官”的范畴。参见国际司法官联盟的官方简介，https://www.uihj.com/about-us-2/introduction/。

序的历史流变，考察欧美发达国家的执行制度如何应对时代的变迁和挑战。三是以清末新政为起点，还原“分散型”民事执行程序与我国的历史渊源，探讨其对当前执行体制改革的潜在参考和借鉴。相较于当前的理论研究，本书期望能在研究的视角、国别研究的系统性和制度考察的历史性等方面有所补充或改善。

### （一）当前执行理论研究的现状与局限

与诉讼程序相比，执行理论研究相对滞后。如表 1 – 1 所示，通过“中国知网”数据库，将“检索范围”限定为“学术期刊”，将“学科”限定为“诉讼法学与司法制度”和“民商法”，将“主题”先后限定为“诉讼”“执行”“民事诉讼”“民事执行”进行检索，并以“诉讼”和“执行”为一组，以“民事诉讼”和“民事执行”为另一组进行对比，不难发现，执行程序研究无论在成果总量还是质量（核心期刊成果）上，都要远远落后于诉讼程序研究。一些学者对个别年份的观察也可印证这一点。[1]

**表 1 – 1 “中国知网”数据库核心期刊文献检索情况**

**（检索时间：2022 年 7 月 5 日）**

（单位：篇）

| | 主题 | 文献总量 | 北大＋南大核心期刊文献 | 南大核心期刊文献 |
|---|---|---|---|---|
| 第一组 | 诉讼 | 103, 037 | 27, 563 | 19, 126 |
| | 执行 | 20, 849 | 4785 | 2882 |
| 第二组 | 民事诉讼 | 22, 279 | 6136 | 4460 |
| | 民事执行 | 1964 | 501 | 340 |

执行理论研究滞后在某种程度上与执行程序附属于《民事诉讼法》以

〔1〕 2016 年和 2017 年，法学核心期刊发表的与民事执行相关的论文分别为 36 篇和 45 篇，各占当年民事诉讼法学核心期刊论文的 10% 和 13%。参见谷佳杰：《中国民事执行年度观察报告（2017 年）》，载《当代法学》2018 年第 5 期。

及“重审判、轻执行”倾向有关。与清末、民国时期强制执行单独立法不同，我国当前的执行制度只是《民事诉讼法》的组成部分。虽然从表面上看《民事诉讼法》分为“总则”“审判程序”“执行程序”“涉外民事诉讼程序的特别规定”4 个部分（编），审判程序与执行程序各占一编，但实际上关于审判程序的条文要远远超过执行程序：在《民事诉讼法》300 多个条文中，“执行程序”一编仅占 30 多个。这无疑会影响学界对执行程序的兴趣和关注。20 世纪八九十年代实务界存在严重的“重审判、轻执行”倾向，且民事审判方式改革风靡一时，对执行理论的需求不足，学界对审判程序的关注要远远超过执行程序。故在 1999 年“执行难”问题引起中央的高度重视，执行体制改革大幕即将掀起之时，实务界很难得到学界的理论支持。在 2000 年 11 月召开的全国法院执行工作座谈会上，最高人民法院有关负责人明确指出当时的执行理论研究工作相对比较薄弱，根本不能与其他审判工作同日而语。为满足现实需要，最高人民法院不得不率先在法院系统内部作出部署，要求“力争每年召开一次有关执行工作的理论研讨会”。[1]

此后，最高人民法院不仅推出了《强制执行指导与参考》和《执行工作指导》两种多辑、连续出版物，还发起了“中国执行论坛”等学术活动，以引导实务人士从事执行理论研究。这使执行理论研究出现了与诉讼程序研究截然不同的局面，即研究队伍“以实务人士为主，以学者为辅”。近些年来，虽然“民事强制执行法”的起草在一定程度上刺激了学界对执行理论研究的兴趣，诉讼理论研究陷入困境也迫使学界在执行程序中寻找新的理论增长点，[2] 但总体而言，执行理论研究“以实务人士为主，以学

〔1〕 参见《在全国法院执行工作座谈会上的讲话》（2000 年 11 月 1 日），载《强制执行指导与参考》2002 年第 1 辑。

〔2〕 王亚新教授指出，民事诉讼理论研究在 20 世纪 90 年代和 21 世纪第一个 10 年中的繁荣，在一定程度上是法学教育井喷的结果。与超常规发展的法学教育所带有的浮躁、虚夸等“根基不稳”的弊病相对应，民事诉讼法学的繁荣也存在研究内容重复、难以深入、后继乏力、与司法实践脱节等明显的问题。参见王亚新：《民事诉讼法二十年》，载《当代法学》2011 年第 1 期。

者为辅”的局面并没有实质性改观。

受此影响，执行理论研究表现出了明显的实务导向，研究内容也基本围绕实务急需的问题展开：一是化解执行难的对策研究，包括执行难的具体表现、成因分析和应对办法，以及执行不能案件的处理等。二是与执行体制改革相关的研究，包括执行权的性质、执行机构的设置、执行权分权运行、审判权和执行权的关系等。三是执行制度和执行立法研究。1998 年最高人民法院《关于人民法院执行工作若干问题的规定（试行)》颁布以后，执行工作逐渐进入制度化和规范化的发展轨道。1999 年发布的《人民法院五年改革纲要》提出，要“在总结执行工作经验的基础上，起草强制执行法，尽早提交全国人大常委会审议”。这使执行制度和执行立法研究迅速升温，很快就形成了立法体例、执行救济（各种异议和异议之诉)、财产调查、司法拍卖、执行和解、参与分配、变更和追加当事人等理论热点。

在比较法研究方面，现有成果大多局限于对域外制度或实践的局部介绍，最初较为流行的话题是国外的执行机关设置，后来是执行救济、司法拍卖、变更追加当事人、财产调查、间接执行措施等。具体到国别研究，现有资料主要是各国法条的译介，代表性成果有谢怀栻先生 1984 年翻译并出版的《德意志联邦共和国民事诉讼法》、罗结珍教授 1999 年翻译并出版的《法国民事执行程序法》等。另外，也有一些介绍个别国家执行制度的著作，比如张永红法官 2014 年出版的《英国强制执行法》和江必新法官 2014 年出版的《比较强制执行法》等。总体而言，理论著述较为缺乏，现有研究要么以中国问题为出发点，局部地介绍域外的相关制度，要么是对个别国家执行制度的译介，缺乏对表象资料的分析和整理，也缺乏关于各国执行制度历史演变的分析。本书希望能在这方面有所进步和补充。

### （二）对于诉讼模式理论研究的补充

模式分析是一种常见的类型化分析方法，20 世纪 90 年代被引入诉讼法学理论研究当中，并逐渐被体系化为“诉讼模式论”。[1] 在该理论下，无论刑事诉讼还是民事诉讼，都将当事人主义和职权主义作为诉讼模式的两大类型。民事诉讼理论更是提出从（超）职权主义向当事人主义转型的命题。该命题与法院系统倡导的民事审判方式改革相呼应，为当时出台的很多改革措施提供了理论支撑，比如强化当事人的举证责任，弱化调解、强化判决和庭审功能等。在新近出版的教材中，诉讼模式已经被上升为民事诉讼法学研究的基本理论。“马克思主义理论研究和建设工程重点教材”《民事诉讼法学》教科书指出，民事诉讼模式对于廓清我国民事诉讼基础理论、架构我国民事诉讼体制、完善民事诉讼程序制度、推进民事审判方式改革等，均具有重要意义。[2]

然而，一个颇为有趣的现象是，时至今日，诉讼模式研究始终局限于审判程序，而未涉及执行程序，虽然后者仍是广义诉讼程序的组成部分。更令人好奇的是，实务界在21世纪初曾明确提出“以当事人主义重塑执行程序”的口号，但与审判方式改革的境遇不同，这一改革意图遭到了学界的强烈反对。以张志铭和傅郁林两位教授为代表的学者认为，执行工作天然具有职权干预、职权推动的形态，不应适用当事人主义。理由在于：当事人主义和职权主义作为两种不同的诉讼模式，区分是有前提的，即法院处于中立地位；但在执行程序中，这种前提并不存在，因为强制执行是执行机构将生效法律文书付诸实施，以落实法律文书效力、实现债权人权利的活动，执行机关不具有超然、中立的地位。[3] 申言之，民事执行机关必须旗帜鲜明地站在债权人的立场，以积极的行为和强有力的手段保障债权人权利的实现。[4] 对此，诉讼模式论的倡导者张卫平教授虽有不同立

---

〔1〕 张卫平教授是民事诉讼模式理论研究的代表性人物。代表性论述参见张卫平：《诉讼构架与程式：民事诉讼的法理分析》，清华大学出版社2000年版；张卫平：《转换的逻辑：民事诉讼体制转型分析》（修订版），法律出版社2007年版。

〔2〕 参见宋朝武编：《民事诉讼法学》，高等教育出版社2022年版，第48页。

〔3〕 参见张志铭：《民事执行改革的几个理论问题》，载《人民法院报》2003年1月24日。

〔4〕 参见傅郁林：《质疑执行程序中的当事人主义——兼与张卫平教授商榷》，载《人民法院报》2003年4月11日。

场，但也只是论证了处分原则对执行程序的适用，并未全面论证执行程序中的当事人主义。同时，张卫平教授也承认，执行机构作为实现权利的机构，应比审判机构具有更多的职权干预，尤其在主动调查债务人的财产方面。[1] 由于这场论战并未充分展开，所以，在执行程序是否适用当事人主义的问题上，很多学者都持反对意见，认为执行程序应适用职权主义。[2]

那么，执行程序中是否真的不存在当事人主义，以及当事人主义和职权主义的区分？答案是否定的。德国学者奥拉夫·穆托斯特教授在其教科书中明确指出，执行程序也应遵守当事人主义（处分原则）。[3] 弗里茨·鲍尔等教授同样将处分原则作为执行程序的基本原则，并将其内涵具体化为3个方面：(1) 当事人支配执行程序的开始和结束；(2) 当事人可以自由选择执行方式和执行客体；(3) 只要不涉及法的安定性、法的清晰性和债务人保护等公共利益，当事人可以实施程序法上的处分。同时，弗里茨·鲍尔等教授指出，执行程序除了遵守处分原则，也应遵守提出原则（Beibringsgrundsatz），纠问原则（Inquisitionsgrundsatz）仅例外适用于执行员实施的扣押。此处所谓的提出原则，在审判程序中即对应当事人主义的另一基石——辩论原则。[4] 由此可见，当事人主义对于执行程序而言并非禁区。诉讼模式理论所提出的当事人主义与职权主义的对立，在执行程序中同样适用。

在21世纪初的讨论中，学界之所以对当事人主义有所排斥，应与以下3个方面的因素有关：一是对“执行难”的关切和对债权人维权困境的忧虑。如张志铭教授所指出，相对于国家公权，债权人处于明显的弱势地位，执行机关做起来尚觉困难的许多事（如了解被执行人资产状况），债

[1] 参见张卫平：《民事执行中的积极与消极》，载《人民法院报》2003年2月21日。

[2] 参见汪汉斌：《论民事执行改革研究中的若干理论偏误与缺失》，载《广东社会科学》2006年第6期；董少谋：《民事强制执行法学》（第2版），法律出版社2016年版，第6、7页。

[3] 参见［德］奥拉夫·穆托斯特：《德国强制执行法》，马强伟译，中国法制出版社2019年版，第5页。

[4] 参见［德］弗里茨·鲍尔等：《德国强制执行法》（上册），王洪亮等译，法律出版社2019年版，第92~105页。

权人更是无能为力。[1] 二是民事审判方式改革的教训。在21世纪90年代的民事审判方式改革中，诉讼模式理论明确提出了我国应从（超）职权主义向当事人主义转型的命题。这与法院系统为自身“减负”的改革意图高度契合，并为其向当事人转移证明责任提供了理论依据。但在进入21世纪以后，随着民事审判方式改革的负面效果逐步显现，涉诉信访问题日益突出，向当事人主义转型的命题遭受了诸多批评和挑战。[2] 学界对法院向当事人转移责任的动向也更加警惕。所以，“以当事人主义重塑执行程序”和“执行举证责任”的概念一经提出，学界便出现了反对的声音。三是比较法资料的缺乏。21世纪初，执行程序的比较法资料主要源于我国台湾地区。由于其执行工作与大陆一样，均属“集中型”体制，由法院统一负责，故有明显的职权主义倾向。其教科书一般认为，执行程序中的当事人进行主义仅限于执行程序的开始和结束。执行程序一旦启动，强制执行的实施便应由法院依职权为之。[3] 这很容易给人以执行程序主要实行职权主义的印象。

但无论如何，从今天的眼光来看，执行程序都应有适用当事人主义的空间，其与职权主义的对立也是无法回避的事实。从世界范围来看，主要的发达国家，如美国、英国、法国和德国等，都实行当事人主义模式。因此，从理论研究的开放性出发，无论是当事人主义还是模式分析的方法，在今后的执行程序研究中不应被刻意回避。事实上，近年来，由于缺乏宏观的分析工具，且对当事人主义执行模式和模式分析的方法关注不足，我国民事执行改革实践中已出现了较为突出的问题，主要表现如下。

在化解“执行难”的目标下，社会各界对法院的主动作为提出了较高的要求，执行程序的“职权主义”稳步提升，表现如下。(1) 执行措施的

---

〔1〕 参见张志铭：《民事执行改革的几个理论问题》，载《人民法院报》2003年1月24日。

〔2〕 参见刘哲玮：《论民事诉讼模式理论的方法论意义及其运用》，载《当代法学》2016年第3期。

〔3〕 参见杨与龄编著：《强制执行法论》，中国政法大学出版社2002年版，第20、21页。

种类更加丰富。在1982年《民事诉讼法（试行）》（已失效）中，法院可以利用的强制手段主要是划拨或转交被执行企业的存款，扣留被执行人的储蓄存款或劳动收入，查封、扣押、冻结被执行人的财产，强制交付特定的标的物，腾退土地或房屋等常规的执行手段。1988年最高人民法院工作报告正式提出“执行难”问题以后，1991年《民事诉讼法》增加了两种查找债务人财产的方法，即向银行、信用社和其他金融机构查询被执行人的存款（2012年修法扩展到债券、股票、基金份额等财产情况），对被执行人的住所或财产隐匿地进行搜查；同时，增加了一种被执行人财产的变价方法——拍卖。随后，2007年《民事诉讼法》又增加了责令被执行人报告财产、限制出境、在征信系统中记录或通过媒体公布其不履行义务的情况等执行措施。这些新增的执行措施均可以（甚至是主要）由法院依职权启动。（2）调查债务人财产的力度和主动性显著增强。在实践层面，《民事诉讼法》第253条规定的“向有关单位查询被执行人的存款、债券、股票、基金份额等财产情况”在2013年以后被具体化为平台性的网络查控系统。该系统不仅涵盖了被执行人的存款、债券、股票、基金、不动产、车辆等财产状况，而且使法院的调查方式发生了颠覆性的变化——从先前的“登门临柜”简化为“一键搞定”，便捷性远超以往。在《关于加强区块链司法应用的意见》中，最高人民法院甚至提出了“自动发起查询、冻结、扣划以及执行案款自动发放智能合约机制”的构想。若果真如此，依职权调查将从传统的人工调查升级为智能化的自动查询。（3）间接强制，尤其是限制高消费和失信联合惩戒，成为法院向被执行人施压的有力武器。最高人民法院先后于2015年和2017年确立了限制高消费和失信被执行人名单制度。后来，随着部门联动机制的落实和信用制裁在社会治理中的广泛应用，限制高消费和失信联合惩戒对被执行人生产和生活的影响越来越大：前者不仅涉及被执行人的出行、住宿、旅游度假等高档消费，也涉及购买房产、车辆（非经营必须）、高额保险理财产品，租赁高档办公场所，子女就读高收费私立学校等支出较大的事项；后者更是将对被执行人的惩戒范围扩展到了从事特定行业或项目，获得政府支持或补贴，取得相关任职资格、准入资格、荣誉和授信、特殊市场交易资格等 11 个大类、37 个项目、100 多项具体措施。而且，根据相关司法解释的规定，只要符合法定条件，这两项措施都可以由法院依职权采取。在 2016 ~ 2019 年“基本解决执行难”的活动中，有些地方更是“一刀切”地对所有进入执行程序的被执行人都采取限制高消费措施，并将其列入失信名单，以迫使其主动履行债务。

与此同时，对于法院而言，由于主动作为和职权主义不但没有使其摆脱执行难的困境，反而使其深陷案多人少、高负荷运转的压力当中，其在执行程序中引入当事人主义的冲动也越来越明显，尤其是在财产调查的责任划分方面。最初的时候，法院曾试图借助民事审判方式改革和强化当事人举证责任的东风，将财产调查责任彻底转移至当事人，但由于学界和社会舆论的强烈抵制，不得不转向看似“折衷”的立场，即在强化法院依职权调查的同时，对当事人及其代理人提出明确的辅助调查的要求，包括：（1）要求当事人在申请执行时提供财产线索；（2）增加被执行人申报财产的义务；（3）鼓励当事人对债务人进行审计调查（需自行承担费用）；（4）鼓励当事人发布悬赏公告，征集债务人的财产信息；（5）鼓励当事人申请调查令，进而将部分财产调查活动交给当事人的代理律师负责。在此基础上，最高人民法院于 2016 年前后通过《关于严格规范终结本次执行程序的规定（试行）》等司法解释或司法文件确立了终结本次执行程序制度，实现了法院和当事人在财产调查方面的责任划分，即法院依职权完成“规定动作”，之后便由当事人承担执行不能的风险。根据最高人民法院《关于严格规范终结本次执行程序的规定（试行）》的要求，法院在终结本次执行程序之前的“规定动作”主要是责令债务人报告财产，向债务人发出限制高消费的命令（符合规定条件的，还应纳入失信名单），以及“穷尽财产调查措施”，包括对已有的财产线索进行核查，通过网络执行查控系统对债务人的存款、车辆、不动产、有价证券等财产情况进行查询，在债务人住所地或可能隐匿、转移财产的地方进行必要的调查，依法采取搜查措施，根据债权人的申请对债务人进行审计调查或悬赏调查等。终结本次执行程序之后的“规定动作”主要是在5年内，每6个月通过网络执行查控系统查询一次债务人的财产。除此以外，财产调查责任便主要由当事人承担。

由于法院向当事人转移财产调查责任有较为明显的利己色彩，不少改革举措至今仍处于争议当中，尤其是财产调查令和终结本次执行程序制度。对于后者，实务界的批评更是直言不讳。有法官明确指出，终结本次执行程序使原生效法律文书确定的义务成为纸上义务，当事人的合法权益并没有得到真正的保护，有损法律的尊严。[1] 尽管这些批评在一定程度上与职权主义的外部环境和惯性思维有关，无助于执行不能问题的实际解决，但也可以预见，只要理论层面继续回避当事人主义和职权主义的对立，尤其是当事人主义的合理性，类似的争议在短期内仍将无法消除。所以，从澄清事实、消除误解、凝聚改革共识的需要出发，有必要正视职权主义和当事人主义的方向性分歧。

综上，在今后的研究中，有必要借鉴诉讼模式研究的经验，以模式分析的方法来推进执行程序研究的系统化、体系化，进而为执行体制改革和制度建设提供理论支撑。本书对“分散型”民事执行程序的研究，即为这方面的初步尝试。

### （三）“分散型”民事执行程序的现实意义

比较法研究的首要功能是深化法的认知，扩大法学视野；[2] 其作用恰如一种间接证明，可以衬托出本国法的长处与缺陷。在“集中型”和“分散型”的模式分组下，由于我国与西班牙同属“司法集中型”体制，且集中程度较西班牙有过之而无不及，所以，在西班牙的执行制度备受批判的

---

〔1〕 参见谢辉：《用好“终结本次执行程序”》，载《人民法院报》2012年8月7日，第2版。

〔2〕 参见［日］大木雅夫：《比较法》，范愉译，法律出版社2006年版，第67、68页。

情况下，域外的“司法集中型”体制于我国而言，并无太多的借鉴意义。“行政集中型”体制虽然颇具特色，且以效率良好而闻名，但适用的国家较为有限，借鉴意义也不明显。唯有“分散型”体制，其代表性国家英国、法国和德国均为现代法治文明的输出地，且对东亚地区的法制现代化亦有直接影响，故值得深入挖掘。本书认为，该体制至少可在以下方面为我国提供参考和借鉴。

第一，为执行体制改革提供新的视角。党的十八届四中全会在优化司法职权配置的目标下，对执行体制改革提出了新的要求：一是健全公安机关、检察机关、审判机关、司法行政机关各司其职，侦查权、检察权、审判权、执行权相互配合、相互制约的体制机制；二是推动实行审判权和执行权相分离的体制改革试点。受此影响，实践中围绕执行机关的设置和执行权的配置，出现了执行权“彻底外分”、“深化内分”和“适当外分”的争论。[1] 这种争论的形成，说明学界和实务界尚未对新时代的执行体制改革做好准备，尽管我国从20世纪80年代初就已开始推进“审执分立”，并自20世纪90年代末开启大规模的执行体制改革。

之所以会出现准备不足的情况，应与既往的执行体制改革缺少比较法的视角，缺乏对比较法一般规律的认识有关。长期以来，我国的执行体制改革都在“摸着本土的石头过河”，围绕“执行难”的解决，寻求本土化的应对之道。对于国外的执行体制是什么样子，除了对各国执行机关的粗略介绍，并无太多的深入分析。对于国外为什么没有类似我国的“执行难”问题，也缺乏系统的考察和分析。这种比较法知识的不足给我国的执行体制改革带来了诸多不必要的误区和困扰。例如执行权的性质，究竟是行政的、司法的，抑或兼而有之。虽然最高人民法院提出了执行权“一体（独立的复合型权力）双元（执行裁判权和执行实施权）”理论，但坦率而言，这种理论更多是一种本土性的探索，合理性值得商榷（新近的改革

〔1〕 参见江必新、刘贵祥：《审判权和执行权相分离的最优模式》，载《法制日报》2016年2月3日，第12版。

已出现让执行裁判权回归审判权的动向)。再如审执分离改革，围绕执行权的“内分”、“外分”还是“有限外分”，有相当一部分讨论基于本身尚无定论的执行权的性质而展开，此种情况下，难以期待改革共识的形成。

“分散型”体制可以提供一种全新的看待执行权的视角。由于“分散型”体制下的执行事务由法院和法院外的执行员甚至其他执行机关共同负责，所以，在我国由法院集中行使的执行权至少可以分成两个部分，即由法院行使的权力和由执行员行使的权力。由于欧美国家通常将法院（法官）行使的权力归入审判权或司法权的范畴，所以，那些由法院行使的、与执行相关的权力并不会成为独立的执行权。有法国学者在描述不动产扣押程序时曾指出，不动产扣押从本质上说是一种司法程序，因为其所提出的问题重大，经常引发附带事件，需要（不动产所在地的大审法院的）法官解决。[1] 但对于执行员行使的那部分权力，各国的理解则不尽相同：在英国，“强制执行权”（enforcement power）专指执行员对动产进行控制和变价，以追收钱款的权力，由于该权力不涉及争议判断，所以被认为是纯粹的行政权。[2] 但在法国，执达员的权力却不被认为是独立的国家权力，而被认为来自债权人的授权——“执行权是法律赋予每个债权人的基本权利”。[3] 至于德国，则更多使用“强制执行”而非“强制执行权”的概念，执行员的权力虽然被认为是国家权力的一部分，但并不独立于法院的司法权，更多是司法权的延伸。[4]

第二，为合理确定法官和执行员的分工、深入推进人员分类管理提供参考。党的十八届三中全会提出了司法人员分类管理的改革目标。随后，法官员额制被作为司法人员分类管理的重要内容予以提出，执行员由法官

[1] 参见［法］让·文森、［法］雅克·普雷沃：《法国民事执行程序法要义》，罗结珍译，中国法制出版社2002年版，第273页。

[2] 参见宫雪：《英国民事执行权的运行与控制》，华东政法大学2015年博士学位论文，第6～9页。

[3] 参见江必新主编：《比较强制执行法》，中国法制出版社2014年版，第9页。

[4] 参见江必新主编：《比较强制执行法》，中国法制出版社2014年版，第126～131页。

充任的“传统”宣告终结。但由于《人民法院组织法》从来没有对执行员的法律地位和产生方式作出规定（2018 年删除了关于执行员的唯一条文），且执行员队伍建设长期滞后，人员储备极其匮乏，《民事诉讼法》关于“执行工作由执行员进行”的规定依然难以得到有效落实，以致最高人民法院不得不以“执行团队”的方式，将法官助理、书记员和司法警察引入执行工作当中，以填补法官退出后留下的空白。然而问题是法官助理、书记员和司法警察都不是法定的执行权力主体，无权独立承办案件或采取执行措施，因此，作为唯一具有办案资格的主体，员额法官依然深陷于琐碎的事务性工作当中。此外，法官助理、书记员和司法警察中有相当一部分是临聘人员，业务不熟且流动性大，员额法官的工作负担不但没有减轻，反而出现加重的现象。这在很大程度上影响了审执分离改革的深入推进。

但“分散型”体制则不存在这样的问题。英、法、德等国不但通过区分法官和执行员的法律地位并承认执行员的独立性，实现了审判权和执行权的分离，增强了执行员的主动性和积极性，减轻了法院和法官的事务性工作负担，也通过改变执行程序的结构，将执行方法分散于不同的权力主体，改变了“集中型”体制下执行案件集中于第一审法院和法官的局面，实现了执行案件在不同主体之间的合理分配。

第三，为根本改变执行程序运行和管理方式提供借鉴。我国当前的执行程序是一种线性结构，财产调查和针对财产的各种执行方法共存于单一的执行程序中，各种执行方法的转换也由法院根据查明的财产状况依职权进行。这在实践中导致了两个问题的出现：一是有财产和无财产的案件混为一体，难以区分。在化解执行难的压力下，因无财产可供执行而终结本次执行程序的案件，要频繁陷入“立案→调查→终本审查→结案”的手续性环节当中，影响执行工作的效率。二是在执行案件的管理和绩效考核方面，各级法院只能以办案期限、结案情况、标的额到位情况为主要指标，对执行人员进行综合性考核，针对性不强。各地法院虽然在近些年加强了对执行案件的过程管理，将若干关键节点纳入考核范围，以便从过程上观测执行人员的办案情况等，但由于未在根本上“给执行案件瘦身”，改革的效果依然有待观察。但在“分散型”体制之下，由于财产调查被排斥在执行程序（执行方法）之外，当事人须在执行程序启动前了解债务人的财产状况，且各种执行方法相互独立、互不影响，执行程序的结构和运行以及执行案件的基本单位均发生了重大变化，不但无财产可供执行的案件难以进入执行程序，进入执行程序的案件也无须再按照统一的流程模式被“加工”，而可以执行方法为单位，灵活实施和管理。这对于我国从根本上改变执行程序的运行和管理方式，进而切实化解“执行难”问题，是极具启发意义的。

## 四、研究现状综述

本课题是对“分散型”民事执行程序的专题性比较研究，涉及英国、法国、德国“分散型”体制下执行机关的设置和配套的程序结构，国内外目前尚没有这方面的专题讨论，但已有不少相关的研究成果，择要综述如下。

### （一）域外关于执行制度比较研究的情况

#### 1. 综合性比较研究

国外关于执行程序的研究集中于跨法域判决的承认和执行，属国际私法范畴。关于各国执行制度的专题研究和比较法研究相对少见；在“Westlaw”数据库检索相关论文，也所获寥寥。究其原因，美国律师詹姆斯·布朗（曾担任美国司法部民事判决执行部门负责人）的一段话或许可以提供部分答案：判决的强制执行在历史上曾是一个谜团，因为它长期被少数专业人士所垄断，且对法律素养的要求不高。近年来，经济危机使人们对债务清偿和判决执行的需求增加，判决的强制执行才走出“深闺”并为全国各大律师事务所追捧。该律师表示虽然在这个行业已经摸爬滚打了

23 年，但至今还没有找到一本可为律师、律助（paralegal）、法科生、企业家和相关职业人士提供系统参考的“案头书”。[1] 以这段话的提出时间 1994 年为参照大致可知，执行工作直到 20 世纪 70 年代仍未被美国实务界所重视，到 20 世纪 90 年代系统的执业手册尚踪迹难觅，更遑论对其他各国执行制度的比较研究。

在欧洲，执行制度也只是到了 21 世纪初才引起国际私法学界的关注。有欧洲学者指出，执行程序是比较法研究的新课题。以前，人们习惯把执行事务视为各国的国内事务，国际私法很少涉及；国际公约也只是对判决的承认和执行机制作出安排，而未涉及后续的执行活动。这种“割据”状态不仅给跨境债务的清偿带来了极大障碍，也影响了统一市场的形成。[2]

或许是由于执行制度比较研究的“不成熟”，国内在这方面的外文资料较为匮乏，截至目前，可以接触到的主要是温蒂·肯尼特教授在 2000 年出版的《欧洲的判决执行》和马德斯·安迪纳斯（Mads Andenas）教授等在 2005 年出版的《欧洲执行机关》。这两本书都是国际私法领域的论著。前者主要以 1999 年坦佩雷峰会（Tampere Summit）[3] 为背景，探讨欧洲各国深化判决执行领域合作机制的可能路径。在该书的第二部分，作者用了大量的篇幅对欧洲各国的执行制度进行比较，涉及民事诉讼的结构性差异（主要是执行依据和执行机关）、债务人信息的获取机制、临时性保护措施、司法文书的送达和他国执行依据的执行许可（exequatur）程序等诸多领域。[4] 后者是以执行机关比较研究为主题的论文集，话题较为分散，

[1] See James J. Brown, *Judgment Enforcement Practice and Litigation*, John Wiley & Sons, Inc., 1994, preface.

[2] See Mads Andenas et al., eds., *Enforcement Agency Practice in Europe*, British Institute of International and Comparative Law, 2005, editors' preface.

[3] 在这次峰会上，欧盟理事会强调“在一个真正的欧洲司法领域，不能让成员国法律的不统一或复杂性妨碍个人及商业机构行使权利”，并号召“就是否需要趋同成员国的民事立法，以消除民事行为顺利运行的障碍，展开全面调研”。参见朱淑丽：《以欧盟为中心看欧洲私法的法典化趋向》，载《河北法学》2009 年第 2 期。

[4] See W. A. Kennett, *Enforcement of Judgment in Europe*, Oxford University Press, 2000, p. 61 –241.

总体可分为国别报告和欧洲执行工作一体化构想两个方面。其中，国别报告涉及奥地利、英格兰和威尔士、法国、德国、荷兰、西班牙、瑞典7个国家和地区的执行制度，包括执行机关、执行方法、执行名义、执行救济等诸多方面。以这些国别报告为基础，不同学者就欧洲执行制度一体化中的各种问题进行了讨论。在对各国执行机关的比较研究方面，海斯教授提出了对各国执行机关的两种分类模型，一种是本文所使用的“两分法”，即“集中型”和“分散型”，另一种是“四分法”，即“执行员主导型”（bailiff - oriented system）、“法院主导型”（court - oriented system）、“混合型”（mixed system）和“行政型”（administrative system）。考虑到各国的执行体制差异较大，且各种模式的实际运行都没有遇到太大的问题，海斯教授认为，很难在欧洲建立统一的执行体制。即便是最为高效的瑞典“行政型”体制，也无法在其他国家推广，因为绝大部分欧盟成员国都将判决的执行视为司法问题，而非行政问题。不过，考虑到多数国家的执行体制都需要大量的财政资金，而削减财政支出又是各国的普遍选择，他也认为，在财政支持难以保证的情况下，高度职业化且严格监管的“执行员主导型”体制也是个不错的选择。[1]

另外，值得关注的是温蒂·肯尼特教授在2021年出版的新著《比较法视角下的民事强制执行：公共管理的挑战》。该书借用公共管理理论的诸多学理和分析框架，对欧陆国家的执行体制进行了深入分析。她首先把欧陆国家的执行体制分为“行政型”、“司法官主导型”（海斯教授提出的“执行员主导型”）和“法院主导型”3种。“行政型”的代表性国家是瑞典，“司法官主导型”的代表性国家是法国、比利时、荷兰和大部分中东欧国家，“法院主导型”的代表性国家是西班牙、奥地利、斯洛文尼亚和德国。在此基础上，温蒂·肯尼特教授梳理了上述国家最近几十年在公共

---

〔1〕 See Burkhard Hess, *Comparative Analysis of the National Reports*, in Mads Andenas et al., eds., Enforcement Agency Practice in Europe, British Institute of International and Comparative Law, 2005, p. 25 - 46.

管理领域的诸多改革以及对执行体制的改造。

在结论部分，温蒂·肯尼特教授首先指出，欧洲各国的执行体制在历史上深受法院诉讼程序的影响，高度依赖当事人尤其是债权人的积极作为。但近几十年来，这种体制已很难跟得上经济发展的步伐，因为债权人缺少债务人的有效信息和控制债务人财产的有效方法。随后，各国的执行体制出现两个较为明显的变化，即强化了执行机关的主动性，丰富了债权人获取债务人信息的手段。由此导致的后果是，执行机关可以更加主动地获取债务人的信息并采取对应的执行方法。这些变化加上公共管理领域的诸多改革以及信息技术的应用，使债务人开始遇到前所未有的困境。于是，社会公众的关注点又转移到了债务人身上，即如何帮助他们管理债务、摆脱困境，以减轻公共卫生和社会保障体系面临的压力，提高国民经济的弹性和适应力。其次，在抽象出效率（高效实现债权）和公平（债务人的负债和贫困问题）两个主题之后，温蒂·肯尼特教授从公共管理的角度对民事强制执行制度面临的一系列问题进行了深入剖析，包括强制执行的目标、国家和私人资源的关系、公共服务的提供、数字治理等诸多方面。最后，温蒂·肯尼特教授指出，尽管这些都是棘手的问题，但仍应在各种矛盾冲突中寻求平衡，比如公平正义和“负担得起”之间的平衡，保护债权人和保障债务人之间的平衡，以及政府惩处不法的必要和保障债务人回归公民群体之间的平衡，等等。[1]

2. 关于英国、法国、德国执行制度的研究

有英国学者指出，直至20世纪80年代，英国的民事执行制度仍然是杂乱无章的，运行也不尽如人意。借用法社会学的理论，它就像“回水”(backwater）一样死气沉沉，很少被检讨，也很少被研究。[2] 所以，国内收集到的英国执行制度的资料，大多“附着”于民事诉讼法论著，且以介

---

〔1〕 See Wendy Kennett, *Civil Enforcement in a Comparative Perspective: A Public Management Challenge*, Intersentia Ltd., 2021, p. 565 – 591.

〔2〕 See Jack I. H. Jacob, *The Fabric of English Civil Justice*, Stevens & Sons Ltd., 1987, p. 188.

绍居多，比如约翰·欧海尔（John O'Hare）和凯文·布朗（Kevin Browne）合著的《民事诉讼》、尼尔·安德鲁斯（Neil Andrews）的《英国民事诉讼法》和斯图亚特·塞姆（Stuart Sime）大律师的《民事诉讼实务》等，都将执行程序（各种执行方法）作为民事诉讼程序的一部分予以介绍，且很少涉及理论问题。[1] 专门性的强制执行法论著主要是谢尔集团（Shergroup Limited）的首席执行官克莱尔·桑德布鲁克（Claire Sandbrook）撰写的《判决的执行》。[2] 该书对英国执行案件的管辖、各种执行方法的申请和实施等以问题列举的形式作了非常详细的介绍，但更像一本实务操作手册。

或许出于语言原因，国内关于法国执行制度的论著非常少见。除了罗结珍教授已翻译成中文的资料以外，资料获取较为困难。在有限的英文资料中，涉及法国执行制度的主要是美国雪城大学教授皮特·哈佐克（Peter E. Herzog）和比利时学者玛莎·维瑟尔（Martha Weser）1967 年合著的《法国民事诉讼》。[3] 该书对旧《法国民事诉讼法》时代的诉讼制度进行了详细介绍，执行程序也被包含其中。另一篇是马里洛·尼波耶（Marie－Laure Niboyet）和萨比纳·拉卡萨涅（Sabine Lacassagne）教授 2006 年合著的《法国的民事执行》。该文最初以国别报告的形式收录于前述马德斯·安迪纳斯教授等人合编的《欧洲执行机关》一书，后发表于《欧洲商法评论》，应是非法语学者了解法国执行制度的一个“窗口”。[4]

德国虽然在立法层面将执行程序作为民事诉讼法的一部分，但在学理上，强制执行法很早就从民事诉讼法中独立出来，所以，关于强制执行法

---

[1] See John O'Hare & Kevin Browne, *Civil Litigation*, Sweet & Maxell, 2000; Neil Andrews, *English Civil Procedure: Fundamentals of the New Civil Justice System*, Oxford University Press, 2003; Stuart Sime, *A Practical Approach to Civil Procedure*, Blackstone Press Limited, 1997.

[2] See Claire Sandbrook, *Enforcement of a Judgment*, Sweet & Maxwell, 2007.

[3] See Peter Herzog & Martha Weser, *Civil Procedure in France*, Springer Science & Business Media, B. V., 1967.

[4] See Marie－Laure Niboyet & Sabine Lacassagne, *Civil Enforcement in France*, European Business Law Review, Vol. 17, 2006 (3).

的专门著作较为常见，教科书也非常丰富。除了已翻译成中文的两本强制执行法教科书之外，德国还有两本较为流行的强制执行法教科书，即罗森贝克（Rosenberg）教授等人撰写的《强制执行法》〔1〕和布洛克斯（Brox）、瓦尔克（Walker）教授合著的《强制执行法》〔2〕。与英国和法国由国际私法学者参与执行制度的比较法研究不同，德国的诉讼法学者也比较关注执行制度比较研究。比如，已经翻译成中文的鲍尔教授等人所著的《德国强制执行法》就以专章的形式对英、美、法、意等国的执行制度作了介绍。〔3〕

### （二）国内的相关研究

国内较早投身于执行制度比较研究的是沈达明先生。他于1994出版了《比较强制执行法初论》，对英国、美国、法国的执行制度进行了较为全面的介绍。〔4〕 21世纪初执行体制改革启动以后，对国外执行制度的译介明显提速。2000年，刘汉富法官在最高人民法院执行工作办公室的帮助下，组织谢怀栻等专家学者，译介了英、德、日、意等8个国家的执行立法，汇编为《国际强制执行法律汇编》。〔5〕 2004年，李浩教授组织内地（大陆）和港澳台专家学者整理了英、美、德、法、日、俄6个国家和我国港澳台地区的执行制度，汇集于《强制执行法》一书。〔6〕 此外，还有张卫平和刘荣军教授1994年翻译的《日本民事执行法理论与实务研究》、张卫平和陈刚教授1997年编著的《法国民事诉讼法导论》、白绿铉教授2000年编译的《日本新民事诉讼法》、谢怀栻先生2001年翻译的《德意志联邦共和国民事诉讼法》、罗结珍教授2002年翻译的《法国民事执行程序法》

---

〔1〕 Rosenberg / Gaul / Schilken, Zwangsvollstreckungsrecht, C. H. Beck Verlag, 1997.

〔2〕 Brox / Walker, Zwangsvollstreckungsrecht, Carl Heymanns Verlag, 2008.

〔3〕 参见［德］弗里茨·鲍尔等:《德国强制执行法》（下册），王洪亮等译，法律出版社2019年版，第586～653页。

〔4〕 参见沈达明编著:《比较民事执行法初论》，对外贸易教育出版社1994年版。

〔5〕 参见刘汉富主编:《国际强制执行法律汇编》，法律出版社2000年版。

〔6〕 参见李浩主编:《强制执行法》，厦门大学出版社2004年版。

和《法国民事执行程序法要义》，国内由此初步形成了执行制度比较研究的资料体系。[1]

2004～2010年间，最高人民法院在其主办的《执行工作指导》上又连续登载了一系列译介相关国家和地区执行制度的文章，如黄金龙法官翻译的《瑞典强制执行法典》、杨柳博士翻译的《德国强制拍卖与强制管理法》、周翠教授的《德国强制拍卖制度简介》、我国台湾地区吴光陆律师的《台湾地区"强制执行法"述评》和《台湾地区债务人异议之诉概述》、法国学者托尼·穆萨的《法国的强制执行法律制度》等。[2]

2010年以后，比较法资料得到进一步丰富和补充，先是朴宗根教授于2010年翻译了姜大成教授的《韩国民事执行法》，系统地将韩国的民事执行制度和理论译介到我国。[3] 随后，罗结珍教授于2013年翻译了最新制定的《法国民事执行程序法典》，连载于最高人民法院主办的《执行工作指导》。[4] 2014年，江必新和张永红法官分别出版了《比较强制执行法》和《英国民事强制执行法》。[5] 2016年起，张卫平和齐树杰教授组织中青

---

〔1〕 参见［日］竹下守夫：《日本民事执行法理论与实务研究》，张卫平、刘荣军译，重庆大学出版社1994年版；张卫平、陈刚编著：《法国民事诉讼法导论》，中国政法大学出版社1997年版；白绿铉编译：《日本新民事诉讼法》，中国法制出版社2000年版；谢怀栻译：《德意志联邦共和国民事诉讼法》，中国法制出版社2001年版；罗结珍译：《法国民事执行程序法》，中国法制出版社2002年版；［法］让·文森、［法］雅克·普雷沃：《法国民事执行程序法要义——强制执行途径与分配程序》，罗结珍译，中国法制出版社2002年版。

〔2〕 参见黄金龙译：《瑞典强制执行法典（第1—8章）》，载《执行工作指导》2007年第1辑；黄金龙译：《瑞典强制执行法典（第9—16章）》，载《执行工作指导》2007年第2辑；杨柳译：《德国强制拍卖与强制管理法》，载《执行工作指导》2009年第3辑；周翠：《德国强制拍卖制度简介》，载《执行工作指导》2004年第1辑；吴光陆：《台湾地区"强制执行法"述评》，载《执行工作指导》2006年第1辑；吴光陆：《台湾地区债务人异议之诉概述》，载《执行工作指导》2009年第3辑；［法］托尼·穆萨：《法国的强制执行法律制度》，载《执行工作指导》2007年第3辑。

〔3〕 参见［韩］姜大成：《韩国民事执行法》，朴宗根译，法律出版社2010年版。

〔4〕 参见《法国民事执行程序法典》，罗结珍译，载《执行工作指导》2013年第3辑，2013年第4辑；《法国民事执行程序法施行条例》，罗结珍译，载《执行工作指导》2014年第1辑，2014年第2辑，2014年第3辑。

〔5〕 参见江必新主编：《比较强制执行法》，中国法制出版社2014年版；张永红：《英国强制执行法》，复旦大学出版社2014年版。

年学者翻译了新版的《德国民事诉讼法》、《日本民事诉讼法典》和《法国民事诉讼法典》。[1] 2019 年，王洪亮教授和马强伟博士分别翻译了德国学者鲍尔教授的《德国强制执行法》和穆托斯特教授的《德国强制执行法》。[2]

以上述资料为基础，我国学者主要在以下几个领域开展了专题性比较研究。

一是执行机关设置或执行权配置的比较研究。谭秋桂教授于 2001 年在《民事执行原理》一书中分析了英、美、法、德、日 5 国的执行机关，并对执行权的性质以及我国执行机关的设置提出了改革建议。[3] 最高人民法院执行工作办公室（已更名为最高人民法院执行局）于 2001 年以“高执办”的名义发表《国外执行机构概览》一文，首次对各国执行机构进行类型划分，即“法院负责型”和“法院外设执行官负责型”。其中，前者进一步分为“法官负责型”（意大利、西班牙）、“法院执行官负责型”（澳大利亚）、“法院和执行官分工结合型”（德、法、日）和“专门执行法院型”（冰岛），后者又分为“法院外设非专门执行官型”（英、美）和“法院外设专门执行机构型”（瑞典、瑞士）。[4] 随后，严军兴和管晓峰教授于 2006 年出版了《中外民事强制执行制度比较研究》一书，从执行权的法律性质、执行法律关系、执行机关的设置、执行程序的展开等角度，对各国的执行制度进行了比较分析，并从执行立法、执行机构的设置等角度，就我国执行制度的完善提出了诸多建议。严仁群教授于 2007 年出版了

---

〔1〕 参见《德国民事诉讼法》，丁启明译，厦门大学出版社 2016 年版；《日本民事诉讼法典》，曹云吉译，厦门大学出版社 2017 年版；《法国民事诉讼法典》，周建华译，厦门大学出版社 2022 年版。

〔2〕 参见［德］弗里茨·鲍尔等：《德国强制执行法》（上册），王洪亮等译，法律出版社 2019 年版；［德］弗里茨·鲍尔等：《德国强制执行法》（下册），王洪亮等译，法律出版社 2020 年版；［德］奥拉夫·穆托斯特：《德国强制执行法》，马强伟译，中国法制出版社 2019 年版。

〔3〕 参见谭秋桂：《民事执行原理研究》，中国法制出版社 2001 年版。

〔4〕 参见高执办：《国外执行机构概览》，载《人民司法》2001 年第 3 期。

《民事执行权论》，结合新的资料，对多地的执行权分配体制进行了介绍，并对我国执行程序改良中的核心问题，比如执行机关和当事人之间的关系、执行权的分权运行和执行权的控制等提出了建议。[1] 2014 年党的十八届四中全会提出“推动实行审判权和执行权相分离的体制改革试点”后，张永红法官对英国执行体制市场化改革的经验进行了详细介绍，并建议将动产扣押、强迁和强制交付业务划归相对独立的执行员负责。宫雪博士在 2015 年同样基于英国的改革经验提出了类似主张。[2] 陈杭平副教授于 2018 年对英、法、德、西、瑞（典）5 国的执行机关设置进行了考察，并论证了法院和市场化执行员共享执行权的必要性及实施路径。[3] 史明洲博士于 2019 年译介了日本学者山本和彦教授对各国执行员制度的比较法研究成果。[4]

二是执行救济制度的比较研究。王洪光在 2000 年的文章中认为，我国大陆应以台湾地区为参照，主张以程序问题和实体问题的区分为中心，建立针对程序问题的执行异议和针对实体问题的异议之诉制度——案外人异议之诉、债务人异议之诉和分配异议之诉，从而形成较为完善的执行救济制度体系。[5] 2001 年，最高人民法院执行工作办公室撰文对瑞典、德国、日本和我国台湾地区的执行救济制度进行了比较，主张以瑞典模式为参照，以执行法官行使执行裁判权、执行员行使执行实施权为出发点，建立以执行法官为中心的执行异议和执行异议之诉制度。[6] 随后，翁晓斌教授

[1] 参见严军兴、管晓峰主编：《中外民事强制执行制度比较研究》，人民出版社 2006 年版；严仁群：《民事执行权论》，法律出版社 2007 年版。

[2] 参见张永红：《审判权和执行权相分离体制改革中应当注意的问题——基于英国模式的思考》，载《法律适用》2015 年第 5 期；宫雪：《英国民事执行权的运行与控制》，华东政法大学 2015 年博士学位论文，第 201 ~ 202 页。

[3] 参见陈杭平：《比较法视野下的执行权配置模式研究——以解决“执行难”问题为中心》，载《中外法学》2018 年第 2 期。

[4] 参见［日］山本和彦：《执行官制度的比较法研究——以日本、法国、德国的比较为中心》，史明洲译，载《人民司法》2019 年第 10 期。

[5] 参见王洪光：《强制执行救济论》，载陈光中、江伟主编：《诉讼法论丛》第 5 卷，法律出版社 2000 年版，第 415 ~ 457 页。

[6] 参见高执办：《执行救济程序问题比较研究》，载《人民司法》2001 年第 7 期。

在2006年出版的《民事执行救济制度》一书中对英、美、法、德、瑞（士）、日6国和我国台湾地区的执行救济制度进行了比较并指出，我国大陆的执行救济制度体系虽然应区分程序救济和实体救济，但实体救济应仅限于债务人异议之诉和案外人异议之诉，而不应包括分配异议之诉。其他学者的主张与翁晓斌教授类似，也很少讨论分配异议之诉。[1] 但张卫平教授从执行救济体系化的视角，认为除了债务人异议之诉和案外人异议之诉以外，还应建立债权人异议之诉和执行回转之诉制度。[2]

三是间接执行措施比较研究。廖中洪教授于2013年出版了《民事间接强制执行比较研究》一书，对英、美、法、德、日、韩6国的间接执行措施进行了深入分析，并就我国的间接执行制度的完善，提出了将人身作为间接执行标的、扩大间接执行措施适用范围、增设惩罚性赔偿等建议。[3] 马登科教授于2018年对法国、德国、日本和我国台湾地区的间接执行措施的种类、立法指导思想和适用范围进行了比较，并提炼出了民事执行实效、人权保障和程序控制等基本理念。[4] 尹志勇博士对英、法、德、日、韩等国的间接执行措施予以类型化，提出了经济制裁措施、人身限制措施和资格制裁措施的分类方法。孔令章博士和梁平教授从立法技术、适用范围、适用条件等角度，对法国和德国的间接执行措施进行了比较分析，并就我国的间接执行制度如何均衡各种价值判断，加强对当事人的程序保障提出了建议。[5]

---

〔1〕参见翁晓斌：《民事执行救济制度》，浙江大学出版社2005年版，第34～89、147～175页；马登科：《程序上的执行救济与实体上的执行救济》，载《湖北社会科学》2001年第8期；牟逍媛：《完善民事执行救济的程序保障机制》，载《法学》2005年第7期；洪浩：《论我国民事执行救济法律制度之重构》，载《法学》2005年第7期。

〔2〕参见张卫平：《执行救济制度的体系化》，载《中外法学》2019年第4期。

〔3〕参见廖中洪主编：《民事间接强制执行比较研究》，中国检察出版社2013年版，第17～277、314～381页。

〔4〕参见马登科：《民事间接强制执行比较研究》，载《法律科学（西北政法学院学报）》2012年第4期。

〔5〕参见尹志勇：《民事间接强制执行措施体系化研究》，载《西南科技大学学报（哲学社会科学版）》2020年第6期；孔令章、梁平：《民事间接强制执行制度比较研究》，载《重庆大学学报（社会科学版）》2012年第5期。

四是执行文制度研究。肖建国教授在深入分析德国、日本、韩国执行文制度的基础上，分别于2011年和2013年撰文就我国变更追加当事人制度的完善及执行文制度的引入进行了分析。陶婷博士和刘颖博士分别于2017年和2020年撰文对法国、德国、日本的执行文制度的历史发展和制度构成进行了深入分析，并就我国如何引入执行文制度提出了具体建议。[1]

五是执行立法模式研究。2011年，肖建国教授和王德新教授分别撰文对各国执行立法的模式进行了分析，并对我国应采取单独立法模式进行了系统论证。[2]

除了上述相对集中的议题外，也有学者对个别国家执行制度的借鉴进行了分析，比如谭玲和夏蔚教授对中国和加拿大执行制度的比较、张虎博士对中美财产调查制度的比较等。[3] 另外，也有学者对具体制度的研究包含了比较法的内容，比如，毋爱斌教授在2014年出版的《民事执行拍卖制度研究》中曾对古罗马以来欧美国家执行拍卖制度的演变、分类和性质争议进行了梳理。[4] 限于主题，恕不一一展开。

## 五、本书的结构和基本内容

本书主要分为5个部分：第一章论述英国、法国和德国执行员制度的发展过程，揭示“分散型”执行机关的形成过程和历史脉络。第二章论述

---

〔1〕 参见肖建国：《执行当事人变更与追加的程序研究——基于德、日、韩执行文制度的比较研究》，载《法律适用》2011年第9期；肖建国：《执行当事人变更与追加的救济制度研究——基于德、日、韩执行文制度的比较研究》，载《法律适用》2013年第9期；陶婷：《执行文制度研究》，西南政法大学2017年博士学位论文；刘颖：《执行文的历史源流、制度模式与中国图景》，载《中外法学》2020年第1期。

〔2〕 参见肖建国：《中国民事执行立法的模式选择》，载《当代法学》2011年第1期；王德新：《民事执行立法模式的比较与选择》，载《河南科技大学学报（社会科学版）》2011年第3期。

〔3〕 参见谭玲、夏蔚：《强制执行制度的借鉴与创新——中国与加拿大强制执行制度之比较》，载《暨南学报（哲学社会科学）》2003年第3期；张虎：《中美民事执行程序中的“财产披露”制度比较研究》，载《政治与法律》2013年第11期。

〔4〕 参见毋爱斌：《民事执行拍卖制度研究》，厦门大学出版社2014年版，第16～52页。

“分散型”民事执行程序中各种执行方法的变化过程，揭示“分散型”民事执行程序的自由主义传统，以及各国为应对现代挑战而对其所作的职权化改造。第三章在前两章的历史分析的基础上，论述“分散型”民事执行程序中各种执行方法在当前的具体运作，以及法院和执行员之间的权力分配。第四章开始将目光转回国内，以清末新政为起点，分析“分散型”民事执行程序在我国的历史境遇。第五章以当前的司法改革和新近公布的《民事强制执行法（草案）》为背景，以历史为镜鉴，就“分散型”民事执行程序的借鉴意义作具体论述。

第一章旨在说明英国、法国、德国并非从一开始就实行“分散型”的执行体制。该体制不仅是历史演变的结果，而且每个国家的历史轨迹不尽相同。这决定了3个国家的“分散型”体制各有特点。但遗憾的是，目前的比较法研究经常会忽视这一点。很多研究只看到了法院和执行员之间的分权，却很少关注他们之间为什么会分权，以及不同的国家对执行员法律地位的界定有何不同。为此，本章挖掘了大量史料，较为全面地梳理了英国的郡长向高等法院执行员的转变过程，法国的执达员从法院的低级附属官吏向职业化执达员转变的过程，以及德国将法国的执达员与本国传统相结合，建立德式执达员制度的过程。

第二章是对“分散型”民事执行程序第二要素——执行方法及其配套制度的历史变化的分析，旨在揭示“分散型”民事执行程序的自由主义底色，以及各国为应对现代挑战而在职权化的大背景下做出的不同选择——最主要的差异是执行机关在获取债务人（财产）信息方面的作用。该部分的论述基本按时间顺序展开，大致分为19世纪以前、19世纪和20世纪中期以后3个时间段。

第三章是对当前英国、法国、德国执行程序的具体描述，重点是各种执行方法的具体实施，包括普通动产的执行、不动产的执行、劳动收入的扣押、金钱债权和其他财产权利的扣押、特定动产和不动产的移交和间接执行措施等。同时，该部分也展示了3个国家的法院和执行员之间的权力分配。对于我国而言，该部分的分析旨在提供两个方面的借鉴：一是展示各种执行方法的实施过程，以为完善我国的执行措施实施规则提供参考；二是展示以“执行方法”为基本单位的执行权力分配规则，以对比和反思我国对执行裁判权和执行实施权的区分。

第四章是对“分散型”民事执行程序在我国历史境遇的分析，旨在揭示我国如何从“分散型”民事执行程序的起点走到现在，从而为当前的执行改革提供历史参考。该部分的讨论在总体上分为3个阶段：一是清末新政时期，因“取法日本”而首次接触“分散型”民事执行程序；二是民国时期，因法院建设滞后而与“分散型”民事执行程序渐行渐远；三是中华人民共和国时期，执行制度如何在苏联经验和历史传统的纠葛之间被重塑。

第五章是“分散型”民事执行程序对当下的启示和借鉴，包括以下方面：一是执行员制度应当保留；二是应当构建“首次网络执行+财产调查+线下再次执行”的“三阶式”执行模式；三是财产调查程序应从（线下再次）执行程序中剥离；四是在法院参与执行的情况下，执行程序不应刻意回避当事人主义。

## 六、主要研究方法

本书主要运用了两种分析方法。一是历史分析法。这是最主要的研究方法，目的是将“分散型”民事执行程序和我国的执行体制改革置于适当的历史环境中，以史为鉴，从而避免不必要的误区。本书的第一章、第二章、第四章都以历史分析为主。二是比较分析法。一方面，“分散型”民事执行程序涉及英国、法国、德国，3个国家都有自己特定的历史轨迹，讨论过程中，需要随时对3个国家的不同路径和制度安排进行对比。另一方面，“分散型”民事执行程序作为一个整体，与我国的“司法集中型”执行程序相对，需要经过对比，才能更好地发现各自的不足和对方于自身的借鉴意义。

# 第一章

# “分散型”权力格局是如何形成的

“分散型”民事执行程序的首要特征是“分散型”执行机关，即法院和具有独立地位的执行员共享执行权。尽管从各国执行机关的横向对比来看，这是一种与“集中型”体制完全不同的权力架构，但从历史发展的角度来看，两者的界限并没有想象的那么明显，因为采取“分散型”民事执行程序的英国、法国和德国，在历史上都经历过“司法集中型”的发展阶段。“分散型”执行机关的确立，不过是19世纪资产阶级革命或改革的产物。在从“司法集中型”向“分散型”转变的过程中，最主要的变化就是曾为法院下级官吏的执行员获得了相对独立的法律地位，并从法院的手中分走了一部分执行事务和权力。我国在20世纪初清末新政时期也曾有引入“分散型”执行机关的机会，但出于种种原因，最终走向了第一审法院负责执行的“司法集中型”体制。如今，经过百余年的建设和发展，我国法院再次站在执行权“内分”和“外分”的十字路口，既是偶然，也是必然。毕竟，包括英国、法国、德国在内，大部分欧洲发达国家都经历过审执合一向审执分离的转变。[1] 那么，这一过程是如何发生的呢？英国、法国、德国又是在什么样的背景下选择了“分散型”的执行机关？本章将首先对此展开分析。

---

〔1〕 See Burkhard Hess, *Comparative Analysis of the National Reports*, in Mads Andenas et al., eds., Enforcement Agency Practice in Europe, British Institute of International and Comparative Law, 2005, p. 33.

## 一、英国“分散型”体制的历史脉络

在12～13世纪三大普通法法院成立之初，英国就出现了法院和负责执行的郡长之间的分权，只不过这种分权不是执行权的细分，而是中央的王室法院与地方官员的分工与配合：前者代表国王作出裁判，后者代表国王付诸执行。直到15世纪衡平法院出现并自己执行其判决，英国法院才有了执行自己判决的权力和能力。然而，即便如此，由于普通法和衡平法的对立，这种执行权的细分也与现代意义上的执行权分权相去甚远。所以，英国真正确立“分散型”执行体制，应是在1873～1875年司法改革以后。在这次改革中，英国不仅消除了普通法和衡平法的对立，也将普通法法院和衡平法院合并为单一的高等法院。同时，由于1887年《郡长法》仅规定了郡长执行普通法上的司法令状和拘禁债务人的权力，而没有将禁令等衡平法上的命令交其执行，高等法院的判决和命令才出现了一部分由郡长执行，一部分由法院执行的分工。详述如下。

### （一）作为地方官员的郡长及其执行职责

#### 1. 诺曼征服以前的郡长

关于12世纪之前的英国法制史，由于缺乏充分的文字记载，研究并不充分。粗略的历史轮廓是：公元7世纪，盎格鲁—撒克逊人作为日耳曼人的分支，在英格兰建立了7个部落王国——北部的诺森布里亚、中部的麦西亚、东部的东盎格利亚和埃塞克斯、东南部的肯特和苏塞克斯、西南部的威塞克斯，史称“七国时代”。7个王国都由日耳曼人的原始君主制演化而来，建立在王家卫队或家内扈从的基础上，[1] 最初的组织架构并不固定。中央王廷一般由国王的家属和亲随组成，地方则由与国王关系密切的

〔1〕参见［英］佩里·安德森：《从古代到封建主义的过渡》，郭方、刘健译，上海人民出版社2016年版，第118页。

贵族全权负责,[1] 直到9世纪北欧人大规模入侵，才逐渐形成了自己的地方治理体系，即“郡区制”。对于“郡区制”的起源，理论上有不同认识。有学者考证，在阿尔弗雷德统治时期，即9世纪中后期，“郡区制”就已在威塞克斯王国确立。根据《阿尔弗雷德法典》，王国被分为若干个郡（shire），郡下设百户区（hundred），百户区下设十户区（tithings）。[2]

郡的负责人称方伯（ealdorman）。[3] 其一般由国王及其贤人会议选任，负责传达国王的命令、征税（包括王室其他收入）、召集军队、维护地方安宁等。郡长是方伯的助手，协助其主持郡法庭。但后来由于方伯的地位提升，一个方伯可以掌管数郡，方伯与郡的联系逐渐淡化，郡长成为郡的实际负责人。[4] 郡长之下的百户长，早期称为“hundredarius”或“hundred - men”，负责百户区内的一般事务、治安和防务。《埃德加法典》收录的《百户区法令》曾规定，窃贼应当予以追捕，若有紧急需要，应告知百户长，令他告知十户长，让所有人前往上帝指引的地方，以先前埃德蒙国王的法令，对其进行审判。[5]

不过，当时的郡和百户区不是郡长和百户长的“一言堂”。它们均保留了日耳曼人公共集会的传统，设有定期集会。其中，郡的定期集会称为“seyre - gemote”，即学界通常所说的“郡法院”或“郡法庭”。这是一种半自治性的非常设机构，由传统的部族大会演变而来，负责郡中的审判和修桥筑路等公共事务，每年召开两次，由郡长主持，辖区内持有土地的自

---

〔1〕 参见马克垚：《英国封建社会研究》，北京大学出版社2005年版，第8～10页。

〔2〕 参见李秀清：《日耳曼法研究》（修订版），社会科学文献出版社2018年版，第133、134页。

〔3〕 “ealdorman”的译法很多，有的译为“郡长”，有的音译为“厄德曼”。这里采用《元照英美法词典》的翻译。参见薛波主编：《元照英美法词典》，法律出版社2003年版，第454页。值得注意的是，同在9世纪中叶，查理曼大帝将法兰克王国分成了大大小小的伯爵领，作为基本的治理单位。伯爵领的负责人也是伯爵，享有军事和司法权力。英国的郡和法兰克王国的伯爵领是否存在联系，史学界鲜有讨论。

〔4〕 参见陈国申：《从传统到现代：英国地方治理变迁》，中国社会科学出版社2009年版，第51、52页。

〔5〕 参见李秀清：《日耳曼法研究》（修订版），社会科学文献出版社2018年版，第137页；孙银钢：《盎格鲁-撒克逊法探析》，华东师范大学2013年博士学位论文，第104页。

由人均可参加。百户区的定期集会称为“hundred - gemote”（百户区法院或百户区法庭），运行方式与郡集会类似（自由人均可参加），只不过次数更为频繁。[1]

诺曼人入主英格兰以后，“郡区制”及其法院均被保留，但各自的命运却截然不同：郡作为盎格鲁 - 撒克逊人的重要遗产，延续至今，郡长也一度被委以重任，而百户区及其法院则在封建化的过程中逐渐落入各级领主的手中，[2] 百户长也彻底沦为郡长的助手。如《元照英美法词典》所描述，“bailiffs of hundreds”是由郡长任命的、在其管辖的百户区内负责收取罚金、召集陪审团、参加巡回审判和季审法庭、执行法院令状的官员。[3]

2. 诺曼—安茹王朝时期的郡长和普通法法院

1066 年诺曼征服在英国历史上具有极为重要的意义，它是王权在英格兰崛起的开端。作为外来统治者，诺曼人采取了一系列措施来强化国王对英格兰的控制。[4] 威廉一世时期，国王对英格兰的土地进行了全面摸底，引入了欧洲大陆的封建体制，将其中的绝大部分分封给诺曼贵族。同时，他对欧陆的封建制和盎格鲁 - 撒克逊人的“郡区制”进行了改造，以加强对贵族的控制：于前者，他打破了“封臣的封臣，不是我的封臣”的传统，把封臣的封臣变成了国王的封臣；[5] 于后者，他强化了郡长作为国王代理人的身份和地位，不但赋予其更大的权力，也采取种种措施，确保其

---

[1] 参见李秀清：《日耳曼法研究》（修订版），社会科学文献出版社 2018 年版，第 136 ~ 138 页。

[2] 参见陈日华：《中古英格兰地方自治研究》，南京大学出版社 2011 年版，第 179、180 页。

[3] 参见薛波主编：《元照英美法词典》，法律出版社 2003 年版，第 128 页。

[4] 诺曼人（Northman）人的字面意思为“北方人”。它与历史上的“维京人”和“丹麦人”一样，都是来北欧的古斯堪的纳维亚人。911 年，他们在罗尔夫（又称罗洛）的带领下袭扰西法兰克王国，并与国王查理达成协议。后者以防御后续入侵者为条件，册封罗尔夫为鲁昂伯爵。后来，罗尔夫改信基督教，其后人也迅速法兰克化。参见余雄飞：《试论维京时代斯堪的纳维亚的早期社会及其基督教化》，东北师范大学 2019 年博士学位论文，第 84 ~ 92 页。

[5] 参见李栋：《试析英国的封建制度及其宪政之生成》，载《环球法律评论》2011 年第 4 期。

对国王的忠诚。[1]

亨利一世和亨利二世时期，常驻诺曼底的国王加强了对英格兰的巡视，并逐渐确立了王室法官巡回审判制度。[2] 巡回审判虽然有监督郡长的目的，但后者作为国王在地方的主要代理人，依然发挥着无可替代的作用。有学者指出，国王在组织巡回审判之前，会通过掌玺大臣发出4份诏令：一份是给巡回法官集体的公开委任状；一份是给法官个人的密封委任书；还有两份是给郡长的密封指令，要求其召集所在地的领主和各村镇代表，以及相关当事人和证人等，做好开庭准备，必要时还可扣押有关人员的财产。[3] 格兰威尔时期（1087～1189年）的一份令状曾对郡长的作用有明确记载：“国王向郡长问候。甲向我控告乙自我上次航行去诺曼底期间，不公正地和未经判决地强占了他在某某村庄的自由持有地。因此，我命令你，如果甲保证他提起的权利请求真实可靠，你务使被从该土地上占取的动产得以返还，并以和平的方式将该土地和动产保持到复活节之后的星期天。同时你务使12名自由的和守法的邻人查看该地产，并将他们的名字签于此令状之上。由合适的传唤人将他们于复活节后的星期天传唤到我或我的法官面前，做好确认的准备。以抵押品和可靠的担保人作保证将乙或他所在小区的行政官（如果不能找到他）传唤到那里，然后开始审理，确认事实。并应有传唤人、本令状和担保人的姓名，证人等等。”[4] 此外，郡长还要维持审判期间的庭审和社会秩序。

12～13世纪普通诉讼法院和王座法院出现以后，郡长的上述“服务”又延伸至国王的常设法院。后者可以通过令状对郡长作出指示。这里的令

---

〔1〕 参见于明：《司法治国：英国法庭的政治史（1154—1701）》，法律出版社2015年版，第116～123页。

〔2〕 参见［美］朱迪斯·M. 本内特、［美］C. 沃伦·霍利斯特：《欧洲中世纪史》，杨宁、李韵译，上海社会科学院出版社2007年版，第291页。

〔3〕 参见李云飞：《中世纪英格兰巡回法庭的运作机制探析》，载《暨南学报（哲学社会科学版）》2012年第7期。

〔4〕 ［美］哈罗德·J. 伯尔曼：《法律与革命第1卷：西方法律传统的形成》（中文修订版），高鸿钧等译，法律出版社2008年版，第436页。

状主要是起始令状（original writ）和司法令状（judicial writ），后者可进一步分为中间程序令状（writ of mesne process）和执行令状（writ of execution）。[1] 其中，起始令状是文秘署（Chancery，又译大法官法庭，衡平法法院的前身）以国王名义签发的权利令状，盖有国王大印。它除了命令被告出庭之外，还记载原告的请求，以及郡长传唤被告的程序。[2] 司法令状是王室法官签发的程序令状，加盖法院大印，由郡长具体执行。一般情况下，在郡长将起始令状回呈给普通诉讼法院或王座法院以后，“令状归档官”会视情况签发中间程序令状，比如“财产担保令”（writ of attachment）、“财产扣押令”（*distringas*）和“逮捕令”（*capias ad respondendum*）等，以迫使被告到案。如果被告拒不出庭，法院可宣告其为法外之徒。诉讼结束后，被告拒不履行的，原告可向法院申请执行令状，包括恢复占有土地令（*habere facias seisinam*）、菲法令状（*fieri facias*）、拘留还债令（*capiasad satis faciendum*）等[3]。

从郡长在王室司法中的作用和司法令状的运行机制来看，郡长的权力是独立于法院和巡回法官的，而且要先于后者的权力从王权中分化出来。普通法法院虽然可以通过令状对郡长发号施令，但令状的实施却由郡长全权负责，实施效果也完全取决于郡长。在此意义上，英格兰的审判权和执行权从一开始就是分离的，只不过当时的郡长还不是专业的执行官员，其执行权也不是英国现代执行权的全貌。

3. 普通法扩张受阻与郡长的执行权受限

由于郡长的执行权源于国王和司法令状的授权，所以，一旦国王及其法院的权力受到限制，郡长的权力就会受到影响。遗憾的是，这恰恰是13～15世纪英格兰的真实状况。

---

〔1〕 参见屈文生：《普通法令状制度研究》，商务印书馆2011年版，第122页。

〔2〕 参见屈文生：《普通法令状制度研究》，商务印书馆2011年版，第122、135页。

〔3〕 参见屈文生：《普通法令状制度研究》，商务印书馆2011年版，第122、136～138、142、143页。根据《元照英美法词典》的解释，“逮捕令”一般不会实际逮捕被告人，只是要求其出庭并提供普通保释保证人，除非涉案金额达到一定数目。

13 世纪初，约翰在与法国国王腓力二世的斗争中，失去了金雀花王朝在欧洲大陆的“祖业”。这使他和来自法国大陆的亲信不得不“暂时蜗居”英格兰。为了筹集军费，收复失地，约翰在英格兰不仅大肆征税，还利用王室的司法权力攫取额外收入，从而与本土贵族发生了激烈冲突。最终，贵族反叛，约翰则被迫签署《大宪章》。《大宪章》除了重申一系列被约翰破坏的英格兰封建习惯和自由人的权利，还首次允许贵族们成立一个由 25 名男爵组成的委员会，对国王及其大臣是否有违反宪章的行为进行监督。[1] 40 多年后，约翰的遭遇在他的儿子亨利三世身上重演。在恢复“祖业”的宏伟目标下，亨利三世为筹集军费，延续了对英格兰贵族和平民的掠夺。但由于缺少应有的驾驭能力，亨利三世与近臣之间、近臣与近臣之间、近臣与本土贵族之间都发生了持续性的矛盾和冲突。1258 年，亨利三世的妹夫兼近臣孟福尔（Simon de Montfort）与本土贵族联合发动叛乱。他们模仿《大宪章》，成立了一个由 24 名贵族组成的委员会作为国家的最高权力机构，并推举其中的 15 人组成御前会议，负责日常的行政事务。同时，他们提出了一系列的改革措施以限制王权，如所谓的《牛津条例》。根据该条例，贵族委员会应每年定期召开 3 次会议，审视王国的状况并处理王国和国王的公共事务；委员会成员无论是否接到召集令，均须出席。[2] 尽管上述改革很快就因为贵族们的失利而被亨利三世否定，但亲身经历并消灭了叛乱的爱德华一世（当时为王子）却从中吸取了经验和教训。在其统治期间，国王通过大咨议会对征税和实施法律等重大问题作出决定逐渐成为一种惯例。

在此过程中，王室法院的扩张也遭到贵族们的抵制。为了防止国王对普通诉讼横加干涉，《大宪章》第 17 条规定，普通诉讼应在一个固定的地方审理，而无须再追随国王。这不但杜绝了国王利用巡回审判干预普通诉

〔1〕 参见程汉大：《〈大宪章〉与英国宪法的起源》，载《南京大学法律评论》2002 年第 2 期。
〔2〕 参见蔺志强：《一二五八年至一二六七年英国贵族改革运动》，载《历史研究》2004 年第 6 期。

讼的可能性，也借助交通上的不便，削弱了威斯敏斯特的王室法院受理普通诉讼的能力。另外，针对长期以来国王们利用指令令状（writ of *praecipe*）将土地纠纷收归王室法院的做法，《大宪章》第34条规定，国王不应再向任何人签发与保有财产（主要是土地）有关的指令令状，以免保有该财产的自由人失去其法庭。[1] 若严格按照该规定，则国王只有在3种情况下才能介入此类案件：（1）争议的土地为国王所封赐；（2）不存在领主法院；（3）领主法院放弃了管辖权。所幸，该规定与当事人的利益诉求并不一致，没有得到有效落实。[2]

王室法院的真正威胁是1258年的《牛津条例》。在该条例中，反叛贵族针对王室法院滥发令状的行为，基于24人贵族委员会的权力架构，规定未经国王和大咨议会的同意，文秘署不得签发新的令状。这实际上将令状的签发权从国王的文秘署转移到了贵族控制的咨议会。[3] 尽管该规定曾因《牛津条例》的整体废弃而被束之高阁，但贵族们并没有放弃努力。爱德华一世时期，国王与贵族们重新达成了妥协，于1285年在《威斯敏斯特条例Ⅱ》中规定：文秘署确需创制新令状的，应当经过咨议会的批准；当事人确需救济而无适当令状的，可以适用先前有类似情形的令状。[4] 自此，王室法院的令状扩张渐趋停滞。

4. 郡长职位的变化与执行权的“旁落”

除了王权受限和令状僵化带来的权力萎缩之外，郡长职位的变化也对郡长的执行权有重要影响。在11～12世纪，郡长一直是国王在地方上的主要代理人，但在约翰和亨利三世统治时期，他们的身份和权力开始出现明显的变化。变化之一是郡长与英格兰本土贵族的分离。约翰和亨利三世都

---

〔1〕《大宪章》的全文，参见薛波主编：《元照英美法词典》，法律出版社2003年版，第879～883页。

〔2〕参见屈文生：《普通法令状制度研究》，商务印书馆2011年版，第115页。

〔3〕参见屈文生：《试论普通法令状的起源及其嬗变》，载《东方法学》2009年第5期。

〔4〕参见胡永恒：《普通法上的令状制度及其影响》，载公丕祥主编：《法制现代化研究》第12卷，南京师范大学出版社2009年版，第163、164页。

有恢复法国失地的宏伟计划，所以，他们都希望能从英格兰获取足够的军费和支持。但英格兰的贵族与国王的想法并不一致——他们与国王在法国的领土没有任何关系。所以，国王只能依靠从法国带来的贵族从英格兰筹集经费。郡长作为主要的行政力量，自然也需要由国王的近臣担任。作为这方面的典型，亨利三世曾让自己的宠臣罗杰兼任了20多个郡的郡长。[1] 变化之二是郡长权限的调整。自1234年起，亨利三世开始在各郡设置没收吏，专门调查直属封臣的土地情况，并将无人继承或没有继承权的土地收回。[2] 1236年，他又收回了郡长对王田的管理权，交由财政署任命的专职官员管理，同时，他还禁止郡长在规定的津贴之外截留王室的其他收入，并要求其将所有的收入向财政署申报。[3] 变化之三是郡长的任命方式。从亨利三世开始，郡长不再由国王直接任命，而是先由财政署的国库长提供名单，再由国王根据自己的喜好选定。[4] 不过，这些措施并未在根本上动摇郡长的政治地位，他们仍是国王可靠的盟友和利益代言人。正因如此，贵族们才会在13世纪50年代的反叛中专门对郡长的行为提出控诉，并在《牛津条例》中要求，各郡法院须设置4名骑士组成的陪审小组，听取针对王室官员和郡长的指控。[5]

郡长地位真正发生变化的时期，应是爱德华一世、爱德华二世和爱德华三世统治的一个多世纪，即1272～1377年。这三位国王都喜欢发动对外战争，以调和国内与贵族之间的冲突。这使他们很少把时间投入对英格兰的地方治理。尽管国王仍会时不时地对地方官员进行调查，并清查王室在

---

〔1〕 参见阎照祥：《英国政治制度史》，人民出版社1999年版，第47页。

〔2〕 参见蒋孟引主编：《英国史》，中国社会科学出版社1988年版，第122页。

〔3〕 参见马克垚：《英国封建社会研究》，北京大学出版社2005年版，第87、88页。该书第82页对这项改革的时间另有表述。经此改革，郡长保留的财权主要是郡法院和百户区法院的罚款收入及其他习惯捐纳。

〔4〕 马克垚先生指出，13世纪时，郡长一般由国库长任命，但任命的前提是国王喜欢。参见马克垚：《英国封建社会研究》，北京大学出版社2005年版，第87页。结合后世郡长的产生方式，这里并没有完全采用马克垚先生对当时郡长产生方式的表述。

〔5〕 参见钱乘旦、许洁明：《英国通史》，上海社会科学院出版社2007年版，第63页。

地方上的财产和收入，但所用的方法与12世纪相比并无明显的进步。更为重要的是，为了维持战争期间的国内秩序，他们不得不更加依赖下级骑士，尤其是从他们当中产生的治安官员。[1] 同时，为了筹集军费和应付巨大的开支，他们也不得不在传统的王室收入和封建贡赋之外另辟财源，比如向城市、乡村居民甚至是教会征税。只不过，不同于早期的约翰和亨利三世，他们习惯通过“大会议”（议会）寻求各个阶层的支持。在此过程中，作为影响国王和贵族博弈的第三方力量，下级骑士和平民的地位得到快速提升——最晚在1343年，议会就有了专门代表他们利益的下议院。[2] 这使他们很快成为地方上的实权派，进而垄断了包括治安官、督察官和报税审查员在内的重要职位。[3] 在此背景下，充当郡长的人选逐渐从国王的近臣变成地方上的实力派。

由于不再是国王的近臣，而且治安问题成为国王们在战争、内乱和黑死病大流行期间最为关心的事情，治安官员（keepers of the peace）在14世纪以后的地方治理中发挥着越来越重要的作用，并逐渐超过了郡长。1300年，爱德华一世颁布了一般性的治安委任状，任命3名骑士对教会、贵族和其他人员的行为展开调查，并对他们是否违反《大宪章》和《温彻斯特法》的行为进行审判。1314年，为了维持远征苏格兰期间的地方秩序，爱德华二世又以委任状的形式赋予治安官调查重罪和侵害之诉并进行审判的权力。尽管该项权力在爱德华三世期间曾一度波动，但很快就趋于稳定，直至1361年和1363年才以制定法的形式，永久确立了治安法官（justice of the peace）的职务，并赋予其每年4次庭审的权力。[4] 自此，英格兰的地方治理出现了治安法官的季审法庭和郡长的郡法庭“刑、民分

---

〔1〕 1277年，爱德华远征威尔士期间，曾专门要求各郡骑士推选一名骑士充当治安维持官。参见陈日华：《中古英格兰地方自治研究》，南京大学出版社2011年版，第185页。

〔2〕 参见马克垚：《英国封建社会研究》，北京大学出版社2005年版，第284页。

〔3〕 参见孟韵美：《中世纪晚期英格兰乡绅阶层的形成》，载《经济社会史评论》2018年第4期。

〔4〕 参见于明：《司法治国：英国法庭的政治史（1154—1701）》，法律出版社2018年版，第172～179页。

治”的局面——后者根据1278年《格罗斯特法》，主要审理标的额在40先令以下的民事案件。

都铎王朝时期，治安法官的司法行政权力得到全面扩展，地位进一步提升。在1485～1603年的百余年间，涉及治安法官的法令高达170多个，仅伊丽莎白一世期间就有79个。[1] 这使治安法官的权力延伸到了地方政务的方方面面，以致出现“杂役女佣”的戏称。[2] 根据1590年改革后的委任状（存续至1878年），各郡的治安法官有治安维持官、负责审判的治安法官和首席治安法官之分。其中，治安维持官设一人，负责维持治安，执行法令和惩处不法者。负责审判的治安法官为两人以上，负责召开季审法庭，调查重罪、下毒、巫术、非法入侵、垄断市场、囤积居奇、非法集会、危害生命安全、啤酒馆不法经营、郡内官员（包括郡长）滥用职权等案件，但疑难案件须有王座法庭的法官或巡回法官在场。首席治安法官必须居住在本郡，负责保管诉讼卷宗。[3] 在治安法官的诸多权力中，其对郡长等地方官员的指令和监督权最为典型。这说明在都铎王朝时期，治安法官与郡长的地位已发生反转：治安官员在12世纪还是听命于郡长的下级骑士，但现在，郡长却要接受其监督乃至惩戒。

到了17世纪，尽管郡长在名义上仍是各郡的首脑，且保留着早期的大部分权力，但实际履行郡长职责的已非郡长本人。当时的乡绅达尔顿（Dalton）曾从5个方面对郡长的权力进行了概括：（1）为中央法庭和巡回法庭提供服务，包括接收和“回呈”中央法庭的原始令状，接待巡回法官，为中央法庭或巡回法庭召集陪审团并执行其判决等；（2）征缴并向财政署报送国王收入，包括租金、农场产品、地产、赎金、罚金、没收财产等；（3）作为季审法庭的主要官员，安排季审法庭的开庭时间和地点，组

[1] 参见顾荣新：《12世纪～19世纪英国治安法官的起源与流变》，载《法律文化研究》2007年第1期。

[2] 参见刘显娅：《都铎时期英国治安法官研究》，载《兰州学刊》2008年第12期。

[3] 参见初庆东：《近代早期英国治安法官的选任与群体特征》，载《历史教学（高校版）》2017年第6期。

织陪审团，参加法庭审理并执行其裁判；（4）维护国王的安宁；（5）主持郡法院，到百户区法院巡回开庭，选举骑士等。但由于郡长的任期最多只有一年，无法连任，且入不敷出——本身没有多少薪俸，却要承担巡回法官的接待费用或给百户长等辅助人员购买装备，乡绅们很快就避之唯恐不及。于是，该职位逐渐成为一个虚设的职位，大部分权力落入了职位稳定且熟悉业务的副郡长（under sheriff）和百户长等辅助人员手中，尤其是前者。[1]

### （二）衡平法和衡平法院的执行权

1215 年《大宪章》签署以后，国王的让步并没有带来领主法院的复兴。如卡内冈所说，包括领主法院在内的地方法院的没落，并不是国王有意攻击的结果，而是其提供的救济比后者更先进、更有效。毕竟，国王从来没有在法律上剥夺地方法院的管辖权，如果当事人更愿意到地方法院诉讼，王室法院无论如何也阻止不了。[2] 因此，令状停滞的唯一后果就是越来越多的当事人因为无法获得令状而徘徊在王室法院之外。这使国王作为“正义的源泉”再度获得关注。只不过，忙于战争的国王们显然无法在这上面投入太多精力。所以，1349 年在给伦敦郡郡长的令状中，爱德华三世指出，与普通法有关的申诉，由大法官处理；与国王的恩惠（king's grace）有关的申诉，由人法官或掌玺官（keeper of privy seal）处理；上述官员不能处理的，由国王本人处理。这直接导致了一个新的法院（大法官法院）和新的法律体系（衡平法）的诞生。从 1474 年大法官首次以自己的名义作出判决开始，[3] 英国进入了普通法法院和大法官法院、普通法与

---

〔1〕 参见初庆东：《英国治安法官与地方治理研究（1560—1660）》，南京大学 2015 年博士学位论文，第 22～26 页。

〔2〕 参见［比］R. C. 范·卡内冈：《英国普通法的诞生》，中国政法大学出版社 2003 年版，第 43 页。

〔3〕 See W. S. Holdsworth, *A History of English Law*, 7th ed., Vol. 1, ed. by A. L. Goodhart & H. G. Hanbury, Methuen & Co. Ltd. and Sweet & Maxwell, 1956, p. 397－404.

衡平法并存的“双轨制”时代。

两套法律体系的最大差异在于向当事人提供的法律救济及其执行方法。普通法上的救济主要是金钱债务或赔偿金的支付和特定标的物的返还，执行方法多为有形物的扣押或交付。而衡平法上的救济则很少受到限制，原则上只要普通法无法提供救济，且大法官认为有介入的必要，皆可予以救济，就如其对手指责的那样：这个法院的正义就像大法官的脚一样变化无常。到了17、18世纪，随着判例集的出版和裁判规则的逐步完善，衡平救济的方式才逐渐趋于固定。总体来讲，衡平法上的救济主要针对人，而非财产或金钱，且以“为或不为一定行为”的命令为典型，[1] 尤其是禁令（injunction）和具体履行（specific performance）。其中，禁令包括强制令（mandatory injunction）和禁止令（prohibitory injunction）两种，前者要求强制履行一定行为，而后者则禁止实施一定行为。强制令的执行方法与具体履行相同，即能由他人代为履行的，可指示债权人直接履行，并判决由债务人承担费用；不能代为履行的，适用禁止令的执行方法：债权人可以藐视法庭为由，申请对债务人给予监禁的制裁；后者经法院警告仍不履行的，处两年以内的监禁。[2] 另外，衡平法上还有很多非金钱给付性质的救济，比如委任管理人、废除合同和更正文书等。它们也同样与郡长无关。

### （三）19世纪法院体系的重塑与执行队伍的分化

19世纪成为英国法制史上的变革时代。在这百年当中，英国的政治、司法和法律体系均发生了前所未有且影响深远的变化。其中，与执行体制相关的主要是以下方面。

一是郡法院的重建及其执行工作的独立。1846年，英国议会通过《郡法院法》（County Court Act），在全国设立了500个郡法院，负责审理诉讼

---

〔1〕 See Jack I. H. Jacob, *The Fabric of English Civil Justice*, Stevens & Sons Ltd., 1987, p. 172 – 174.

〔2〕 See John O'Hare and Kevin Browne, *Civil Litigation*, Sweet & Maxell, 2000, p. 738 – 740.

标的额不超过1000英镑的地产收回、契约和侵权赔偿案件，以及诉讼标的额在5000英镑以下的信托、抵押和合伙的衡平法案件等。它们没有专门的法官编制，而是分属60个巡回区，由巡回区的法官每月定期主持开庭。每个巡回区至少配备一名法官，由大法官在执业满7年的出庭律师中任命。巡回法官应每月至少将辖区内的所有郡法院巡回一次。郡法院的日常工作由司法事务官（registrar）主持，后者同样由大法官在执业满7年的出庭律师中任命。[1] 郡法院的送达和执行工作最初由高级执行官（high bailiff）负责，1866年以后，除个别法院外，由司法常务官负责。但在具体案件中，司法常务官的作用仅限于签发执行令状，事务性工作一般由执行员负责。这里的执行员虽然套用了早期百夫长的称呼，但实际上并非国家公职人员，而是高级执行官或司法常务官的私人雇员，报酬由后者自行承担。[2]

二是普通法法院和衡平法院的合并。英国议会于1873年和1875年通过《最高法院组织法》[Supreme Court of Judicature Act 1873，又译《司法法》]，在组织机构和人事层面实现了普通法法院和衡平法院的合并。根据该法，中世纪的三大普通法法院、大法官法院和海事法院，以及1857年设立的离婚法院和遗嘱检验法院合并为一个法院，即高等法院。高等法院和新设的上诉法院（Court of Appeal）一起，组成了当时的英国最高法院。自此之后，普通法救济与衡平法救济，普通法法官与衡平法法官之间的界限被彻底打破。每个法官作为高等法院的成员，不但可以提供普通法上的救济，也可以提供衡平法上的救济。根据1887年《郡长法》第10条，郡长依然有执行高等法院令状的权力。不过，由于郡长已沦落为非政治性的、由王室任命的名誉性职位，其执行令状的权力仅具有象征意义。权力的实际行使，与17世纪一样，仍由副郡长等下属官员负责。与此同时，随

[1] 参见程汉大：《现代英国法院制度的历史变迁》，载中南财经政法大学法律史研究所编：《中西法律传统》第5卷，中国政法大学出版社2006年版，第68~71页。

[2] 参见张永红：《英国强制执行法》，复旦大学出版社2014年版，第234~237页。

着社会的发展变化，副郡长等属员已从原来的自耕农和小市民变成具有一定资质的律师。[1]

三是地方管理体制的变革和治安法官的去行政化。19 世纪末，随着工业革命的深入推进和一大批工业城镇的兴起，中世纪遗留的、以治安法官为中心的地方治理体系越来越难以满足新的发展需要，因此，从 19 世纪 80 年代开始，英国着手建立新的地方管理体制。具体而言，即以传统的“郡区制”为基础，将地方政府分为郡（郡级市）、乡（区、非郡级市）和教区三级，并在每一级设立民选议会，负责地方的行政管理事务。[2] 在此背景下，绝大部分原属于治安法官的行政管理权力被移交给民选议会。治安法官仅保留了审批酒类许可证、彩票许可证和赌场许可证等少数权限。这使其逐渐从地方上的实权人物转变为相对单纯的司法官员，主要负责与轻罪和青少年犯罪相关的刑事审判。[3] 1857 年议会颁布《英国离婚与婚姻诉讼法》，将原属于教会法院的离婚和其他家事诉讼移交给世俗法院以后，[4] 治安法院也很快于 1878 年获得部分家事案件的审判权。[5] 有学者指出，治安法院对民事案件的管辖权主要涉及婚姻和家事纠纷、地方税费征收，前者典型如支付生活费的命令，后者如支付地方税的命令。债务人不履行这些债务时，治安法院得决定将其监禁。[6] 由此来看，治安法院的执行工作并未被（全面）纳入高等法院和郡法院的工作体系。

经过以上变革，英国在民事审判领域建立了相对合理的民事法院体

---

〔1〕 参见张永红：《英国强制执行法》，复旦大学出版社 2014 年版，第 226 ~ 229 页。

〔2〕 参见钱乘旦、许洁明：《英国通史》，上海社会科学院出版社 2007 年版，第 267 页；陈国申：《从传统到现代：英国地方治理变迁》，中国社会科学出版社 2009 年版，第 164 ~ 166 页。

〔3〕 参见张彩凤、叶永尧：《英国治安法官制度的现代化演进及其形态考察》，载公丕祥：《法制现代化研究》第 12 卷，法律出版社 2009 年版，第 98、99、106 ~ 111 页。

〔4〕 参见李喜蕊：《论英国离婚法的改革》，载《聊城大学学报（社会科学版）》2006 年第 1 期。英国专门为此成立了离婚法院（divorce court）。该法院在 1873 年和 1875 年司法改革中被并入高等法院。参见薛波主编：《元照英美法词典》，法律出版社 2003 年版，第 429 页，“divorce court”词条。

〔5〕 参见李喜蕊：《英国家庭法历史研究》，知识产权出版社 2009 年版，第 164 页。

〔6〕 See Jack I. H. Jacob, *The Fabric of English Civil Justice*, Stevens & Sons, 1987, p. 38.

系。直到目前，这套体系都没有太大的变动。但在生效裁判的执行方面，高等法院、郡法院和治安法院的执行体制却并不统一。其中，高等法院作为王室法院的延续，仍主要由郡长负责执行，而郡法院和治安法院作为新设的地方法院，则被排斥在这套体制之外。他们不仅建立了独立的执行队伍，也发展出了不同的程序规则，从而使英国的执行体制更加“分散”。

### （四）20、21世纪之交的执行员体系的改革

20世纪70年代的石油危机使西方国家的高福利政策难以为继。压力之下，1979年上台的撒切尔夫人开始推行激进的政府改革计划，以经济领域的管理理念重塑政府管理体系，进而在整个欧美社会引发了一场“新公共管理运动”（new public management）。[1] 其核心观点为：19世纪的传统公共管理模式是以政府为中心建立起来的管理体系，等级思想和机械办事的色彩过于浓厚，且缺乏对公务员的有效激励，所以在向社会提供公共服务方面已经力不从心。因此，应适应新形势下私营部门发展的大环境，打破政府垄断公共服务和资源配置的传统，尽量发挥市场在公共服务和资源配置中的作用。同时，应以私营部门（市场）的管理理论对政府管理体系进行改造，打破公务员的“铁饭碗”，强化结果考核，明确管理者的个人责任等。[2]

在此背景下，英国于20世纪90年代启动对民事诉讼和执行体制的全面改革。[3] 1998年3月，继诉讼程序全面改革之后，大法官埃文（Lord Irvine）宣布对执行工作进行5个方面的评估，包括：（1）审查高等法院

---

〔1〕 参见唐兴霖、尹文嘉：《从新公共管理到后新公共管理——20世纪70年代以来西方公共管理前沿理论述评》，载《社会科学战线》2011年第2期。

〔2〕 参见［澳］欧文·E. 休斯：《新公共管理的现状》，载《中国人民大学学报》2002年第6期。

〔3〕 在此之前，从20世纪50年代开始，英国至少还对民事诉讼程序有5次调查。但直到20世纪80年代，才有调查将矛头指向消极被动的“对抗制”。参见百晓锋：《诉讼迟延、案件管理和对抗制——英美民事诉讼案件管理运动对传统对抗制的影响》，载张卫平主编：《民事程序法研究》第5辑，厦门大学出版社2010年版，第331页。

和郡法院现有执行方法的效率，若效率不佳，分析系何种原因造成以及如何改进。(2) 审查债权人和债务人获取信息、建议和帮助的途径，分析如何改进才能提高执行方法的效率。(3) 审查郡法院执行员和私人执行员(private bailiff) 的权限，分析如何改进才能提升执行效率、促进执行制度统一。(4) 审查1990年《法院和法律服务法》第13条应作何种修改，才能使其实施更有成效。(5) 审查欠租扣押制度是否应当废除，若需废除，应如何实施。实施了两个阶段的审查之后，司法大臣办公厅又将审查范围予以扩大，要求全面审查执行机构的体系和相关规范，以建立统一的监管体系、执行员权力范围和收费框架，并于2001年7月就建立统一的执行员监管体系发表咨询性质的绿皮书《迈向高效执行：统一的执行员法和执行监管框架》。[1] 2003年3月，经综合各方意见，司法大臣办公厅发表了题为《高效执行：优化法院判决债权和商业租金的实现机制，建立执行机构统一监管体制》的白皮书，提出了以下改革建议：一是改进获取债务人信息的途径；二是改进现有以法院为中心的债务清收方法；三是制定单一的执行员法，建立统一的监管和收费体制。[2] 此后，英国议会先后制定了2003年《法院法》(Courts Act 2003) 和2007年《法庭、法院和强制执行法》(Tribunals, Courts and Enforcement Act 2007)，对原有的执行体制进行调整。在此期间，英国的执行员制度发生了以下较大的变化。

一是郡长制度的废除。2003年《法院法》第99条第2款规定，任何将高等法院令状交给郡长执行的法律规则一概废除。同时，该法附表7第4段规定，郡长在普通法上与执行令状有关的职责、权力、权利、特权和责任，由执行员承接。2004年，大法官根据《法院法》的授权，制定了《高等法院执行员条例》(High Court Enforcement Officers Regulations

---

[1] See Lord Chancellor's Department, *Towards Effective Enforcement: A Single Piece of Bailiff Law and a Regulatory Structure for Enforcement – A Green Paper*, July 2001, p. 8 – 9.

[2] See Lord Chancellor's Department, *Effective Enforcement: Improved Methods of Recovery for Civil Court Debts and Commercial Rent and a Single Regulatory Regime for Warrant Enforcement Agents – A White Paper*, March 2003.

2004)，对高等法院执行员的辖区、任免条件和任免程序作出了规定。至此，沿袭了千余年的郡长制度彻底退出了历史舞台。根据《法院法》附表7和2004年《高等法院执行员条例》的规定，执行员是大法官授权从事高等法院令状执行工作的个人。他（或她）虽然是“官”（officer)，享有与执行令状有关的权力和特权，但并非法院雇佣的财政供养人员——在2001年发布的绿皮书中，这被称为一种“以市场为基础的策略”（a market - based strategy)。与此同时，为了打破执行员与所辖区域“一对一”造成的业务垄断和效率低下问题，相关规定还以邮政区的划分为基础，将英格兰和威尔士分成了104个司法区（district)，允许每个区配备多名执行员，竞争性地负责本辖区的执行工作（非强制，各区也可只配一名执行员或让每个执行员负责不同的细分区域)。如果令状指定了具体的执行人选，执行员还可以跨区开展业务。

二是民事执行员的诞生。“民事执行员”是皇家法院事务管理局雇佣的、执行治安法院令状的“官员”。根据1999年《接近司法法》第92条，《治安法院法》增加了第125a条的规定，即治安法官签发的逮捕、监禁、拘留或扣押令状（warrant of arrest，commitment，detention or distress)，可以由“民事执行员”执行。根据《治安法院法》第125a条第2款的规定，“民事执行员”分为两种：（1）职责与令状执行有关的特定机关所雇佣的人——根据1990年《治安法院民事罚金执行员规则》［The Magistrates' Courts（Civilian Fine Enforcement Officers）Rules 1990］[1] 第3条，这些机关主要是地方政府（郡、区议会)、警察主官、治安法院委员会（已被2003年《法院法》废除)。（2）被授权以特定方式执行治安法院令状的人。“民事执行员”与郡法院的执行员类似，都是英国政府的公务员，是法院事务管理局聘用的司法行政人员。其要经过严格的考察，以及一定的

---

〔1〕 2001年《治安法院民事执行官规则》［The Magistrates' Courts（Civilian Enforcement Officers）Rules 2001］第2条将其重新命名，去掉了“罚金”一词。

试用期和培训阶段，才能从事执行工作。[1] 但“民事执行员”并不是执行治安法院令状的唯一权力主体，因为《接近司法法》第 93 条同时要求，《治安法院法》应增加第 125b 条的规定。根据后者，相关令状也可由获得批准的个人、公司、合伙组织和他们书面授权的雇员执行。[2]

三是对持证执行员的监管体系全面建立。持证执行员的前身是中世纪为领主追讨租金的私人执行员。他们没有国家公职人员的身份，仅根据债权人的委托或授权替人催讨债务。1888 年《欠租扣押财物法（修正案）》第 7 条首次对私人执行员的资质提出要求：因追收欠租而扣押财物的，须由经过认证的执行员执行。非经郡法院法官或其代表的批准，任何人不得以执行员的身份扣押财物、追讨欠租，否则构成侵权。此后，持证执行员制度的适用范围逐步扩大。目前，商业欠租的扣押，居住房屋税（council tax）、非居住房屋税（non – domestic rates）和违章停车罚款等地方税费的征收，均由持证执行员负责。[3] 在法律地位上，持证执行员既非法院官员，也非雇员。由于他们是因为法院的证书才享有扣押动产的权力，故通常被视为法院的“代理人”。[4] 实践中，他们多以公司或个体户的身份开展业务，接受行业协会的监督。但由于行业协会只是行业自治组织，处理决定没有强制力，故他们受到的约束较为有限，不规范的行为时有发生。在 20、21 世纪之交的执行改革中，强化对持证执行员的监管也一直是改革的重要议题。对此，2007 年《法庭、法院和强制执行法》第三部分（尤其是第 64 条）和附表 12 做出了较为全面的回应。以此为基础，新成立的司法部先后制定了 2013 年《动产扣押条例》（The Taking Control of Goods Regulations 2013）、2014 年《动产扣押（收费）条例》和《执行机构认证

---

〔1〕 参见张永红：《英国强制执行法》，复旦大学出版社 2014 年版，第 292 页。

〔2〕《治安法院法》第 125b 条最初规定，批准的主体是治安法院委员会。2003 年《法院法》废除治安法院委员会之后，改由司法大臣负责。

〔3〕 参见张永红：《英国强制执行法》，复旦大学出版社 2014 年版，第 46 ~ 58 页。

〔4〕 See Lord Chancellor's Department, *Towards Effective Enforcement: A Single Piece of Bailiff Law and a Regulatory Structure for Enforcement – A Green Paper*, July 2001, p. 65.

条例》（The Certification of Enforcement Agents Regulations 2014）等规范性文件，对持证执行员扣押动产的程序、收费标准、发证条件、培训和监管机制等作出规定。

### （五）以法院为中心的“分散型”执行体制

综上所述，经过长期的历史演变，以诺曼时期王室法院和郡长的分权为基础，英国逐渐形成了以法院为中心，高等法院、郡法院和治安法院“三分天下”（负责民事执行的主要是高等法院和郡法院），市场化和非市场化相互依存的执行体制，特征如下。

其一，法院和法官在执行程序中具有主导地位（court - based）。有英国学者指出，生效裁判的执行是英国民事司法的基石，反映了法院司法权的强制性，表达了国家维护司法权威的政治意志。[1] 与此对应，英国的法官在执行过程中扮演着极为重要的角色。一方面，法官仍保留着对债务人主要财产的执行权，包括不动产、劳动收入、股票、证券、对他人享有的金钱债权等。债权人要执行这些财产，依然要通过法院而非执行员执行。另一方面，法院对于执行员负责的执行事务有诸多制约，比如签发和更新执行令状，批准执行员入户，处理执行财产豁免争议，出于保护债务人的需要而停止执行程序等。

其二，执行权力主体分散、多元。相较于其他国家，英国法院的历史更为久远，不仅体系上叠床架屋，法院之间的壁垒也历久弥“坚”。就民事法院而言，高等法院、郡法院和治安法院都曾经历过诸多的浮沉变幻。近现代以来，议会更是不断地通过制定法对它们的管辖权进行调整。但从结果来看，议会的制定法几乎没有将三者予以整合的意图。因此，时至今日，3 个法院的裁判依然没有统一的执行框架，而只能由高等法院的执行员、郡法院的执行员和民事执行员或持证执行员分别负责。而且，对于 3

[1] See Jack I. H. Jacob, *The Fabric of English Civil Justice*, Stevens & Sons, 1987, p. 185 - 186.

个法院可以使用的执行方法，制定法的授权也不尽相同。比如，对于扣押债务人收入的“扣押收入令”，高等法院和治安法院仅能在支付儿童抚养费和配偶生活费等少数领域使用；对于普通的民事债务，当事人则只能向郡法院申请签发。另外，对于治安法院的普通民事裁判，治安法院能使用的执行方法则仅有动产控制令和拘押令状两种。[1]

其三，执行人员的构成复杂多样，公、私混合。中世纪时，负责执行的郡长虽然是王室任命的官员，但执行工作由其自行招募的属员具体实施。因此，其执行队伍实际上是“官员＋私募人员”的组合。1887年《郡长法》实施后，尽管郡长已沦落为名义上的执行权力主体，但“官员＋私募人员”的人员结构依然没有任何改变，直到《法院法》彻底剥夺郡长的执行权。即便如此，高等法院执行员依然是一种公私混合的用人模式，因为其虽然有法院官员的身份，但实际上是取得了执行牌照的私人。这与法院事务局直接聘任的郡法院执行员和治安法院的民事执行员有明显不同。加之纯粹私人性质的持证执行员，英国的执行队伍构成依然保持着公私混合的总体特征。

## 二、法国的法院与执行员

法国的执行员曾长期被称为“司法执达员”，从2016年开始，逐渐改名为司法专员。作为一种官职，它是法国封建王朝的遗产。法国大革命期间，虽然1789年的“八月法令”曾宣告废除所有的封建官职，但这种废除是有条件的，即政府需对官职持有者给予相应的经济补偿。由于时局动荡，财政匮乏，补偿始终未能到位，故执达员等低级官职的废除未能最终完成，并保留至今。当然，关于执行员制度的源头，法制史上也有不同的回答。[2] 一种溯源方法是根据执行员的职责，将承担相同职责的职位均作

---

〔1〕 参见张永红：《英国强制执行法》，复旦大学出版社2014年版，第291～293页。

〔2〕 See C. H. van Rhee, *The History of the ‘Huissier de Justice’ in the Low Countries*, Maastricht European Private Law Institute Working Paper, No. 15, p. 3 (2011).

为执达员的前身。此时，执达员的源头归结为罗马法上的裁判执行官（ex-secutores)。[1] 由于后者不是具体的官职，而是对某一类官职的统称，加之人们曾对法国文明的起源，尤其是法国人的祖先是法兰克人还是高卢人存在争议，[2] 所以这种回答具有较大的不确定性。另一种方式是将执达员作为一种特定的官职进行溯源。这种方式的指向较为清晰，通常将卡佩王朝的法院官员作为执行员的源头。本书采后一种观点。

### （一）卡佩王朝的王室法院与执达员

#### 1. 卡佩王朝时期的王室法院

卡佩王朝是法国走向君主集权的关键时期。987 年卡佩王朝取代加洛林王朝的时候，法国国王对全国并没有真正的统治力。国王既没有首都，也没有常设的行政机构，更无固定的财政收入。[3] 所谓的国王，不过是众多领主中取得“国王”头衔的那个人。其实际的势力范围仅限于法国中北部一片狭长的王室直属领地（时称“法兰西岛”）。其他地方虽然在名义上臣服于卡佩家族，但实际上则是其他公爵和伯爵们的私产。这些大诸侯在领地内享有颁布法律、作战媾和、铸造钱币、征收税赋、审理案件等诸多大权，[4] 具有王权的一切要素。[5] 直到 12 ~ 13 世纪，卡佩王室才逐渐取得对领主和诸侯的优势，并逐渐走向君主集权。在此过程中，普雷沃（prévôt，又译邑吏）、拜宜（bailli，又译邑长、邑督或拜宜）、高等法院（parlement，又译巴列门、大理院）等王室法院都是集权体制的重要抓手。

---

[1] 国内学者中，罗结珍教授倾向于类似观点。参见江必新主编：《比较强制执行法》，人民法院出版社 2014 年版，第 16 页。

[2] 关于法国人的祖先是高卢人还是法兰克人的争议，参见［日］柴田三千雄：《法国史 10 讲》，冯赫阳译，中国工人出版社 2021 年版，第 22 ~ 24 页。

[3] 参见陈文海：《法国史》，人民出版社 2004 年版，第 83、84 页。

[4] 参见吕一民：《法国通史》，上海社会科学院出版社 2012 年版，第 31 页。

[5] 参见［法］乔治·杜比主编：《法国史》（上卷），吕一民等译，商务印书馆 2010 年版，第 322 页。

法国王权的增强开始于1108年即位的路易六世。[1] 他通过积极的军事行动，镇压了王室领地上的反叛贵族，加强了国王对直属领地的控制，捍卫了国王对封建领主的宗主权。路易六世即位之初，即便对法兰西岛，国王也很难进行有效的统治。为了改变这种局面，他终其一生，连续发起针对反叛贵族的军事行动，摧毁了后者在王室领地上的城堡，恢复了王室领地的社会经济秩序。与此同时，他也不断地招揽人才，谋求建立以国王为中心的新型管理体制。一方面，他对御前会议（也称库里亚，Curia，又译内务府）的人员组成进行了调整，引入了忠于国王的中小封建主，以削弱大贵族的影响力。另一方面，他将亨利一世时期的普雷沃体制发扬光大，改善了国王对王室领地的管理。[2] 普雷沃的主要职责是征收王田上的产出和租金（通常按年度折算为一定数量的农作物），但也履行一定的公共管理职责，比如驻守王室城堡、征召封建兵役、执行王室命令、进行司法审判等。在普雷沃的法院，人们可以提出自己的诉求；国王对此也非常欢迎，因为它能带来罚金、罚没财物和其他司法收入。[3] 普雷沃的官职可以按照特定的条件转让，但原则上不能世袭。[4] 或许作为补偿，他们可以从国王那里获得一份世袭持有的采邑（称为“农庄”），只不过要支付租金。[5]

1180年腓力二世即位后，法国王权有了进一步的扩张。他成功地从安茹伯爵暨英格兰国王亨利（二世）父子手中夺取了诺曼底、曼恩、安茹、普瓦图等地，使英格兰国王亨利（二世）父子在法国的领地仅剩阿奎丹一

---

〔1〕 参见沈炼之主编：《法国通史简编》，人民出版社1990年版，第85页。

〔2〕 参见黄春高：《“国王们都有长长的手臂”——法国路易六世时期的王权》，载《历史研究》2006年第2期。作者对路易六世镇压反叛贵族的军事行动和改革举措有较为细致的描述。另外，根据作者考证，普雷沃首先出现于亨利一世统治时期，即1057年。

〔3〕 See C. Warren Hollister & John W. Baldwin, *The Rise of Administrative Kingship: Henry Ⅰ and Philip Augustus*, The American Historical Review, Vol. 83, No. 4, Oct., p. 893－894 (1978).

〔4〕 参见［法］布洛克：《封建社会》（上），谈谷铮译，台北，桂冠图书股份有限公司1995年版，第614页。

〔5〕 参见［美］哈罗德·J. 伯尔曼：《法律与革命第1卷：西方法律传统的形成》（中文修订版），高鸿钧等译，法律出版社2008年版，第453页。

隅，并使法国王权走出了“法兰西岛”。1214 年，腓力二世又在布汶战役中击退了英王约翰、神圣罗马帝国皇帝和佛兰德尔伯爵的联合攻击，彻底打消了约翰收回失地的念头，并将佛兰德尔伯爵的领地收归王室。经此一役，卡佩家族在法国和欧洲的声望日隆，腓力二世也因此而赢得“奥古斯都”的称号。[1]

在强化君主集权方面，腓力二世的主要贡献是确立了拜宜制度。该制度最早出现于诺曼底，是诺曼底公爵的发明。[2] 腓力二世将其略加改造，应用于王室领地的管理。根据 1190 年的敕令，拜宜是一个类似于英格兰巡回法官的司法官员，是普雷沃的上级。他要定期在国王指定的区域内巡回，并到巴黎向国王报告，一年 3 次。巡回除了为居民提供裁判救济外，还要审查国王的各项非农收入，包括欠付的罚金、森林税、地产租金、对教会的利益、免服兵役税和铸币税等。拜宜也承担一定的行政职责，比如执行国王的政令，监督普雷沃和组织土地调查等。这里的土地调查与威廉一世在英格兰进行的“末日审判书”调查类似，旨在帮助国王了解新领地的情况，通常由拜宜召集若干个当地居民，以宣誓作答的方式完成。[3] 1226 年以后，拜宜制度扩大到国王在南方的新领地，[4] 但因南北文化差异而改称“塞内夏尔”（sénéschal，又译执事或司法总管）。1245 年，路易九世将拜宜的辖区固定。[5] 自此，拜宜成为负责特定区域的司法行政长官。与英国的郡长不同，法国的拜宜是由国王薪俸供养的职业官吏，对国王的依附性更强。因此，在整个 13 世纪，他们都在不遗余力地侵蚀贵族的

---

〔1〕参见陈文海：《法国史》，人民出版社 2004 年版，第 87 页。

〔2〕参见沈炼之主编：《法国通史简编》，人民出版社 1990 年版，第 83 页。

〔3〕See C. Warren Hollister & John W. Baldwin, *The Rise of Administrative Kingship: Henry I and Philip Augustus*, The American Historical Review, Vol. 83, No. 4, Oct., 1978, p. 897 - 898. 两种拜宜的差别在于，诺曼底的拜宜有固定的辖区，从而能与巡回法官有所区别。

〔4〕参见［美］哈罗德·J. 伯尔曼：《法律与革命第 1 卷：西方法律传统的形成》（中文修订版），高鸿钧等译，法律出版社 2008 年版，第 454 页。

〔5〕参见黄艳红：《中世纪法国的空间与边界》，载《世界历史》2016 年第 3 期。

特权，扩张着王权。[1] 不过，或许是由于权势太盛，国王对拜宜的势力扩张也始终抱有警惕。在1256年的敕令中，路易九世明确规定，没有国王的恩准，拜宜不得在辖区内娶妻，婚嫁子女，购置动产或不动产。[2] 他们经手的任何款项都要受到严格审查，不能私用。[3] 另外，国王对拜宜的调动也相当频繁。他们在同一地方的任期很少超过2年或3年。[4] 但由于他们可在异地连续任职，部分拜宜的累计任期可能长达10年、15年甚至20年。这在一定程度上保障了王室政策的执行。[5]

路易九世和腓力四世时期，法国王室的权威和君主集权的程度均有明显的提升。其中，最重要的变化莫过于御前会议的分化和高等法院的建立。路易九世统治期间，御前会议被分为国王的咨议会、财务和司法3个分支，司法分支即高等法院。1250年以后，高等法院开始定期召开，每年2次。腓力三世时期，高等法院在1274年以后固定在巴黎西岱岛办公，不再随国王巡游（故改称巴黎的高等法院，Parlement de Paris）。1278年，腓力三世以敕令的形式确定了高等法院的机构组织和程序。1296年，腓力四世将高等法院重组，设大法庭、调查庭和申诉庭3个永久法庭。1307年，高等法院成为常设机构，并将每年的11月到次年的7月或8月作为固定的开庭期。[6]

---

〔1〕参见［美］朱迪斯·M. 本内特、［美］C. 沃伦·霍利斯特：《欧洲中世纪史》，杨宁、李韵译，上海社会科学院出版社2007年版，第303页。

〔2〕参见［法］雷吉娜·佩尔努：《法国资产阶级史：从发端到近代》（上册），康日新等译，上海译文出版社1991年版，第169页。

〔3〕参见徐延昭：《浅析中世纪晚期西欧官吏阶层的产生》，载《史学集刊》2011年第14期。

〔4〕参见［法］雷吉娜·佩尔努：《法国资产阶级史：从发端到近代》（上册），康日新等译，上海译文出版社1991年版，第169页。

〔5〕参见包来军：《浅析中世纪晚期法国卡佩王朝王权集权的政治和法律因素》，载《理论界》2013年第3期。

〔6〕参见余甬帆：《法国“巴列门”史述评——以巴黎“巴列门”为考察主线》，载何勤华主编：《大陆法系及其对中国的影响》，法律出版社2010年版，第202～204页。关于路易九世时期御前会议的分化，余文认为分为财政和司法两个分支。此处综合了法国学者杜比教授的描述。参见［法］乔治·杜比主编：《法国史》（上卷），吕一民等译，商务印书馆2010年版，第450页。

至此，卡佩王朝形成了以国王为中心，以司法为主要抓手，高等法院负责中央，拜宜（塞内夏尔）和普雷沃负责地方的君主集权体制。拜宜和普雷沃作为国王在地方的主要代表，更是集司法权和行政权于一身。其中，普雷沃法院除了不能审理涉及贵族、特权人士和王室的案件，几乎可以对辖区内所有的民事和刑事案件进行初审。拜宜法院作为普雷沃法院的上级法院，可以审理涉及贵族和特权者的案件，以及重要的刑事案件。高等法院负责对所有的民事和刑事案件进行终审，同时也初审涉及血亲亲王（princes du sang）、世卿（pairs）和王室重臣，以及牵涉国王特权和危害王权的诉讼案件。[1]

1328 年卡佩王朝因绝嗣而终结以后，瓦罗亚王朝和波旁王朝虽对上述体制有所调整，例如查理七世之后，国王们在巴黎高等法院之外，陆续设置了 12 个外省高等法院和 4 个享有同等权力的委员会，[2] 再如亨利二世为了出售司法职位以获取资金，于 1552 年允许在部分拜宜辖区增设初等法院（présidial），[3] 但总体而言，卡佩王朝确立的司法体系并没有实质性的

---

〔1〕 参见庞冠群：《司法与王权：法国绝对君主制下的高等法院》，人民出版社 2020 年版，第 40～42 页。

〔2〕 参见［法］皮埃尔・特鲁仕主编：《法国司法制度》，丁伟译，北京大学出版社 2012 年版，第 6 页。在外省设立巴列门始于路易十一，动因有两个方面：一是案件既多且杂，国王不得不下放权力；二是英法百年战争刚刚结束，国王的权威亟须恢复，担心巴黎巴列门权力过大，不易控制。参见［法］皮埃尔・米盖尔：《法国史》，桂裕芳等译，中国社会科学出版社 2010 年版，第 86、87 页。

〔3〕 See Lauren J. Kim, *Judicial Court Structure of Sixteenth – Century France*, Torch Trinity Journal 16, p. 53 (2013). 国内关于初等法院的认识较为混乱。一是名称翻译，也有人翻译为上诉法院（参见陈颐：《腓力四世到路易十四时代法国的法律与国家建构——从司法主权到立法主权》，华东政法学院 2006 年博士学位论文，图表 2）。二是设立时间，还有的认为其设立于 1551 年（参见陈文海：《法国史》，人民出版社 2004 年版，第 144 页）。三是法律地位，有的认为其为上诉法院（参见庞冠群：《司法与王权：法国绝对君主制下的高等法院》，人民出版社 2020 年版，第 41 页），有的认为其不过是具有更大初审权的初审法院（参见杜苏：《司法独立的黎明：法国古典司法体制诸问题研究》，载《中外法学》2013 年第 1 期）。初等法院由国王新任命法官（须学习过法律）主持，与拜宜法院属于同一层级，但地位更高一些，对特定的民事案件享有终审权。这些案件主要是诉讼请求不超过 250 里弗尔的一次性支付案件和定期租金不超过 10 里弗尔的租赁案件。参见［法］艾涅斯特・格拉松：《法国民事诉讼程序的起源》，巢志雄译，北京大学出版社 2013 年版，第 19 页。

变动，直到1789年大革命的爆发。

王室司法体系的建立使领主法院的生存空间大幅缩小。不过，在相当长的时期内，这种缩小更多是相对于卡佩王朝初期领主法院的强势而言的，并不意味着王室法院在纠纷解决体系中取得绝对优势。有研究发现，在近代早期，[1] 法国仍有约3万个（也有说8万个）领主法院，而且大多数都在农村，处理大量的民事和刑事纠纷。只有对它们的裁判不服的，才会上诉到王室法院即拜宜（塞内夏尔）法院。[2] 也有研究发现，在16世纪早期的中央高原地区，王室法院的影响局限在城市内部和周边地区，领主法院在乡村地带的作用仍然比较明显。16世纪中叶以后，王室司法机构才逐渐深入乡村，并在16世纪末和17世纪初取得最终的优势。[3]

2. 卡佩王朝的执达员及其执行体制

卡佩王朝时期，执达员不称“huissier”，而称“sergent”：前者在当时只是法院的“守门官”，负责把守大门和传唤案件；[4] 后者则是武力值较高的军士，配有武器且权力广泛，包括传唤当事人，协助债权人扣押债务人的财产，逮捕嫌疑人，在发生骚乱时维持秩序，等等。“sergent”在13世纪初已普遍存在于法国的王室法院，但由于国王不为其发放薪俸，只允许其从罪犯和债务人那里获得补助和费用，故经常因滥权和勒索而招致民众的不满。结果，从13世纪中期开始，国王们开始对“sergent”的数量进

[1] “early modern”也有人翻译为“现代早期”，指从全球史角度所说的从世界大变迁到工业革命发生之间的历史时期，对应于16～18世纪。参见赵轶峰：《世界大变迁与明清中国——对现代早期东西方历史进程的再思考》，载《社会科学辑刊》2015年第6期。

[2] See Elise M. Dermineur, *The Civil Judicial System in Early Modern France*, Frühneuzeit - Info 23, 2012, p. 46.

[3] 参见詹娜：《16—17世纪法国王权在中央高原地区的确立——以司法权为中心的考察》，载《史学月刊》2018年第6期。作为领主法院衰微的例证，1587年，乡村贵族吉奥姆曾向领主法庭起诉，要求夏霍村的佃农们支付地租，但其胜诉后，以马丁·梅迪为首的村民仍拒绝履行，领主法庭也无法执行判决，以致吉奥姆不得不上诉到奥里亚克区的初等法院。王室法院派遣多名执法人员到夏霍村督促，并威胁将他们的财产没收并公开拍卖。吉奥姆的租金才渐渐收回。

[4] See C. H. van Rhee, *The History of the 'Huissier de Justice' in the Low Countries*, Maastricht European Private Law Institute Working Paper, No. 15, p. 3 (2011).

行限制和削减，并贯穿整个14世纪。[1] 之后的某个时间，“huissier”也获得了与执行相关的权力，与“sergent”的区分趋于淡化。[2] 有日本学者认为，法国的执达员制度最早出现于16世纪，在此之前，其职责由负责案件传唤和司法警察事务的“huissier”和负责裁判送达和执行事务的“sergent”分别掌管。[3] 言下之意，16世纪之后，“huissier”和“sergent”的职责发生合并，产生了现代意义上的执达员制度。但无论如何，将法国的执达员制度追溯至卡佩王朝的“sergent”应该并不为过。

与同时期的英国相比，法国的司法体制具有明显的“审执不分”的特征。在英国，国王的权力在13世纪之后分化为三大普通法法院在中央的裁判权和郡长在地方上的执行权，他们各司其职，相互独立。但在法国，国王的权力却分化为普雷沃、拜宜和高等法院等不同的等级权限，而且，每个级别都可以集裁判权和执行权于一身，或者更准确地说，既可以行使裁判权，又可以控制和指挥执达员。

一方面，卡佩王朝的拜宜和普雷沃与英国的郡长不同，前者经国王授权，享有较为完整的司法权，而后者则仅能根据国王的令状，执行王室法院的裁判。另外，郡长虽然有权主持郡法院，但该法院与拜宜和普雷沃的法院有本质不同，是地方性的自治机构，不受郡长的全面控制，即郡长只是主持人，而非裁决人——按照盎格鲁—撒克逊人的自治传统，郡法院的裁判由辖区内的土地保有人（自由民）集体作出。尽管郡长的权力在亨利二世时期曾一度扩张，冲破了主持人的身份，但很快就又“恢复原状”。《大宪章》第24条更明确规定，郡长、治安官、验尸官等王室官员无权审

---

〔1〕参见高瑞：《腓力四世时期朗格多克地区的王室执达吏研究》，载《鲁东大学学报（社会科学版）》2020年第5期。

〔2〕See C. H. van Rhee, *The History of the 'Huissier de Justice' in the Low Countries*, Maastricht European Private Law Institute Working Paper, No. 15, p. 4 (2011).

〔3〕参见［日］山本和彦：《执行官制度的比较法研究——以日本、法国、德国的比较为中心》，史明洲译，载《人民司法·应用》2019年第10期。

理王室诉讼，以对其裁判者的身份进行限制。[1] 之所以出现这种差异，在很大程度上是因为两国王权的扩张路径和集权程度不同。卡佩王朝经过长期的经营，不但通过拜宜和普雷沃实现了对封建领主的监督和控制，也通过“薪俸制”终结了以“分封”招募王室官员的传统，进而将拜宜和普雷沃牢牢地置于王室的控制之下。与此相对，英国王权的扩张却恰恰以“分封”为基础。尽管威廉一世通过分封诺曼亲信，让诺曼人担任郡长等手段，实现了对盎格鲁—撒克逊贵族的压制，但郡长等官员同样是领有采邑的封建贵族，与王室的利益并不完全一致。加上13世纪之前的英国国王大多出生在法国，而且大部分时间待在法国的领地而非英格兰，郡长等诺曼贵族很快就成为独立于王族的地方势力。为了驾驭这些官员，国王们必须采取相应的策略，分化他们的权力和影响力。在此过程中，除了任命新的官员，包括中央层面的巡回法官和地方层面的没收吏、王田管理员、治安员（即后来的治安法官）、督察官等，[2] 维持郡法院的公共性，还有限制郡长的裁判权这种潜在的手段：第一，可以通过郡长的主持权对其他贵族有所控制；第二，可以借助自由人集体裁判的传统，对郡长的权力形成制约。

另一方面，法国的拜宜和王室法官虽然不直接行使执行权，但对执达员有任免或指挥权，故裁判权和执行权并没有像英国那样发生分离。卡佩王朝初期，执达员由拜宜统一选择和任命，然后分配到相应的法官辖区。路易九世时期，尽管王室开始介入执达员的任命，但地方征聘执达员的做法并没有实质改变。腓力四世曾在1290年的一封信中指出，即使在王室任命执达员的情况下，拜宜和“塞内夏尔”也有权对辖区内的执达员进行调动或撤销其职务，国王不会以任何方式削弱其在这一领域的权力。在拜宜

---

〔1〕 参见周威：《英格兰的早期治理——11—13世纪英格兰治理模式的竞争性选择》，北京大学出版社2008年版，第75～86页。

〔2〕 马克垚教授指出，到14世纪，郡守的大部分权力已被没收吏、王庄管理员、治安员和督察官所瓜分。参见马克垚：《英国封建社会研究》，北京大学出版社2005年版，第273、274页。

和其所服务的法官的管辖下，执达员的权力受到了严格的限制。他们最初仅能在附属的领主辖区内开展工作，后来才扩大到拜宜的整个辖区（bailliage）。[1] 由于卡佩王朝的执达员主要从下层社会招募，身份和地位较低，所以试图使其摆脱对拜宜等高级官员的依赖，进而保持一定的独立性并不现实。实际上，直到后来的“君主专制时期”，法国才实现了审判权和执行权分离。

另外，15 世纪以后，随着高等法院向巴黎以外的地方扩张，执达员也开始出现于高等法院这一层级。根据乔·鲁普内尔对 1669 年第戎司法贵族的描述，第戎高等法院共有贵族 168 人。其中，除首席院长、院长、代理检察官、推事外，还有书记官 5 人、秘书 25 人、司库 3 人、执达员 21 人和看门人 2 人。[2] 不过，高等法院的执达员会在何种情况下参与执行工作，目前尚没有充分的讨论。毕竟，1498 年布卢瓦敕令第 179 条明确规定，判决执行工作应当交给原审法院的执达员完成，即便原判决已经被上级法院改判。[3]

### （二）法国执达员的独立

#### 1. 官职买卖与执达员独立性的增强

王室公开地进行官职买卖是法国历史上独有的现象。尽管学界对于法国官职买卖的源头认识模糊，[4] 甚至有学者认为国王早在 13 世纪就已通过官职买卖筹集资金，[5] 但大规模的官职买卖，应当开始于 16 世纪，即

---

〔1〕参见高瑞：《腓力四世时期朗格多克地区的王室执达吏研究》，载《鲁东大学学报（社会科学版）》2020 年第 5 期。

〔2〕参见［法］雷吉纳·佩尔努：《法国资产阶级史：从发端到近代》（下册），康新文等译，上海译文出版社 1991 年版，第 88 页。

〔3〕参见［法］艾涅斯特·格拉松：《法国民事诉讼程序的起源》，巢志雄译，北京大学出版社 2013 年版，第 151 页。特别感谢巢志雄教授告知布卢瓦敕令的具体年份。

〔4〕参见庞冠群：《法国绝对君主制下的司法界买官制问题再探讨》，载《求是学刊》2018 年第 1 期。

〔5〕参见［英］威廉·多伊尔：《捐官制度——十八世纪法国的卖官鬻爵》，高毅、高煜译，中国方正出版社 2017 年版，第 4 页。

弗朗索瓦一世在1522年创立“额外收入署”，专司官职买卖的收入管理之后。[1] 执达员作为王室的低级官吏，自然也在买卖之列。只不过，他们与诉讼代理人、公证人、书记官一样，都属于“小长袍（贵族)”阶层，不但位卑权轻，还时常遭人歧视。[2]

官职买卖对执达员的影响主要表现为职位的终身化、财产化和世袭化。职位终身化是官职买卖的前提。1467年，路易十一颁布敕令：官员除非死亡，背叛国王或自愿辞职，不得被剥夺官职。[3] 之后，弗朗索瓦一世规定，官职可以转让，但国王须从中提取1/4作为税款。如果受让人在买进官职后40天内死亡，国王可以收回官职，另行出售；如果出卖人在官职卖出后40天内死亡，买卖亦无效，国王可重新掌握其支配权。由于大多数官员都在生命垂危时才决定将官职让渡，所以收回官职和限制世袭的规定引起了持有人的强烈不满。波旁王朝时期，亨利四世在金融家兼王室秘书夏尔·波莱的建议下，于1604年发布了允许官职世袭的“波莱敕令”，[4] 但附有条件：官职持有人在每年年初按官职定价（由御前会议评定）的1/60缴纳持有费；辞任时按定价的1/8缴纳转让费（不是原来的1/4)。只有满足这两个条件，官员才可以将其职务留给继承人或出售。[5]

官职的终身化、财产化和世袭化使执达员的独立性明显增强。而且，这种独立性不仅仅相对于拜宜和法官，也相对于王室和中央政府。毕竟，只要愿意缴纳相关费用，即便是国王，也不能轻易地将官职收回。1602年，曾有人尝试对执达员等小长袍贵族的薪酬进行规范，以减少他们的不

---

〔1〕 参见陈文海：《法国封建专制时期的鬻官制度》，载《华南师范大学学报（社会科学版)》1996年第5期。

〔2〕 参见［法］雷吉纳·佩尔努：《法国资产阶级史：从发端到近代》（下册），康新文等译，上海译文出版社1991年版，第86页。

〔3〕 参见董小燕、杨磊：《旧制度时期法国捐官制与绝对主义王权的关系探讨》，载《浙江学刊》2020年第1期。

〔4〕 参见陈文海：《法国史》，人民出版社2004年版，第118、144页。

〔5〕 参见杨磊：《法国绝对君主制转型的尝试——论摄政王时期的改革（1715—1723)》，浙江大学2020年博士学位论文，第29页。

法行为，但很快就引起了这些人的罢工。[1] 无怪乎有德国学者指出，德国的执达员直到 19 世纪仍是一个傀儡，无足轻重；而法国的执达员早在 1789 年大革命之前就已经有了很强的独立性。[2]

2. 法国大革命与执达员的进一步独立

18 世纪对于法国的执达员来讲是个非常困难的时期。一方面，国王在想方设法地盘剥买官者，比如提高官职价格，增设各种税金，把官职一分为二，轮流任职，以及增设新的官职等，使他们不堪重负。另一方面，执达员自身的形象也日趋负面。有学者指出，执达员等小官职在 17 世纪末和 18 世纪的财政混乱中增长迅猛，不停地制造着丑闻和笑话。一份 1742 年寄给掌玺大臣达格索的请愿书曾强烈要求把执达员统统撤掉，理由是现有的官职叠床架屋，价格低廉，以至于落到了一些目不识丁且无情无义的人手里。他们行为乖戾，蛮横无理，已把这种官职弄得声名狼藉。[3]

1789 年 7 月大革命爆发以后，执达员的前途更是扑朔迷离。1789 年 8 月 4 日夜，支持革命的自由主义贵族召开临时会议，宣布废除领主权、教会的什一税和卖官制等封建社会的旧制度，但就在第二天决议法令化的过程中，保守派卷土重来，使原先的无偿废止变成了有偿废止。[4] 因此，最终的决议第 7 条规定：即刻废止司法和市政官职买卖制度（venality of judicial and municipal office），实行免费司法，但当前持有者可继续履行职责并收取报酬，直至议会提供补偿。[5] 随后，1790 年 8 月 16 日至 24 日的法令决定建立一个独特的、等级观念弱化的司法机构体系。在这个体系下，

---

〔1〕参见［法］雷吉纳·佩尔努：《法国资产阶级史：从发端到近代》（下册），康新文等译，上海译文出版社 1991 年版，第 87 页。

〔2〕Dr. Andreas Deutsch, Die Huissiers des französischen Code de procédure civile（1807）und ihre Bedeutung für Deutschland, DGVZ 2007, Nr. 1, S. 1.

〔3〕参见［英］威廉·多伊尔：《捐官制度——十八世纪法国的卖官鬻爵》，高毅、高煜译，中国方正出版社 2017 年版，第 107、309 页。

〔4〕参见［日］柴田三千雄：《法国史 10 讲》，冯赫阳译，中国工人出版社 2021 年版，第 142 页。

〔5〕See William Doyle, *Venality: The Sale of Offices in Eighteenth Century France*, Oxford University Press, 1996, p. 3.

民事案件与刑事案件被区分开来，实行两审终审。民事方面，在每个市镇设立治安法官（Juge de paix），负责调解或裁决辖区内标的额较小、案情简单的案件；在原属拜宜管辖的区域，设立区法院（tribunal de district），负责审理普通的民事和刑事诉讼案件。[1] 1790 年 9 月 6 日至 11 日，彻底废除旧司法制度的各项法律出台。国王建立的一系列法院，包括高等法院、初等法院、拜宜法院和其他特别法庭等，被悉数废除。所有法庭的官职持有者只能凭官衔证书到司法委员会申请赔付。[2] 但在后续的实施过程中，各种官职的废除并不同步。高等法院的法官、拜宜和普雷沃等高级职位很快就因补偿到位而废除，但执达员等低级职位的持有者却不得不在纠结和困顿中等待补偿的到来。最终，这些低级职务都被作为辅助性官职（ministerial office）保留了下来。

随后，为了配合《法国民事诉讼法》的实施，拿破仑于 1813 年出台法令，对执达员的任命及执业作出规范。根据该法令，执达员应由国家元首正式任命。担任执达员职务的人必须年满 25 岁，事先服兵役并接受公证人、律师或资深执达员的培训满 2 年或在法院登记处实习 3 年；成为候选人之后，须获得法院执达员管理部门出具的“道德、行为和能力良好”证明；任职后，须亲自执行所有任务，并不得拒绝任何人的服务要求。[3] 此后，虽然法国的政治形势风云变幻，但执达员等带有旧制度残余的司法辅助官职安然度过了帝国和共和国的数次更迭。[4]

整体来看，大革命虽然没有废除执达员这一旧的官职，但重塑了其与法院和法官的关系。在革命之前，执达员是法院的组成部分，须听命于拜

---

〔1〕 参见［法］皮埃尔·特鲁仕主编：《法国司法制度》，丁伟译，北京大学出版社 2012 年版，第 11 页。

〔2〕 参见［英］威廉·多伊尔：《捐官制度——十八世纪法国的卖官鬻爵》，高毅、高煜译，中国方正出版社 2017 年版，第 504 页。

〔3〕 Dr. Andreas Deutsch, Die Huissiers des französischen Code de procédure civile（1807）und ihre Bedeutung für Deutschland, DGVZ 2007, Nr. 1, S. 3.

〔4〕［英］威廉·多伊尔：《捐官制度——十八世纪法国的卖官鬻爵》，高毅、高煜译，中国方正出版社 2017 年版，第 555 ~ 556 页。

宜和法官。但在革命之后，受法国特有的司法与行政分权理念和官职补偿不到位等现实因素的影响，执达员被归入“辅助性官职”的范畴，从而得以游离于法院之外并独立于法官等司法性职位。这无疑是一种更高层次的“审执分离”。在此意义上，大革命对于执达员的影响仍然是决定性的。

### （三）作为“司法辅助人员”的执达员及其与法院的分工

第二次世界大战结束以后，1945 年 11 月 2 日第 45 – 2592 号法令将执达员改名为“司法执达员”，但沿用了大革命以来职能定位，于第 1 条第 1 款规定，执达员是司法辅助人员（officier ministériel），专司诉讼文书和通知书的签发；除非有特别规定，执达员按照法律、法规规定的方式进行通知，并执行法院作出的判决以及其他具有执行力的法律文书或权利凭证。有行政法学者考证，所谓司法辅助人员，真实身份应为“行政合作者”，是国家任命的、与司法公务相关的协作人员。他们独立于政府机构，不是行政机关和司法机关的成员。行政机关对他们只有监管和给予纪律惩戒的权力，而没有层级指挥的权力。其职位具有财产性质，可以转让。其报酬来自当事人的付费，无须财政供养。[1] 诉讼法学界一般将其视为持有国家授予的某种垄断权的自由职业者。[2]

相较于其他法律职业，执达员最初的社会评价并不高。为了改变其职业形象，法国从 20 世纪 60 年代开始加强了对执达员行业的支持和监管，先后建立了执达员培训、社会保险和职业年金制度。1975 年的法律进一步要求，执达员的候选人应取得文学硕士学位。这使执达员行业在 20 世纪七八十年代获得了极大的发展。[3] 根据法国的法律，执达员可以与当事人直接建立委托关系并收取费用。在开展业务时，他们可以独自执业，也可与

---

〔1〕 参见王名扬：《法国行政法》，北京大学出版社 2007 年版，第 176 页。

〔2〕 参见［法］洛伊克·卡迪耶：《法国民事司法法》，杨艺宁译，中国政法大学出版社 2010 年版，第 155 页。

〔3〕 See Wendy Kennett, *Civil Enforcement in a Comparative Perspective*, Intersentia Ltd., 2021, p. 246 – 248.

别的执达员合伙，或设立专业的民事公司（sociétés civiles professionnelles）。[1] 但执达员的任职资格和数量受到国家的严格控制。除国籍和品格要求外，只有具有硕士学位，在执达员事务所实习满 2 年，并通过执业资格考试（仅 4 次机会），才能成为执达员的候选人。[2] 而候选人要成为正式的执达员，还需等待职位空缺、前任的推荐和司法部长的任命：空出职位的执达员有权向司法部长推荐继任人，并收取介绍费；获得推荐后，司法部长不能再任命其他人填补空缺，但被推荐的人需要再缴纳一笔职位费，以获得正式任命。2008 年之前，法国有 3300 多名执达员、2015 个执达员事务所。[3]

在业务权限方面，除了 1945 年第 45－2592 号法令规定的送达诉讼文书和执行判决与其他法定文书以外，执达员还先后获得了开展确认业务，代理督促程序，代理商事法院诉讼和在执行程序中调查债务人财产等权限。在这些业务权限中，只有送达和执行属于垄断业务，其他属于竞争性业务。[4]

具体到强制执行，执达员通常被认为是独立于法院的、唯一的执行机关。对此，2011 年《法国民事执行法》第 L122－1 条规定，唯有负责执行的执达员，可以实施强制执行与保全扣押。[5] 依据该条规定，当事人只要取得执行文就可以直接委托执行员执行，后者也无须等待法院或法官的命令，即可采取执行措施。不过，从我国对执行工作的理解来看，法国执达员的垄断权限是有限的，因为他的权力集中于动产和债权、股票、证券等财产权利的执行。不动产和劳动收入的执行仍保留在法院手中，其中前者由不动产所在地初审法院的执行法官负责，后者由债务人住所地初审法院

---

〔1〕 参见［日］山本和彦：《执行官制度的比较法研究——以日本、法国、德国的比较为中心》，史明洲译，载《人民司法·应用》2019 年第 10 期。

〔2〕 参见江必新主编：《比较强制执行法》，中国法制出版社 2014 年版，第 22、23 页。

〔3〕 参见金邦贵：《法国司法制度》，法律出版社 2008 年版，第 337 页。

〔4〕 参见［日］山本和彦：《执行官制度的比较法研究——以日本、法国、德国的比较为中心》，史明洲译，载《人民司法·应用》2019 年第 10 期。

〔5〕 参见罗结珍译：《法国民事执行程序法典（第一卷）》，载《执行工作指导》2013 年第 3 辑。

的书记员负责。除此以外，执达员也无权实施间接执行方法——逾期罚款。《法国民事执行程序法》第 L131－1 条规定，任何法官为确保其判决的执行，均可命令逾期罚款，甚至依职权作出该命令；必要时，该命令也可由执行法官作出。所谓的执行法官，根据《法国民事执行程序法》第 L213－5 条及实施条例第 R121－2 条的规定，是指债务人住所地或措施采取地的初审法院院长。债权人可在两者之间选择其一作为执行法官，但院长也可将该项权力授予法院的其他法官。

不过，即便司法拍卖属于执达员权力范围，在 1998 年以前，其权力也并不完整，因为其行使该权力必须以当地没有拍卖商为前提。拍卖商是法国王室 1771 年“二月法令”设立的官职，专司拍卖事务并享有垄断权。法国大革命期间，该官职与执达员一样，因被归入“司法辅助人员”而得以保留。直到 20 世纪 90 年代，因拍卖商的垄断经营不符合《罗马条约》的规定并被告到欧洲法院，法国政府才决定废除该垄断性职业。[1]

### （四）执达员与拍卖商的合并

2008 年，自由主义经济学家雅克·阿塔利（Jacques Attali）领衔的法国经济增长委员会向萨科齐政府提交了一揽子经济改革计划，即所谓的阿塔利报告（Attali Report）。该报告对包括执达员和公证员在内的法律职业提出了“去行政干预、打破职业垄断、促进自由竞争”的改革建议。该报告获得了后来的经济部长马克龙的支持。马克龙于 2014 年推出了一项包括出售国有不良资产、简化行政手续、鼓励市场竞争在内的改革方案，即“马克龙法案”（Loi Macron）。其中的一项重要举措，就是将执达员和拍卖商两个职业合并为一项新的法律职业——司法专员。[2] 这一改革计划与

---

〔1〕参见［英］威廉·多伊尔：《捐官制度——十八世纪法国的卖官鬻爵》，高毅、高煜译，中国方正出版社 2017 年版，第 311～314、558 页。

〔2〕See Wendy Kennett, *Civil Enforcement in a Comparative Perspective: A Public Management Challenge*, Intersentia Ltd., 2021, p. 248－250.

英国建立执行员统一监管体制的目标是一致的，都是要整合法院以外相对分散的执行权力主体，促进其执业规范化和标准化，进而提高其服务质量和整体竞争力，但整合力度要明显大于英国。

目前，执达员和拍卖师的职业合并已上升为立法，即 2016 年 6 月 2 日的第 728 号法令。根据该法令，新设的司法专员具有执达员和拍卖商的双重法律地位，即司法公共和助理人员（officiers publics et ministériels）。他可以垄断性地从事强制执行、评估和拍卖判决指定的有形或无形财产、送达以及《法国民事执行程序法》第 L125 - 1 条规定的小额债权简易追偿事务等业务，并可以竞争性地从事民间收债、认证调查和司法清算等业务。其执业区域也不再局限于小审法院的辖区，而是扩大到了上诉法院的辖区。这意味着执达员之间的竞争从小范围、小区域扩大到上诉法院的整个辖区。但第 728 号法令并没有在制定当年立即生效，而是设置了 6 年的过渡期，自 2022 年 7 月 1 日生效。

尽管职业出现了合并，但由于本书写作时法国的执行程序立法尚未修改，为保持概念的延续性，后文仍将法国的执行员称为执达员。

## 三、德国的执达员及其与法院的分工

德国法院以外的执行机关主要是“法院执达员”（Gerichtsvollzier），规定于第二帝国 1877 年制定的《法院组织法》，沿用至今。在此之前，因“神圣罗马帝国”在长达近 9 个世纪（962 ~ 1806 年）的统治中都未建立像英国或法国那样的中央集权体制，所以国家权力长期处于诸侯纷争的割据状态，未能形成统一的司法体系。更为重要的是，由于缺少中央的压制，德国的封建领主制度得到了长期的维护。直到 18 世纪上半叶，普鲁士和奥地利才开始在各自的邦国内进行集权改革，建立以邦君为中心的行政和司法体系，从而削弱割据领主的行政和司法权力。[1] 在此情况下，要想

---

〔1〕 参见刘新利、邢来顺：《德国通史》（第 3 卷），江苏人民出版社 2019 年版，第 219 ~ 225、257、258 页。

为联邦层面的执达员制度找到一个准确的前身，显然不是一件容易的事情。有学者认为，1877 年以后的执达员制度是对法国执达员制度的“移植”;[1] 也有学者认为，它更像汉诺威的法院执行员（Gerichtsvögte），而非法国的执达员。[2] 为了更为全面地考察德国的执达员制度，不妨将目光前移至中世纪的神圣罗马帝国时期。

### （一）中世纪神圣罗马帝国的领主司法和强制执行

神圣罗马帝国始于962年德意志国王奥托在罗马加冕，但这并非德国史的开端。在此之前，还有919年加洛林王朝的国王康拉德与萨克森公爵海因里希一世（英译亨利一世）的王位交接。这次交接是德意志历史上的重要转折点，是东法兰克王国变为德意志王国的关键环节。19 世纪德国著名的历史学家威廉·冯·吉泽布莱希特曾明确指出，这是“一个新的、德意志王国的开始”。[3] 而神圣罗马帝国的第一任皇帝奥托，则是萨克森王朝的第二代国王。

从政治层面来讲，神圣罗马帝国并非严格意义上的民族国家，即便其在 1474 年以后改称“德意志民族的神圣罗马帝国”仍然如此。[4] 所谓帝国，更多是建立在封建宗主关系之上的政治联合体。它的最上层是帝国的皇帝（同时也是德意志王国的国王），以下是公爵、伯爵和他们的各级附庸。在皇帝（国王）与公爵、伯爵的关系方面，早期的皇帝（国王）们由于“政教合一”和教会的支持，通过战争和扩张树立了自己的权威。[5]

---

〔1〕 Andreas Deutsch, 200 Jahre modernes Gerichtsvollzieherwesen – Die Huissiers des französischen Code de procédure civile (1807) und ihre Bedeutung für Deutschland, DGVZ 2007, Nr. 1, S. 1.

〔2〕 See Arthur Engelmann et al., A History of Continental Civil procedure, translated and edited by Robert Wyness Millar, Boston: Little, Brown, and Company, 1927, p. 604.

〔3〕 参见王亚平:《德国通史》(第 1 卷), 江苏人民出版社 2019 年版, 第 91、92 页。

〔4〕 关于神圣罗马帝国名称的变化，参见王亚平：《中世纪晚期德意志帝国改革与民族国家构建》，载《历史研究》2015 年第 2 期。

〔5〕 有学者将这套体制称为帝国教会体制。参见侯树栋：《论 10—11 世纪德意志的帝国教会体制》，载《史学月刊》2005 年第 12 期。

但从11世纪中期开始，情况开始发生变化。因教会改革和主教叙任权的争议，“双皇”冲突不断。尽管双方在斗争了半个世纪之后，于1122年达成了《沃尔姆斯宗教协定》，但“政教合一”的体制不复存在，皇（王）权成为一种世俗的权力。[1] 这不但改变了皇帝（国王）与公爵们的力量对比，也影响了皇帝（国王）的产生规则：在叙任权之争以前，虽然帝（王）位的传承需要经过公爵等大贵族的选举，但选举更多是为皇帝（国王）指定的继承人背书，所以世袭仍是帝（王）位传承的主要方式；但在《沃尔姆斯宗教协定》签署之后，贵族们不再一味地支持皇帝（国王）指定的继承人，而开始选举其他皇室成员作为代替。[2] 为了使指定的继承人当选，或寻求贵族们对稳定德意志或意大利局势的支持，皇帝（国王）开始不断地让渡他在德意志的权力。尤其在弗里德里希二世（又译腓特烈二世）统治期间，这位定居于西西里王国的皇帝先后颁布了《与教会诸侯的联盟》（1220）和《有利于诸侯的法令》（1231），将包括铸币权、关税征收权和司法权在内的王权让与德意志贵族。[3]

与政治上的分裂相对应，德国早期的司法权主要掌握在公爵、伯爵和他们的各级附庸手中。1231年《有利于诸侯的法令》第6条规定：每个诸侯都应在自己管辖或作为采邑封授给他的“区”或“百户”中，不受任何干扰地行使那些根据地区习惯而拥有的权力和司法管辖权。该法令第7条规定：法官应当从拥有那块土地的贵族或贵族封臣手中接受职位。[4] 当然，作为国家的元首，皇帝（国王）本人的司法权仍是公爵和伯爵的权力来源，具有无可置疑的优先地位。如《萨克森明镜》记载：若国王到达某

[1] 参见［日］坂井荣八郎：《德国史10讲》，龚娜译，中国工人出版社2021年版，第34、35页。

[2] 参见钱金飞：《德意志近代早期政治与社会转型研究》，人民出版社2017年版，第3~5页。

[3] 参见［日］坂井荣八郎：《德国史10讲》，龚娜译，中国工人出版社2021年版，第41页；王亚平：《中世纪晚期德意志的邦国制》，载《世界历史》2018年第2期。

[4] 参见钱金飞：《德意志近代早期政治与社会转型研究》，人民出版社2017年版，第10、11页。

一个伯爵领，该伯爵领的司法管辖权就要暂时停止。[1] 只不过，由于皇帝（国王）并不轻易亲自审理案件，所以司法权的行使主要由公爵、伯爵及其以下官吏完成。

据《萨克森明镜》记载，处理普通纠纷的公共法院主要是伯爵及其下属主持的法庭，分别是伯爵法庭（greve ding）、舒特海斯法庭（sculteite ding）和郜法庭（gogreve ding）。其中，伯爵法庭由伯爵主持，是最高的地方司法机关，解决贵族之间的纠纷。舒特海斯法庭由伯爵委派的低级官员即舒特海斯（Schultheiss）主持，主要管理普通自由人的纠纷。郜法庭由郜长（Gaugraf）主持，[2] 主要管理没有土地的佃农。这些法院作出的判决，通常由主持法院的法官执行。他们通常是地方上的实权人物，只有他们才能充分保证判决的履行。不过，在伯爵法庭，还有专职的执行官员（Gerichtsbote），他们的主要职责是将法庭作出的判决付诸实施，但也负责传唤，充当法官或陪审的信使等。如果遇到紧急情况，执行官员可以召唤全体村民予以协助。[3]

### （二）14～16 世纪的帝国改革、罗马法继受与司法专业化

尽管政治上的分裂改变了德国此后的发展路径，但从当时来看，弊端似乎并不明显。相反，从 14～15 世纪的情况来看，政治上的混乱还带来了商业和城市的快速发展，在当时的欧洲独树一帜。[4] 更为重要的是，自

---

〔1〕 参见高仰光：《〈萨克森明镜〉研究》，北京大学出版社 2008 年版，第 126 页。

〔2〕 “郜长”是日耳曼基层治理单位“郜”（Gau）的负责人。有学者认为，郜长不是地方官员，没有国家授予的司法权，而是若干村庄推选出来、为这些村庄提供法律服务的人。See Maria Dobozy, *The Saxon Mirror: A Sachsenspiegel of the Fourteenth Century*, University of Pennsylvania Press, 1999, p. 209.

〔3〕 参见高仰光：《〈萨克森明镜〉研究》，北京大学出版社 2008 年版，第 126～129、245～251、272、273 页。

〔4〕 参见［美］詹姆斯·W. 汤普逊：《中世纪晚期欧洲经济社会史》，徐家玲等译，商务印书馆 1992 年版，第 172～177 页。德国从 16 世纪中期开始，由于新航线的开辟和商贸中心的转移，经济逐渐落后于大西洋沿岸地区。参见刘新利、邢来顺：《德国通史第三卷：专制、启蒙与改革时代（1648—1815）》，江苏人民出版社 2019 年版，第 32～34 页。

14 世纪中期波希米亚的卡尔四世（英译查理四世）继位起，到 16 世纪的宗教改革止，德国在政治上还进入了一个相对稳定的发展时期。

卡尔四世的主要“作品”是 1356 年颁布的《金玺诏书》。该诏书不但确定了选侯的身份和选举国王的程序，还允许七大选侯在领地内享有与国王同等的地位和权力。[1] 尽管该诏书在制度上承认了国家的分裂和选侯领地的国家化，[2] 但从当时的情况来看，这也不失为一个务实的选择，而且其客观上确实起到了稳定政治秩序的作用，为德国在英法百年战争期间赢得了重要的历史机遇。卡尔四世的另一“作品”是在 1348 年建立布拉格大学，这是当时德意志地区的第一所大学。随后，海德堡、科隆、莱比锡、弗莱堡、图宾根等著名学府相继建立。这不但给德意志带来了丰富的人才储备，也为后来的帝国改革和罗马法继受提供了重要支撑。到 15 世纪末，德国的社会经济已是欧洲的佼佼者。[3]

社会经济的发展最终在 16 世纪迎来了上层建筑的变革，即帝国机构的建立和邦国的国家化建设。帝国机构建设是一个长期的过程，核心问题是皇帝和诸侯如何应对 14～15 世纪的新生贵族和精英阶层，这在前期的政治结构中无章可循。随着英国和法国先后进入等级君主制阶段，德国的皇帝和贵族也有了类似的想法，只不过彼此的预期截然不同：前者希望加强君主集权，而后者则希望扩大自己在帝国决策中的影响。但无论如何，各方最终在 1500 年前后达成一致。1495 年，刚刚即位的马克西米安一世召集七大选侯、非选侯贵族和城市代表在沃尔姆斯开会，并首次使用了“帝国议会”（Reichstag）的名义，而非早期的“御前会议”（Hoftag）。在这次会议上，他与各等级达成了推行和平与法律、禁止私战的协议，颁布了《永久和平条例》，并决定设立帝国法院（Reichskammergericht），处罚违

〔1〕 参见王亚平：《中世纪晚期德意志帝国改革与民族国家构建》，载《历史研究》2015 年第 2 期。

〔2〕 参见丁建弘：《德国通史》，上海社会科学院出版社 2002 年版，第 44、45 页。

〔3〕 参见［美］詹姆斯·W. 汤普逊：《中世纪晚期欧洲经济社会史》，徐家玲等译，商务印书馆 1992 年版，第 657 页。

反帝国法令（尤其是破坏和平）的行为，审理针对帝国成员的诉讼以及不服邦国法庭或城市法院判决的民事案件。该法院由皇帝任命的院长和等级代表选举的16名陪审员（贵族和法学家各8名）共同组成。1500年，马克西米安又和贵族们在奥格斯堡召开会议，决定设立由国王和20名等级代表组成的帝国权力机构（Reichsregiment）——该机构将皇帝的最高权力变成了皇帝与等级代表的共同权力，受到国王的强烈反对，故运行颇不稳定，最终失灵；同时，会议还决定打破邦国界限，在帝国和邦国之间设立6个帝国区（Reichskreis，1512年增加为10个）；每个帝国区由1名法官和等级代表选举产生的4位陪审员共同负责。[1]

与帝国的改革同步，各诸侯国也纷纷开启“国家化建设”的大幕。很多邦国不但通过邦国议会自行立法，而且开始对内部治理体系进行调整，尤其是承担着众多地方事务的邦国法庭。改革内容主要有两个方面：一是按照新的管理区划设置法庭，促进司法权的集中；二是推进审判人员的专业化。在德意志地区，中世纪晚期的邦国法庭主要依据等级和地区设立，一个地区通常划分为不同司法区域，每个区域由一个城市或乡村法庭领导。[2] 16世纪的时候，一些邦国开始在内部划区而治，将多个村社划归一个行政、司法辖区，并设立区长、办事员、文书等地方官员。这些区长大多从贵族中产生，既是法官也是地方行政长官，集行政、司法和警察等权力于一身。[3] 与新的法庭体系同步，法庭的组成人员也有变化。早期的

---

〔1〕参见王亚平：《德国通史第一卷：封建帝国时代（公元1500年以前）》，江苏人民出版社2019年版，第464、465页；孙立新：《德国通史第二卷：信仰分裂时代（1500—1648）》，江苏人民出版社2019年版，第64～72页；王银宏：《1495年“帝国改革”与神圣罗马帝国和平秩序建构之制度困境的反思》，载《比较法研究》2016年第4期；王银宏：《帝国基本法与统治的契约化——契约观念下神圣罗马帝国的“帝国改革”（1500—1521）》，载《史学月刊》2017年第10期。需要说明的是，因篇幅和主题所限，此处主要参考了《德国通史》两卷本的论述，并以王亚平教授的论述为主线。不过，对于“Hoftag”“Reichskammergericht”“Reichskreis”等个别词汇，并未采用原文的翻译。

〔2〕参见王倩：《诸侯邦国立法与16世纪德意志的邦国构建》，载《世界历史》2019年第2期。

〔3〕参见孙立新：《德国通史第二卷：信仰分裂时代（1500—1648）》，江苏人民出版社2019年版，第74页。

法庭中，无论是主持法庭的伯爵等法官，还是实际负责裁判的陪审员，都不是专业的法律人士。尤其是后者，他们大多是富有声望的当地人，主要依靠地方习惯作出裁判。但到了16世纪前后，随着罗马法继受的深入和邦国成文法的出现，外行陪审员被认为无法胜任日益复杂的法律事务，遂直接被官方任命且经过罗马法训练的专业法官所替代。[1]

在裁判的执行方面，帝国法院和邦国法庭有较大不同。帝国法院的执行机构是帝国区。帝国区不但负责帝国法院判决的执行，也负责帝国法令的执行，比如铸币、打击犯罪和组建军事组织等。但帝国区的作用更多体现在南部的小邦，对于大邦其存在感并不明显，且经常受到抵制。[2] 邦国法庭的执行人员因为执行方法的不同略有差异。如果要求被告具体实施某一行为，根据直接强制的原则，通常由原告自己或第三方代为履行，被告承担相关的费用；如果该行为必须由被告履行，则需要借助拘留等间接强制手段；也有的邦国法庭设有专门的“施压者”等官员，必要时可吃住在被告家中，费用由被告承担。如果要求被告容忍一定的行为，则不需要额外的执行措施，只要对不予配合的被告施以罚金制裁即可。如果要求被告交付特定的财产，可以直接由法院官员采取武力手段。如果是金钱债权的执行，需要处理被告的财产，则由法庭的执行员（Gerichtsdiener）专门负责。[3] 这些法庭的执行员的称呼不一，有的是“Executoren”，有的是“Boten”，还有的是“Büttel”。但无论是哪一种，他们都是裁判法院的低级官吏，需要根据法官的命令行事，充当“法官的手臂”或“站立的工具”。[4]

---

〔1〕 参见王倩：《诸侯邦国立法与16世纪德意志的邦国构建》，载《世界历史》2019年第2期。

〔2〕 参见［德］乌尔夫·迪尔迈尔等：《德意志史》，孟钟捷等译，商务印书馆2018年版，第158页。

〔3〕 See Arthur Engelmann et al., *A History of Continental Civil Procedure*, translated and edited by Robert Wyness Millar, Boston: Little, Brown and Company, 1927, p. 572–573.

〔4〕 Rosenberg / Gaul / Schilken, Zwangsvollstreckungsrecht, C. H. Beck Verlag, 1997, S. 404.

## （三）拿破仑征服与执达员制度的确立

1648年30年战争结束后，自1495年开始的帝国改革彻底失败：皇帝无力掌控帝国事务，不得不潜心经营奥地利等家族领地；帝国议会成为帝国等级的使节会议，无力提出决议和法规；帝国区的发展极不平衡，沦落为地方诸侯的联合体；帝国法院不再接受涉及帝国等级及其臣属维护根本利益的上诉。帝国在整体上陷入无可挽回的衰败，[1] 并最终在法国大革命和拿破仑战争的冲击下，于1806年8月寿终正寝。[2] 受法国占领或控制的影响，莱茵普鲁士、莱茵黑森、莱茵巴伐利亚、威斯特法伦和贝克大公国在19世纪上半期都由法国法主导。[3] 法国的执达员制度也因此得以流入德国。

根据安德烈斯·道伊奇（Andreas Deutsch）教授的研究，德国最初保留了法国对执达员的称呼，即“huissier”，但从1813年开始，一些地方开始将其改称“Gerichtsvollzieher”。1832年巴登民事诉讼法曾使用过“Amtsexequenten”的名称，但最终也改称“Gerichtsvollzieher”。1871年德意志第二帝国建立后，“Gerichtsvollzieher”的名称最终确定，并成为“专司全德意志送达、传唤和执行的特别官员”。[4] 1877年《德国法院组织法》第155条规定：担任送达、传唤和执行之官吏（执达员），其事务章程在帝国法院由德意志宰相定之，在地方法院由各邦司法部定之。[5] 第二次世界大战后，该条的序号和文本虽有所改动——文本修改主要是将帝国法院改为

---

〔1〕参见刘新利、邢来顺：《德国通史第三卷：专制、启蒙与改革时代（1648—1815）》，江苏人民出版社2019年版，第74页。

〔2〕参见［日］坂井荣八郎：《德国史10讲》，龚娜译，中国工人出版社2021年版，第125页。

〔3〕参见［德］罗森贝克等：《德国民事诉讼法》（上册），李大雪译，中国法制出版社2007年版，第29页。

〔4〕Andreas Deutsch, 200 Jahre modernes Gerichtsvollzieherwesen – Die Huissiers des französischen Code de procédure civile（1807）und ihre Bedeutung für Deutschland, DGVZ 2007, Nr. 1, S. 1, 5.

〔5〕参见李秀清、陈颐主编：《德国六法》，商务印书馆编译所编译，上海人民出版社2013年版，第48页。

联邦最高法院，将德意志宰相改为联邦司法与消费者保护部等，但基本内容保持不变。[1]

不过，对于执达员的地位和权限，德国曾长期存在争议。最初的时候，一些地方因直接适用《法国民事诉讼法》，所以引入的完全是法国的执达员制度，最为典型的是莱茵普鲁士。它直到1832年才通过新法令排除了《法国民事诉讼法》的适用，但即便如此，新法令的核心也仍然是法国模式。但在另一些地方，法国的制度则受到明显的抵制，原因是法国的执达员太过独立，权限与德国的传统不符；比如拿骚（Nassau），其法令虽然明显地受到法国法的影响，但依然保留了早期的执行人员，并要求他们按照法院的命令行事。同时，也有学者指出，如果照搬法国的执达员制度，将导致“全面的法律不确定”和“局部的权力滥用”——事实上，法国模式确实出现了诸多问题，并存在执达员滥用权力的情形。[2] 或许由于这种比较明显的对立，1877年《德国法院组织法》并没有对执达员的法律地位作出规定。

但很快，1877年《德国民事诉讼法》就明确了执达员与法院的关系。该法第674条（现第753条）第1款规定：强制执行，法院不能自行实施的，由执达员受债权人之委托行之。该法第676条（现第756条）规定，执达员因持有执行公制书（有执行力的正本），对债务人及他人有实施强制执行及该法第675条所列行为之权。对于受强制执行的债务人及他人，债权人不得主张委托有瑕疵或受到限制。[3] 根据上述规定，债权人在取得

〔1〕参见最高人民法院政治部编：《域外法院组织和法官管理法律译编》（上册），人民法院出版社2017年版，第395页。

〔2〕Andreas Deutsch, 200 Jahre modernes Gerichtsvollzieherwesen – Die Huissiers des französischen Code de procédure civile（1807）und ihre Bedeutung für Deutschland, DGVZ 2007, Nr. 1, S. 4 – 5.

〔3〕参见李秀清、陈颐主编：《德国六法》，商务印书馆编译所编译，上海人民出版社2013年版，第411、412页。因早期翻译过于生涩，此处的条文内容参考了谢怀栻先生对相关条文的翻译。参见谢怀栻译：《德意志联邦共和国民事诉讼法》，中国法制出版社2001年版，第195页。

了有执行力（一审法院书记科已签发执行文）的正本之后，可以直接委托执达员执行，后者无须再等待法官的指示或批准。也就是说，执达员获得了对法院和法官的独立性。不过，应注意的是，尽管《德国民事诉讼法》使用了债权人委托的表述，但在制度和理论构建上，德国并没有像法国那样将执达员作为自由职业者和债权人的代理人，而是将其作为独立于债权人的公务员。1980 年《法院执达员条例》第 1 条[1]也明确规定，执达员是公务员法上的公务员。据此，学理上一般认为，执达员是司法行政机关的公务人员，在履行职务方面受初级法院有监督职能的法官的监督。《德国民事诉讼法》中的委托也不是私法意义上的“委托”，而是公法上的“申请”；执达员与债权人之间是一种公法上的关系，而非民法上的代理关系。[2]

另外，在权限方面，德国的执达员也比不上法国的同行。尽管《德国民事诉讼法》将不属于法院主管的执行事项都交由执达员负责，但实际上不属于法院主管的执行方法只有两个：一是有体物的扣押和变卖；二是特定标的物的交付。行为给付的强制执行、劳动收入的扣押、存款和到期债权等财产性权利的执行都没有交给执达员。而在法国，对存款和到期债权等财产权利的扣押均由执达员负责，对劳动收入的扣押也在“去司法化”的路上。

总体来看，德国的执达员制度更像法国的执达员制度和早期德意志传统的结合。执达员虽然有法国同行的独立地位，但没有自由职业的“自由”，对法院和法官的依赖较为明显。法院在强制执行中依然居于主导地位。更为重要的是，尽管法院早已陷入“案多人少”的困境，法官也已很少再介入具体的执行事务，但执达员的权限却并没有因此而增加。相反，根据 1969 年制定的《司法辅助官法》，很多原属于法官的执行权限被交给

[1] 该条已在 2012 年修改时被废除。

[2] 参见［德］弗里茨·鲍尔等：《德国强制执行法》（上册），王洪亮等译，法律出版社 2019 年版，第 163、165、166 页。

了新设立的司法辅助官（Rechtspfleger）。与此同时，在执达员的职业化改革方面，尽管联邦参议院早在 2007 年就通过“法院执行员制度改革法草案”，提出了将执达员从公务员改为授权性的自由职业的方案，[1] 但时至今日，仍没有取得最终的成果。

---

〔1〕 参见郑冲：《德国法院执行员制度改革之争》，载《比较法研究》2007 年第 6 期。

# 第二章
# 当事人主义与“分散型”执行方法的变迁

尽管从今天的眼光来看，人们习惯以对抗制、当事人主义、职权主义等模式化概念分析欧美国家包括执行程序在内的诉讼制度。但从历史的角度来看，任何一个国家的诉讼制度都不可能瞬间产生，而是长期演变的结果。“分散型”民事执行程序亦不例外。如果说执行员的独立是“分散型”民事执行程序的首要特征，那么，以自由主义和当事人主义为基础的执行方法，则是支撑“分散型”民事执行程序运行的关键所在。

## 一、“分散型”执行方法的历史源头

关于执行方法何时诞生，因法制史资料的缺乏，细节尚不可靠。但可以确定的是，英国的执行方法主要是中世纪普通法上执行令状的延续，如“菲法令状”“恢复占有土地令”“拘留还债令”等，但同时也整合了衡平法上的救济方法，如禁令和指定接管人等。法国的执行方法体系在1806年《法国民事诉讼法》中就已大致形成。考虑到该法与1667年《民事诉讼敕令》的“紧密联系”，其执行方法体系应该也可回溯至法国中世纪的司法实践。德国的执行方法体系初见于《德国民事诉讼法典》。按照德国学者的考证，1879年《德国民事诉讼法》是《法国民事诉讼法》和德国普通法相结合的产物，其执行体系综合了法国法的创新之处和共同法的传统，除了引入法国法上的执行员制度，也接受了法国法区分审判程序和执行程序的原则，允许债权人直接接触执行机关并选择执行方法。不过，就执行方法而言，其依据更多是德国的共同法，而非与实体法保持一致的法国法体系，尤其是以行为给付为目的的执行方法，采取的是德国共同法以及普鲁士法的模式。[1] 不过，这里仍需考虑：既然各有源头，为何英国、法国、德国的执行方法体系有如此多的相似？

可能的解释有两个：一是财产类型的限制。尽管英国、法国、德国的法律制度有很大不同，但其所处的时代和物质环境大体相同，所以在同一时代各国的法律制度可能有所差异，但很难超越该时代的财产类型。二是西欧国家共有的欧陆普通法传统（European Common Law）。有研究表明，虽然欧洲国家在11～12世纪之后逐渐走上民族国家的发展道路，但在此之前，却有长达数个世纪的欧陆普通法传统。在这一时期（4～11世纪），无论是英国还是欧洲大陆，私人纠纷的解决途径基本是相同的：一是教会的主教和修道院；二是日耳曼部落的司法集会。“英国普通法虽然贯彻了英国人的特质和英国地方治理的特色，但就其基本观念和理论架构甚至是具体实践的结构来说，都深深烙上了欧洲普通法的印记。”[2] 所以，其执行制度与法兰克王国分裂而成的法国和德国有所相似，也并不令人奇怪。

根据德国学者的研究，欧洲普通法时期的日耳曼执行制度大致可以分为对应墨洛温王朝的早期和对应加洛林王朝的后期。早期其对现代执行制度的贡献微乎其微，在法制史上的痕迹主要有两个：一是将不出席法庭，并拒绝发誓履行判决或违背誓言的被告放逐；二是债权人自行将债务人的财产扣押。[3] 这两种救济都发生于当时的侵权赔偿诉讼，基本规则为：被告经传唤拒不到庭的，法院（司法集会）可直接宣告将其逐出法外，原告也可以据此对被告寻求私力救济，实施复仇。被告出席的，法院一般根据神明指示或双方当事人决斗、宣誓的结果作出判决。判决被告支付罚金或

[1] 参见［德］弗里茨·鲍尔等：《德国强制执行法》（上册），王洪亮等译，法律出版社2019年版，第34页。

[2] 许小亮：《从欧洲普通法到共同法——中世纪法律史的另一种叙事》，载《法学》2014年第5期。

[3] 参见［德］弗里茨·鲍尔等：《德国强制执行法》（上册），王洪亮等译，法律出版社2019年版，第36页。

赔偿金的，债权人可以拘禁债务人或扣押其财产；债务人抗拒的，也将被放逐法外。当然，债务人也可提出保证人担保其履行判决。此时，债权人同样可拘禁保证人或扣押保证人的财产。[1] 债务人被放逐法外的，不仅会失去全部财产，而且不管是谁，即便是他的妻子也不能接待他，违反者须缴纳罚款。[2]

加洛林王朝时期，土地封赏逐渐制度化，西欧的封建化进程随之开启。查理大帝时期，加洛林王朝曾被分为98个伯爵领地，由伯爵全权治理，但国王会派巡视官员对其进行监督（大概在同一时期，英格兰也出现了伯爵负责郡）。于是，法兰克王国很快成为一个由国王和封建主分层治理的国家。在这个国家中，国王处于金字塔的顶端；公爵、主教、侯爵、伯爵、男爵等大贵族是第一等级，对国王负责；小封建主和骑士构成第二等级，对其所属的大贵族负责；最底层是广大依附于领主的农奴、半自由民和保有少量土地的自由民。[3]

由于国家体制的强化，国王及其官员在社会治理中的作用明显提升。具体到强制执行，即债权人对债务人动产的自行扣押开始受到限制。从7世纪开始，债权人的扣押必须获得法院的批准，不能擅自实施，有些地方甚至完全禁止债权人自行扣押。[4] 法院批准扣押债务人动产的，一般由伯爵或其属员实施。当判决无法通过扣押债务人的财产而满足时，可将债务人交给债权人，任其处置。债务人之亲属或友人愿以金钱为之赎身的，可免于交付或恢复债务人的自由。同时，加洛林时代的法律也允许债务人自愿委身于债权人，以服劳役的方式清偿债务，此时债权人的权力会受到限

---

〔1〕 参见［美］孟罗·斯密：《欧陆法律发达史》，姚梅镇译，中国政法大学出版社1999年版，第44～50页。

〔2〕 参见李秀清：《日耳曼法研究》（修订版），社会科学文献出版社2018年版，第397页。

〔3〕 参见丁建弘：《德国通史》，上海社会科学院出版社2002年版，第20、21页。

〔4〕 参见［德］弗里茨·鲍尔等：《德国强制执行法》（上册），王洪亮等译，法律出版社2019年版，第36页。

制，以防止其苛待债务人。[1] 除了对动产的扣押和人身拘禁以外，加洛林王朝还在放逐的基础上形成了对不动产的执行方法，即对于因放逐而被国王收回的土地，国家允许将其全部或部分用于债务清偿。后来，这种手段独立为一种针对不动产的执行方法。有些地方甚至还确定了先动产、后不动产的执行顺序。[2]

不过，考虑到欧洲普通法时期并非单有日耳曼法，还有教会法和罗马法的残余，英国、法国、德国的执行方法也可能有罗马法和教会法的源头。有德国学者指出，古罗马的诉讼制度进入“非常诉讼时期”（cognitio extra ordinem）之后，其执行制度已经包含了目前欧洲法律体系中适用现代执行法的所有重要因素。在这个时期，诉讼程序已不再以判决金钱给付为原则，而发展出了直接强制给付原物的制度。金钱债权的执行制度也已在原有的扣押之诉（legis actio per pignoris capionem）和个别财产变卖制度（distractio bonorum）的基础上予以重构：经债权人申请，审判官可以指示执行官对债务人的财产进行扣押；如果有多个扣押，按照产生的时间确定优先顺位；执行官扣押的如果是金钱，可以直接交付债权人，其他客体则要公开拍卖；各种财产的执行顺序是动产（家畜或奴隶）、土地、权利与债权。另外，在意大利教会法中，也有以古罗马“非常诉讼时期”执行制度为基础的执行程序。除了以返还特定物为目的执行外，债权人也可通过财产扣押程序实现金钱债权，而且扣押顺序也与罗马法相同，即先金钱后

〔1〕 参见［美］孟罗·斯密：《欧陆法律发达史》，姚梅镇译，中国政法大学出版社 1999 年版，第 143 页。

〔2〕 参见［德］弗里茨·鲍尔等：《德国强制执行法》（上册），王洪亮等译，法律出版社 2019 年版，第 36 页。

动产，然后是不动产，最后是权利和债权等无形财产。[1] 可以发现，前述日耳曼法的执行制度，明显有罗马法和教会法的影子。

唯应注意，尽管欧陆普通法时期已有针对不同财产的执行方法，但对人身的执行也即拘禁债务人依然占有非常重要的地位。无论是英国、法国还是德国，都是到了19世纪甚至更晚的时间，才彻底废除了拘禁债务人的执行方法。与此同时，由于当时的国家机构并不完善，“分散型”民事执行程序也远未成型。相反，随着9～11世纪封建化进程加速，封建领主总揽地方司法行政事务的现象日趋普遍。即便12世纪以后因封建王权的崛起，以国王为中心的政权体系替代了封建领主的地方割据，但在各国的地方治理中，司法与行政不分、执行附属于审判的现象没有任何改观，并直至启蒙运动提出资产阶级的分权制衡理念，以及法国大革命将其付诸实践。

## 二、19世纪的法典化与“分散型”执行体制的确立

### （一）《法国民事诉讼法》初创“分散型”民事执行程序

法国大革命是欧洲诉讼制度从“王室司法”向现代司法转型的开端。在这场革命中，效忠于封建国王的旧司法体系被全面摧毁，取而代之的是以职业法官为中心、治安法官为补充的新的司法体系；[2] 执达员作为旧官职虽得以保留，但也逐渐步入职业化的轨道；1806年《法国民事诉讼法》

---

〔1〕 参见［德］弗里茨·鲍尔等：《德国强制执行法》（上册），王洪亮等译，法律出版社2019年版，第34、35、39、40页。此处引用参考了德文原著，个别词汇斟酌了不同译法。“legis actio per pignoris capionem”原译为“干涉质物之诉”，此处采巢志雄教授所译“扣押之诉”。“distractio bonorum”原译为“出卖部分财产”，黄风教授译为“财产零卖”，本书对比黄风教授对“bonorum venditio”（财产拍卖）的翻译，译为“个别财产变卖”。参见巢志雄：《诉权概念史》，厦门大学出版社2021年版，第30页；［意］彼德罗·彭梵得：《罗马法教科书》（2017年校订版），黄风译，中国政法大学出版社2017年版，第85页。

〔2〕 大革命初期曾实行法官选举制，拿破仑时期改为任命制，且终身任职，此后法官逐渐职业化。参见［法］皮埃尔·特鲁仕主编：《法国司法制度》，丁伟译，北京大学出版社2012年版，第12～15页。

更是成为现代资产阶级法典的典范。尽管从今人的观点来看，《法国民事诉讼法》无法比肩《法国民法典》，很多学者也认为其不过是1667年《民事诉讼敕令》的“复制件”或翻版，[1] 但不可否认的事实是，这部法典适应了资产阶级政治经济的发展需求，并宣告了法国诉讼制度与“王室司法”的决裂。具体到执行制度，《法国民事诉讼法》还有以下创新：

第一，确立了执行文制度，实行审判程序与执行程序分离。该法第545条规定，生效裁判和证书，非附有第146条要求执达员实施执行之命令，不得执行。这里的“命令”，即现在的执行文，是《法国宪法》（1804年）第141条关于可执行判决副本的一段格式性文字：“×（皇帝名讳），承蒙上帝和共和国宪法的恩惠，以法兰西皇帝的名义，向所有在场和将要到场的人们致意。×××法院或×××专门法庭已经作出如下判决：（判决内容）。我们命令并要求，所有的执达员应根据此项命令执行上述判决；检察总长和一审法院的检察官应给予协助；武装力量的指挥官和官员在收到合法请求后应提供帮助。”[2] 当然，执行文在旧制度时期也有源头。有学者指出，法国在15世纪末期就出现了审判权和执行权分离的现象。根据1498年布卢瓦敕令，裁判需要执行的，需先由主审法官签发执行令，再由执达员执行。因每个法院有自己的辖区，所以，主审法官签发的执行令原则上仅在辖区内有效。若要执行辖区外的财产，需由当事人向掌玺大臣或高等法院办公室申请签发认可书。其中，掌玺大臣签发的认可书在全国有效，称“大执行认可书”；高等法院办公室签发的认可书仅在高等法院辖区内有效（法国当时有多个高等法院），称“小执行认可书”。[3] 但问题是，新旧时期的司法体系完全不同。旧制度时期，执达员虽因官职买卖具

---

[1] 参见徐昕：《法国民事诉讼法律发达史及其理论意义》，载《江西社会科学》2013年第9期。

[2] 关于1804年法国宪法的英译本，参见 The Napoleon Series，https：//www. napoleon – series. org/research/government/legislation/c _ constitution12. html。

[3] 参见［法］艾涅斯特·格拉松：《法国民事诉讼程序的起源》，巢志雄译，北京大学出版社2013年版，第151、152页。特别感谢巢志雄教授告知布卢瓦敕令的具体年份。

有一定的独立性，但在组织层面还要听命于法官。但在大革命之后，执达员成为独立于法院的辅助性官职，与法官属于不同的系统。他不但依法垄断了旧《法国民事诉讼法》规定的、除不动产以外所有的执行方法，还可以不经法院直接接受当事人的委托实施执行。这在无形中使执行文具有了新的意义。

第二，确立了当事人直接委托执达员执行制度。《法国民事诉讼法》第556条规定，除不动产执行和拘禁债务人须提交授权书以外，胜诉债权人只要将生效裁判或证书交给执达员，后者即获得执行之权。[1] 该规定有两层意义：一是肯定了执达员的独立性，允许当事人不经法院，直接启动执行程序，为当事人铺就了一条快速通往执行机关的道路。二是将债权人与执行机关之间的关系界定为私法上的委托关系，奠定了强制执行“私法说”之源头。时至今日，法国的强制执行理论仍然认为，执行权是法律赋予每一个债权人的基本权利，执达员实施执行的权力源于当事人的授权。这与德国的公法说以及我国当前的一般认识（执行权是国家权力的一部分，执行员依法行使执行权）形成鲜明对比。

第三，奠定了“分散型”民事执行程序的初步框架。1806年《法国民事诉讼法》主要规定了支付扣押、动产执行扣押、待收货作物的扣押、对个人定期金的扣押、不动产扣押和拘禁债务人等执行方法。其中，上述扣押的实施，尤其是执行文书的送达，原则上均由执达员负责，但支付扣押和不动产扣押处于法官的严格控制之下，属于司法程序，执达员主要从事送达等辅助性工作，所以，这两种执行方法应视为法院和法官的管辖事项。[2]

当然，该法也存在一定的局限，主要表现在：其一，关于执行方法的

---

〔1〕 参见李秀清、陈颐主编：《法国六法》，商务印书馆编译所编译，商务印书馆2013年版，第275页。

〔2〕 参见李秀清、陈颐主编：《法国六法》，商务印书馆编译所编译，商务印书馆2013年版，第222页。各种执行方法的名称参考了罗结珍教授的译法。参见《法国民事执行程序法》，罗结珍译，中国法制出版社2002年版，第111～138页。

规定侧重“实物执行”。即便是行为给付，也要按照实体法的规定转化为损害赔偿，即“任何作为之债与不作为之债，在债务人不履行的情况下，都以损害赔偿了结之”。[1] 其二，仍然将人身拘禁作为一种执行方法。人身拘禁从古罗马开始就是一种重要的执行方法，《法国民事诉讼法》未能吸收启蒙运动保障人权的思想，仍于第 15 章用 25 个条文对拘禁债务人作出详细规定（后文详述）。有学者指出：“旧法中曾有若干条文对民事拘禁作出过规定，后来被部分取消。编撰‘拿破仑法典’时又得到恢复。”[2]

### （二）《德国民事诉讼法》对“分散型”程序的改造

其一，对执行文制度进行了改造。《德国民事诉讼法》一方面简化了执行文的内容，于第 663 条第 2 款规定有执行力的正本因对 × × ×强制执行而付与之；另一方面，增加了两种新的执行文，即第 664 条的附条件执行文和第 665 条的承继性执行文。前者规定：依判决之旨趣，判决的执行中，债权人除应提供担保外，尚需证明另一事实成就者，只有提供公文书或公证证书证明的，才能发给有执行力的正本。后者规定，有执行力的正本，可以发给判决债权人的承继人，也可发给判决债务人的承继人。若债务人的承继人于其裁判关系中或诉讼终结后取得争议标的物的，得为其不利，斟酌第 236 条之规定付与执行文，但以承继关系为法院所明知或经公文书或公证文书证明为限。这两种执行文必须经过审判长允许方能付与，而且在付与之前可以询问债务人。[3]

---

[1] 参见［法］让·文森、［法］雅克·普雷沃：《法国民事执行程序法要义——强制执行途径与分配程序》，罗结珍译，中国法制出版社 2002 年版，第 21、22 页。

[2] ［法］让·文森、［法］雅克·普雷沃：《法国民事执行程序法要义——强制执行途径与分配程序》，罗结珍译，中国法制出版社 2002 年版，第 19 页。

[3] 参见李秀清、陈颐主编：《德国六法》，商务印书馆编译所编译，商务印书馆 2013 年版，第 411 页。对相关条文的介绍参考了谢怀栻先生对现行《德国民事诉讼法》第 726 条第 1 款和第 727 条第 1 款的翻译。应注意的是，两个版本的法条对执行文内容的描述略有差异，一个强调债务人，一个强调债权人。参见《德意志联邦共和国民事诉讼法》，谢怀栻译，中国法制出版社 2000 年版，第 189、190 页。

其二，调整了执行方法的体系。《德国民事诉讼法》结合德国的共同法传统，重新划分了执行方法的体系，表现如下：(1) 增设了两类非以金钱给付为目标的执行方法，即交付特定标的物和单纯的行为给付。这使执行方法的体系突破了法国法上的“实物执行”，并对包括我国在内的东亚各国产生了重要影响。本书对执行方法体系的描述，也采用这种体系分类。(2) 调整了动产的执行方法，一是取消了对代收获作物的执行，二是扩大了对无形财产的执行，除了债务人对他人享有的金钱债权外，还将劳动收入、证券、股份等其他财产权利纳入了强制执行的范围。(3) 丰富了不动产的执行方法。或许是由于封建土地制度废除未久，各州土地制度差异过大，《德国民事诉讼法》关于不动产的执行仅有 3 个条文，其中 2 个条文用来明确不动产的执行管辖分配，另有 1 个条文是授权各邦国制定具体程序规则，即“关于不动产之强制执行，其执行与附带之督促裁判手续及分配手续，并以各联邦之法律定之”，“各联邦法律，特就强制执行属于不动产之事件及权利之种类、并债权者记入其债权于书入质账权利之程度、与应为其记入之方法，亦特定之”。但很快，德国就于 1895 年制定了《不动产强制拍卖与强制管理法》，统一并扩展了不动产的执行方法，即现今的强制拍卖、强制管理和强制抵押。

其三，调整了执达员与法院的分工。《德国民事诉讼法》第 674 条规定，强制执行，除了法院自行执行的事项以外，由债权人委托执达员进行。委托手续的办理，可以请求法院书记官协助。书记官委托执达员执行的，视为债权人的委托。从表面来看，该规定与《法国民事诉讼法》并无本质不同，但实际上，除拿破仑直接征服的莱茵地区外，其他地区对于来自法国的执行员制度并无太多认同，所以《德国法院组织法》和《德国民事诉讼法》均未对执达员的法律地位作出明确规定。或许受此影响，《德国民事诉讼法》第 674 条对执达员的权限增加了“除了法院自行执行的事项以外”之限制。此外，《德国民事诉讼法》对执行方法体系进行了调整，取消了法国执达员负责的代收获作物的执行，并将法院的执行权扩展至劳动收入、证券、股份等财产权利的执行，以及以行为给付为目的的执行方法；执达员的权力事实上被限定为两个方面，一是对普通动产的执行，二是强制债务人交付特定动产或不动产。

其四，不再将人身拘禁作为直接的执行方法。《德国民事诉讼法》废除了《法国民事诉讼法》关于拘禁债务人的规定，仅于第八编第四章规定了明告宣誓（后来为代宣誓保证）和拘留制度。根据该制度，债务人不履行义务的，其住所地的法院可传唤其进行宣誓。宣誓的条件和内容规定于《德国民事诉讼法》第 711 条，即债权人的财产不足以清偿债务的，经债权人申请，债务人应申报其财产并宣誓其真实性。宣誓内容为：“债务者于其财产，悉记载之，就所知者，无论何事不默秘。”若债务人在法院指定的时间拒绝出席或拒绝宣誓，经债权人申请，法院可命令执达员将其拘留。该拘留的目的仅在于迫使债务人作出宣誓，而非惩戒，所以只要债务人作出宣誓，法院就应将其释放。同时，《德国民事诉讼法》也对拘留的时间和适用范围作出限制。该法第 794 条规定，拘留的期限不得超过 6 个月，超过 6 个月的，拘留机关应依职权释放。该法第 785 条和第 787 条规定，议员在立法会开会期间，军人及其家属在出战期间，军舰的士兵在服役期间，船长、船员和雇员在出海期间，不受拘留。拘留债务人会导致其健康状况恶化的，也不得拘留。

### （三）英国的司法改革与“分散型”执行体制

英国的司法体系自 15～16 世纪被都铎王朝重塑以后，到 19 世纪 30 年代一直没有太大的变化：中央有普通法法院和衡平法院等特权法院的对立，地方则由治安法官及其主持的季审法院全面负责。由于后者在名义上也由王室任命，所以，其裁判和普通法法院一样，都由地方上的郡长执行。只有衡平法院等特权法院例外，因其裁判主要是要求债务人为或不为一定行为的禁令，不涉及金钱给付（金钱赔偿属于普通法上的救济），故传统上通过法院作出拘禁债务人的命令或扣押债务人的财产（不变价），迫使其主动履行。由此，英国法上的执行方法与其救济体系一样，可分为普通法上的执行方法和衡平法上的执行方法。在此意义上，可以说英国的民事执行程序早在15～16世纪，就已有“分散型”民事执行程序的痕迹，只不过这种“分散型”民事执行程序不同于现代意义上的“分散”，不是法院和法院外主体的分权，而是法院司法权的分裂。直到1873～1875年司法改革，这种分裂局面才宣告终结。在这次改革中，普通法法院和衡平法院被合并为高等法院，诉讼程序也逐渐通过《最高法院规则》（Rules of Supreme Court）得到统一。

不过，1873～1875年乃至整个19世纪的司法改革究竟对执行程序产生了何种影响，目前尚无法制史方面的详细资料和考证。从有限的信息来看，大致可作以下判断。

其一，19世纪的司法改革并未影响传统执行方法的存续。英国著名法制史学者贝克教授指出，执行令状是司法令状的一种，由普通法法院发给郡长。其内容取决于前期的诉讼形式和法官的判决，不同于赋予当事人某种诉讼权利的起始令状。这类令状在当时主要包括不动产诉讼中的“恢复土地占有令”、金钱给付（包括债务、损害赔偿或费用支付）诉讼中的“菲法令状”（动产执行令）、适用于自由保有土地的“土地扣押执行令”（writ of elegit）和“拘留还债令”等。在19世纪的司法改革中，1852年、1854年和1860年《普通法诉讼程序法》（Common Law Procedure Act）等法律虽然全面废除了诉讼形式和起始令状，但执行令状似乎并未受到任何影响：拘禁债务人的令状从1869年开始在大部分民事案件中废除，但仍在个别案件中使用到1981年；土地扣押执行令直到1956年才被《司法管理法》（Administration of Justice Act）第34条废除，代之以更为灵活的押记令（charging order）；“菲法令状”则沿用至今，直到2014年才被更名为动产控制令。[1]

---

〔1〕 See John Baker, *An Introduction to English Legal History*, 5th ed., Oxford University Press, 2019, p. 73－74.

其二，1873～1875年司法改革以后，虽然普通法法院和衡平法院成为高等法院的组成部分，诉讼程序也趋于统一，但普通法救济和衡平救济的界限并没有因此而消失。因此，尽管可以从1887年《郡长法》（Sheriffs Act）第8条（郡长在执行令状时有权采取强力手段，制止反抗行为）和第10条（郡长在接收当事人交付的执行令状时有出具收条的义务）的规定中推断出郡长有执行令状的权力，但这些条文中的令状即“writ”，应作狭义的理解，仅指普通法法院作出的执行令状，而不包括普通法法院的其他命令和衡平法上的禁令（junction）、暂扣债务人的财产（sequestration）和指定管理人（receivership）等执行方法。也就是说，1873～1875年司法改革以后，原本属于衡平救济的执行方法成为高等法院的权限，高等法院与郡长之间出现了执行方法方面的分工。另外，由于拘禁债务人的令状直到1981年仍在个别案件中使用，是合法的执行手段，且1887年《郡长法》第14条也明确规定郡长有拘禁民事债务人的权力，故也应归入郡长的执行权范畴。

其三，英国在19世纪对地方治理体系进行了重组，治安法院成为主要负责刑事审判的司法机关，民事审判则交由新成立的郡法院负责。由于郡法院与高等法院一样，可以作为一审法院审理金额较低的普通法案件和衡平案件，且有专门负责执行的高等执行官及其雇佣的执行员，[1] 所以英国的“分散型”民事执行程序除了高等法院和郡长之间的分权之外，还需考虑高等法院和郡法院之间的管辖权划分，以及在郡法院层面，郡法院与郡法院执行人员之间的分工。

## 三、“分散型”民事执行程序的当事人主义理念

19世纪是“分散型”民事执行程序成型的关键时期。如卡尔·波兰尼所说，这个世纪欧洲文明史中诞生了一个前所未有的现象，即1815～1914

---

〔1〕 参见张永红：《英国强制执行法》，复旦大学出版社2014年版，第234～236页。

年间的百年和平——战争时间累计只有18个月。在这一百年中，出于对中世纪封建统治者以重商主义干涉自由贸易的反叛，人们开始致力于构建巨大的自发调节市场，进而催生了自由主义的政治、经济和法律哲学。随着自由主义市场的突飞猛进，人们也目睹了自由主义教条所导致的诸多弊端，所以从19世纪七八十年代开始，对自由主义进行修正的思想和制度开始大量出现，从而形成了自由主义与干预主义两种理念的对立。[1] 具体到英国、法国、德国的诉讼制度和执行制度，自由主义和干预主义的影响程度是不一样的。相对而言，法国和英国受到自由主义的影响更深，而《德国民事诉讼法》则同时受到自由主义和干预主义影响。即便如此，3个国家的诉讼制度和执行制度都是以自由主义或者当事人主义为基本出发点的。

### （一）启蒙运动和《法国民事诉讼法》

1806年《法国民事诉讼法》是在启蒙运动和法国大革命的背景下制定的，不可避免地受到当时较为流行的自然法学思想的影响。有学者指出，《法国民事诉讼法》之所以以法典的形式系统编纂并公布实施，是因为受到了自然法学派关于编纂理性法典思想的巨大影响。尽管前几个世纪国王或私人的编纂工作在民事诉讼法领域也实现了很多有益的改革，但无论从目标的广度还是实施的广泛性讲，都未实现自然法学派法学家们的抱负，而新法典却首次在一个中央集权的国家内确立起统一的民事法院体系和民事诉讼程序。[2] 不仅如此，基于天赋人权和人人生而平等的启蒙思想，《法国民事诉讼法》也非常重视当事人的平等保护，尤其是债务人的基本权利和被告人的“辩论权”——其初始含义是要求审判机关充分赋予当事

[1] 参见［英］卡尔·波兰尼：《大转型：我们时代的政治与经济起源》，冯钢、刘阳译，当代世界出版社2020年版，第57~68、143~158页。

[2] 参见何勤华主编：《法国法律发达史》，法律出版社2001年版，第444、445页。

人表明自己意见的机会，通过辩论发现真相。[1]

有学者注意到，《法国民事诉讼法》用了相当的篇幅来规定债务清偿问题，甚至还详细规定了债权人请求法院将不履行义务的债务人予以拘禁的程序。[2] 这从今天的观点来看，或许没有什么特别之处，但从当时的条件来看，却恰恰反映社会所取得的进步——毕竟，从古至今，债务问题都是经济关系的重要内容，甚至会影响社会稳定。启蒙思想家孟德斯鸠就曾在《论法的精神》中对此有如下专门论述。

在讨论法与货币的关系时，孟德斯鸠用了大量篇幅来分析债务清偿问题，除了国债，还有贸易借贷和民间借贷。其核心观点有二：一是债务应有一个合理的利息标准。利息过低，会导致债务人借不到钱，进而滋生不受法律控制的高利贷；利息过高，则会直接损害弱势债务人的利益。二是国家应保护正常的借贷秩序，而不是一味地讨好债务人。古罗马时期，由于平民的权力扩大，于是官吏们想方设法地阿谀奉承，制定最能让他们开心的法律，采取了削减本金、降低利率、禁止收取利息、取消人身强制措施等措施。护民官每当要捞取民望时，也会把废除债务的问题提出来。由此导致的后果是，债务人信誉破产，债权人需要冒着极大的法律风险和利益风险提供资金，以致平民们要么借不到钱，要么只能借到高利贷。最终，人们开始一致地抵制这样的法律。裁判官森普洛尼乌斯·阿赛卢斯想要继续严格执法，允许债务人依法行事，反被债权人杀害。[3]

另外，孟德斯鸠先后在法与公民自由的关系、法与贸易的关系两个议题下论及对债务人的人身拘禁问题。在讨论公民自由时，他首先提出了一个值得深思的问题：一个公民把钱借给另一个公民，前者的地位显然比后者优越，因为后者借钱是需要用钱，他可能很快又身无分文。倘若法律还

---

〔1〕 参见张子弦：《法国民事诉讼法中的“辩论权尊重原则”》，载《苏州大学学报（法学版）》2022 年第 3 期。

〔2〕 参见张卫平、陈刚编著：《法国民事诉讼法导论》，中国政法大学出版社 1997 年版，第 9 页。

〔3〕 参见［法］孟德斯鸠：《论法的精神》（上卷），许明龙译，商务印书馆 2012 年版，第 478 ~ 487 页。

要拉大他们的差距，结果会是怎样呢？然后，孟德斯鸠借用古罗马的历史指出，“针对债务人的残酷法律使罗马共和国多次陷入危险境地”，所以，他们修改了法律，“从此以后，借钱的人不再因欠债未还而被债权人诉诸法律追究，倒是债权人因违犯反高利贷法而被追诉”。在讨论法与贸易的关系时，孟德斯鸠进一步指出，禁止拘禁债务人，对于普通民事合同引起的纠纷确实很好，因为“对于法律来说，与一个公民的方便相比，另一个公民的自由更为重要”；但对于（跨国）贸易而言，由于商人要在极短的时间内托付巨额款项，事关公共福祉，所以“法律对公共福祉的重视就应胜过对某一公民自由的关注”，但可以出于人道和管理之需，对人身拘禁采取某种限制。另外，作为对人身拘禁的反思，孟德斯鸠也提到了日内瓦禁止负债者子女担任官职和进入议会，以及罗德岛“儿子不得因放弃遗产继承权而免于偿还父债”的法律。在他看来，这有利于树立债务人的信誉，营造更好的贸易环境。[1]

作为启蒙运动的代表人物，孟德斯鸠的观点在一定程度上代表了当时人们对债务清偿和拘禁债务人两大问题的看法。站在维护自由贸易和金融秩序的角度，《法国民事诉讼法》对用大量的篇幅规定强制执行和债务清偿问题，似乎也并非不可理解。而且，在制度设计上，《法国民事诉讼法》也确实在寻找债权人和债务人的利益平衡。

对于债权人而言，《法国民事诉讼法》通过执行文和“委托”执达员制度，为其提供了更为便捷的启动执行程序的路径，而且还废除了早期罗马法和教会法关于执行顺序的规定，允许其自由选择包括拘禁债务人在内的执行方法。对于债务人而言，《法国民事诉讼法》也同样提供了一系列的法律保护，包括但不限于：（1）无论何种执行方法，执达员在执行时须提前送达催告文书，督促债务人主动履行债务，以免强制执行。（2）动产执行因涉及执达员到债务人的居所采取强制措施，《法国民事诉讼法》设

---

〔1〕 参见［法］孟德斯鸠：《论法的精神》（上卷），许明龙译，商务印书馆 2012 年版，第 242、243、397、398 页。

置了严格的程序约束，比如邀请见证人陪同，禁止随意暴力入户，不得随意开启债务人不愿打开的家具、金银物品应当称重等（第585条、第587条、第589条、第591条）。（3）明确规定了豁免执行的债务人财产，如书籍、职业器具、衣食住行用具等（第592条）。（4）禁止超标的执行，明确规定扣押财产的价额超过债权综合和执行费用总和时，不得拍卖（第622条）。（5）最为重要的一个方面是，《法国民事诉讼法》也对债务人的“辩论权”给予了充分关注，不仅将支付扣押和不动产扣押归入司法程序和法官的主导之下，以听取各方意见，还于第16章专门规定了“紧急审理程序”，用以处理执行过程中的实体和程序争议。

在对债务人的拘禁方面，《法国民事诉讼法》并未像孟德斯鸠所主张的那样，区分普通民事拘禁和贸易拘禁并废除前者，而是作了诸多改进后将其保留。根据改进后的制度设计，债权人要拘禁债务人，必须经法官同意，并由执达员送达裁判文书后方能执行，但需排除以下场合：（1）日出之前，日落之后；（2）法定祭日；（3）寺院及礼拜堂仪式期间；（4）官员在衙署处理事务期间。被采取拘禁措施的，债务人可向被拘禁地的基层法院提出异议，由后者按照紧急审理程序处理。债务人未提出异议或异议被驳回的，由执达员将其就近送至狱舍。在法定场所以外拘禁债务人的，以违法论。拘禁期间的膳食费用，由债权人承担。债务人清偿债务或抛弃全部财产于债权人，或债权人不愿承担债务人膳食费用的，不再拘禁。债务人年满70岁的，也不再拘禁。可以看出，《法国民法典》对于人身拘禁之规定，已与罗马法和教会法的早期规定大有不同。

即便如此，后人对《法国民事诉讼法》的评价不尽相同。有学者认为，该法典虽不乏创新，但由旧制度时期的司法实务专家起草，不可能脱离旧制度时期的司法模式。它更像一部“诉讼手续规则”，唯一的兴趣是诉讼程序的进展。[1] 也有学者认为，该法典的大部分内容都是从《民事诉

---

〔1〕 参见［法］让·文森、［法］塞尔日·金沙尔：《法国民事诉讼法要义》（上），罗结珍译，中国法制出版社2001年版，第68、69页。

讼敕令》中照搬过来的，保留了充满形式主义、既耗费时间又耗费诉讼费用的程序规定，内容庞杂，远不如《德国民事诉讼法》严密、精细，是一部在诞生之时就已经过时的法典。[1] 对立观点则认为，从历史发展的角度来看，《法国民事诉讼法》作为法国资产阶级革命的产物，是资产阶级为了维护自身利益而制定的法律武器。它不仅较大程度地否定了封建等级特权，融入了正处于上升时期的资产阶级思想、意志和法制观念，而且在"私权自治""契约自由"等观念的影响下，具有绝对的当事人主义的特征。[2]

本书认为，这两种观点实际上并不矛盾，只是立论者的侧重有所不同：一个强调其对传统的变革和对资产阶级思想的靠拢，考察的是其与过去的不同；另一个则强调其对未来的引领，潜在的比较对象是后来的《德国民事诉讼法》，谁也没有否定谁。从更为全面的角度来看，应当承认《法国民事诉讼法》起到了承上启下的作用，既有对过去的变革，也有与过去的妥协，不应苛求。

### （二）自由主义底色的《德国民事诉讼法》

与人们对《法国民事诉讼法》褒贬不一不同，19 世纪中后期的《德国民事诉讼法》被普遍认为是一部以自由主义为主导的法典。有学者考证，该法所参考的 3 个草案——"汉诺威草案""普鲁士草案""北德意志草案"，均以法国法为蓝本起草，起最主要作用的"北德意志草案"实际上就是"汉诺威草案"的翻版，后者受法国法的影响颇深。[3] 也有德国学者指出，1877 年《德国民事诉讼法》不仅是先驱们相互妥协的结果，同时也是一种完全实现自由主义原则和设想的尝试。最终，这种尝试得到实

〔1〕参见张卫平、陈刚编著：《法国民事诉讼法导论》，中国政法大学出版社 1997 年版，第 8、9 页。

〔2〕参见廖中洪：《大陆法系当事人主义程序理论溯源——法国 1806 年〈民事诉讼法典〉基本思想与程序理论研究》，载《学海》2008 年第 3 期。

〔3〕参见李大雪：《德国民事诉讼法的历史嬗变》，载《西南政法大学学报》2005 年第 2 期。

现，并战胜了保守的联邦力量。尽管出于统一德国法院和诉讼程序的目的，民族自由主义者和进步人士也有所妥协，但总体而言，同样寻求民族统一的、保守的联邦阵营作出的让步要大得多。[1]

不过，德国诉讼理论很少使用自由主义的概念，而更多使用与当事人主义相关的技术性概念作为代替。这些概念包括但不限于：处分原则（Dispositionsmaxime）、当事人进行主义（Parteibetrieb）、辩论原则（Verhandlungsmaxime）或提出原则。与之对应的概念分别是职权主义（Offizialmaxime）、职权进行主义（Amtsbetrieb）和纠问原则。其中，处分原则是指当事人决定程序的开始、停止和结束，以及程序的客体；当事人进行主义是指程序启动后，将其推进交由当事人负责，比如由当事人实施送达等；辩论原则或提出原则是指裁判所依据的事实和证据应由当事人提供。若强调上述事项应由法院决定，则分别为职权主义、职权进行主义和职权探知主义。一般认为，辩论原则和处分原则是当事人主义的核心原则，[2]其基本理念是：民事诉讼是双方当事人之间的私事，应充分尊重当事人的意思自治，法院所代表的国家应遵守消极、中立、被动的角色定位，尽量不要主动干预。这与当时流行的“守夜人政府”等自由主义政治和经济哲学是一致的。正因如此，有学者进一步提出了“程序自由主义”的概念。[3]

值得注意的是，尽管上述概念在我国的讨论和使用局限于诉讼程序，但在德国，其在执行程序中的运用没有任何禁忌。处分原则和提出原则更是被作为执行程序的基本原则。

通常认为，执行程序中的处分原则有 3 层含义：(1) 当事人支配程序

---

〔1〕 参见［德］卡尔·奥古斯特·贝特尔曼：《民事诉讼法百年——自由主义法典的命运》，载［德］米夏埃尔·施蒂尔纳主编：《德国民事诉讼法学文萃》，赵秀举译，中国政法大学出版社 2005 年版，第 49 页。

〔2〕 参见张卫平：《转型的逻辑——民事诉讼体制转型分析》，法律出版社 2007 年版，第 33～38 页。

〔3〕 参见徐昕：《程序自由主义及其局限——以民事诉讼为考察中心》，载《开放时代》2003 年第 3 期。

的开始和结束，包括执行程序的启动以当事人提出申请为前提。执行过程中，债权人可以决定执行程序的暂停或延期。债权人撤回申请，会导致执行方法的终止。债务人也可以通过清偿结束执行程序，有特殊困难的，得向法院申请延期执行。(2) 当事人支配执行客体（主要是财产）和执行方法，即债权人有选择执行客体和执行方法的自由。债务人不能选择执行方法，但可在一定条件下申请改变执行客体（比如调整工资的扣押额度）。(3) 债权人和债务人可以通过合意，也即执行契约，对强制执行的时间、客体、方式和范围进行限制。

提出原则对应诉讼程序中的辩论原则，是指当事人有义务提出重要事实和证据。债权人必须说明执行客体的具体信息，比如要对位于哪一地点的动产采取执行措施，拟扣押债务人对他人享有哪一个债权，拟拍卖的不动产是否属于债务人及不动产登记簿的相关信息，债务人违反行为给付裁判的具体情形，等等。在附有提出原则的执行救济（执行异议、债务人异议之诉和第三人异议之诉）中，债务人和第三人还有义务对相关事实予以证明。另外，债权人通过代宣誓保证作为其执行客体证明手段的，也属于债权人的事务范围，执行机关（执达员）不能依职权进行。

但应说明的是，1877 年《德国民事诉讼法》贯彻绝对的当事人主义，诉讼程序和执行程序不仅遵守处分原则、辩论原则和提出原则，也遵守当事人进行主义。传唤当事人和送达等诉讼行为的实施，都由当事人负责。对于法院确定的期日，当事人也可以通过合意取消或延缓。但遗憾的是，这些规定自 1924 年起被渐渐废弃，诉讼程序中的当事人进行主义也全面转变为职权进行主义。[1] 有德国学者指出，诉讼程序出现了由烦琐的当事人进行主义向职权进行主义转变的趋势以后，人们便没有理由在执行程序中质疑依职权进行的原则。不过，总体来讲，当事人进行主义的废弃并没有动摇《德国民事诉讼法》的自由主义底色。

[1] 参见《德意志联邦共和国民事诉讼法》，谢怀栻译，中国法制出版社 2001 年版，“译者前言”第 5、6 页。

### （三）边沁与英国19世纪的司法改革

19世纪的英国是受自由主义思想影响最为充分、最为彻底的国家，因为它诞生了公开把自由作为党纲首要诉求并长期执政的政党——自由党。该党在执政期间，曾不遗余力地推进英国在政治、经济、立法等各个领域的自由主义改革，试图给世界树立一个榜样，告诉人们自由主义在实际的制度和政策运作上能够达到怎样的成就和程度。边沁等人所倡导的功利主义，则是19世纪英国自由主义最重要的理论基础。[1]

边沁是功利主义哲学的集大成者，他以“最大多数人的最大幸福”为伦理基础，以个人的趋利避害意识为支点，认为国家的产生是大多数人利弊衡量的结果。而政府要建立自己的合法性，也应以实现“最大多数人的最大幸福”为基本原则。据此，边沁对英国在19世纪初的各种制度安排都提出了尖锐的批评，包括君主制、以土地贵族为中心的上议院、陈旧的司法体系等，而司法程序是他乐于关注并长期研究的主题。戴雪对此曾有一段颇为精彩的分析：为什么一名法律哲学家会如此之深地执迷于一个看似毫无思索乐趣的主题呢？答案是，边沁在这一重要的主题中展示出了作为一名改革者所具有的逻辑连贯性和聪明智慧——他要想尽一切办法使每个人的权利都能更简单地得到实现。在边沁看来，无法实现的权利根本不是权利；拖沓的司法程序、过于高昂的诉讼费用、缺乏提起诉讼的方法等，所有这些都要比单纯地否定人的权利更加不正义。[2] 正因如此，边沁怀着简化程序和改进法庭效率的愿望，提议几近完全放弃过去被当作保障国民权利所必需的那些制约和保障。[3] 这种认识影响了后来大半个世纪的司法改革。

---

〔1〕参见顾肃：《自由主义基本理念》，译林出版社2013年版，第325～328页。

〔2〕参见［英］戴雪：《公共舆论的力量：19世纪英国的法律与公共舆论》，戴鹏飞译，上海人民出版社2014年版，第166、167页。

〔3〕参见顾肃：《自由主义基本理念》，译林出版社2013年版，第337页。

尽管没有直接的法制史资料描述英国在19世纪的执行程序，但可以确定的是，这套程序与诉讼程序中的“对抗制”一样，是以当事人主导为基本理念的。有英国学者指出，与诉讼程序一样，对抗制也同样适用于执行程序。无论是程序启动还是采取执行措施，都由债权人根据自己的需要，选择最适合自己的时间和方式。法院没有相应的权力和机制去主动执行自己的判决。[1]

另外，还应注意英国废除中间过程的司法令状（writs of mesne process）引起的变化。在19世纪司法改革之前，英国的诉讼程序需通过签发中间过程的司法令状予以推进。这些令状均由法院发给郡长，由其执行后回呈给王室法院。因此，诉讼程序的效率在很大程度上取决于郡长的工作效率。[2] 司法改革以后，由于诉讼形式、中间过程的司法令状和“回呈日”等制度被悉数废除，郡长在诉讼开始阶段的职责也不复存在，[3] 程序运行的控制权完全转移到了当事人的手中。具体到执行程序，执行令状虽然得以保留，但其提交给郡长的方式却发生了变化：需由当事人到诉讼法院提出申请，获得令状（必要时需经法官批准），然后将令状提交给郡长执行。从后来的制度安排来看，郡长对执行程序的控制权也不复存在。他不能依职权推进执行程序，而必须服从于债权人的指示。

## 四、职权化：“分散型”民事执行程序的近期变革

20世纪上半叶，由于两次世界大战的出现，欧洲的发展并不顺利。在此期间，各国的诉讼制度虽然多有修改，但并没有在法制史上留下太多的痕迹。第二次世界大战结束后，随着社会经济快速恢复和发展，法律修订

---

[1] See Jack I. H. Jacob, *The Fabric of English Civil Justice*, Stevens & Sons, 1987, p. 188. 作者在脚注指出，巴克斯特法官（Judge Baxter）曾对佩恩关于判决执行的报告提出不同意见，建议赋予执行机关在当事人提出申请之后，依职权推进执行程序的权力。

[2] 参见屈文生：《普通法令状制度研究》，商务印书馆2011年版，第137～141页。

[3] See John Baker, *An Introduction to English Legal History*, $5^{th}$ ed., Oxford University Press, 2019, p. 75.

再次被各国提上议事日程。就诉讼制度而言，一系列重大变化都发生在20世纪70年代前后，并延续至今。之所以变化发生在这一时刻，除了战后经济的高速发展带来了“诉讼爆炸”之外，同一时期的石油危机也是不可忽视的因素。正是这次石油危机，使欧洲各国的经济发展陷入困境，并引发了经济政策和政府管理体制的空前变革。所谓的新自由主义运动和新公共管理运动也应运而生。在压缩开支和优化政府管理的大背景下，简化诉讼程序、强化法官职权、促进公共参与，很快成为欧洲各国的一致追求。具体到强制执行，主要表现为两个方面：一是执行程序的简化；二是执行机关权力的扩大，尤其是执行机关对债务人财产的主动调查。其中，财产调查因对我国执行程序的转型意义重大，留待后文专门讨论，此处仅涉及执行程序的一般性变革。

### （一）《英国民事诉讼规则》与执行程序的统一

19世纪的司法改革虽然结束了普通法法院和衡平法院的分裂，但造就了高等法院和郡法院两套具有一审管辖权的民事法院系统。由于两个法院的判决都由各自分别执行，所以直到20世纪90年代，英国的民事执行体制依然分裂为两个部分：高等法院的执行体系和郡法院的执行体系。两者不仅在执行机关方面有郡长和执行员的区分，执行程序和执行令状的形式也有明显的差异。其中，高等法院的执行程序由《最高法院规则》予以规定，主要是该规则所附的8个命令，分别是：第45号命令“判决及命令强制执行的一般规定”、第46号命令“执行令状的一般规定”、第47号命令“扣押财物令状”、第48号命令“命令债务人到庭接受询问”、第49号命令“债权扣押令”、第50号命令“押记令、停止令等”、第51号命令“接管人：衡平法执行”及第52号命令“拘押程序”。郡法院的执行程序则由《郡法院规则》所附的9个命令调整，分别是：第25号命令“郡法院判决、裁定执行的一般规则”、第26号命令“扣押财物令状、交付令状和占有令状”、第27号命令“扣押人息令”、第28号命令“执行传票”、第29

号命令“拘押程序”、第 30 号命令“债权扣押令”、第 31 号命令“押记令”、第 32 号命令“接管人”及第 33 号命令“确定竞合权利诉讼程序”。[1] 从两个法院所列举的执行方法可以看出，在 1883 年《最高法院规则》诞生后的一个世纪，英国的执行方法也出现了“法典化”和体系化的趋势。虽然高等法院和郡法院的执行方法体系仍未统一，但已具备了统一的坚实基础。

1994 年启动的沃尔夫改革诞生了统一的《英国民事诉讼规则》之后，民事执行程序的统一也被提上议事日程。为了防止裁判得不到执行减损诉讼程序改革的效果，1998 年 3 月，当时的上院议长、司法达成麦凯授权大法官埃文对执行程序进行 5 个方面的审查评估，其中的第一项就是高等法院和郡法院现有执行方法的效率，若效率不佳则分析其原因以及如何改进”。在 2000 年 7 月发布的第一阶段审查报告中，[2] 司法大臣办公厅的基本结论是：现有的执行制度并非严重缺乏效率，迟延现象也不如债权人说的那么突出，关键是缺乏对债务人的识别能力，可能导致陷入困境的债务人雪上加霜，无家可归，也可能被熟悉制度漏洞的人恶意利用，逃避执行。为此，埃文建议从 4 个方面对执行制度进行优化：（1）使用通俗易懂的语言；（2）着力提升债务受偿率；（3）确保债权人和债务人的利益平衡，关注缺乏履行能力的债务人；（4）提升信息反馈速度。这与沃尔夫改革“接近正义”（access to justice）的理念基本一致。

具体到已有的执行方法——收入扣押令、押记令和债权扣押令（garnishee order，即后来的第三方债务令）以及各种执行令状（动产执行令、交付令状和占有令状），[3] 埃文认为均应保留，因为废除其中的任何一种

---

〔1〕 参见宫雪：《英国民事执行权的运行与控制》，华东政法大学 2015 年博士学位论文，第 50 页。

〔2〕 See Lord Chancellor's Department, *Report of the First Phase of the Enforcement Review* (July 2000), http://www.lcd.gov.uk/enforcement/firstphase.htm.

〔3〕 拘禁债务人制度已在 1981 年彻底废除。

都会剥夺债权人以债务人财产受偿的可能。在此基础上，审查报告提出了以下改进的建议。

其一，应采用一种全新的执行程序框架，强化法院的职权。这种框架既不能像以前那样将程序控制权完全交给债权人，也不能将控制权完全收归法院。其原因在于：（1）大债权人和小债权人的立场并不一致——小债权人认为现有制度无法给他们提供必要的帮助，惩治那些恶意逃债的债务人；经常在法院诉讼的大债权人则不愿失去对程序的控制权。（2）北爱尔兰的经验表明，完全由法院主导的执行程序并不如想象的那么美好，不但经常出现拖延，而且债权人也经常抱怨其对拖延也无能为力。作为折衷，埃文建议给执行程序增加一个“入口”，即对于不了解债务人财产信息的债权人，为其提供一套有法院参与的调查程序，帮助查找债务人的财产信息。

其二，优化对债务人劳动收入的扣押程序。传统的收入扣押令需要由法官根据个案情况设定扣押额度，不但费时费力，效果也不是很好，所以应采用固定扣除法——根据债务人的收入水平，设置一个相对固定的扣除比例，减少因设定扣除率而造成的拖延。

其三，将债权扣押令改名为第三方债务扣押令，并强化法院的权限，包括允许法院从银行和房屋互助协会调取债务人交易记录，调查债务人在同一银行的其他账户，扣押债务人与他人的共有账户等。同时，为保护生活陷入困境的债务人，应允许其从扣押账户中申请必要的生活费用。该申请因涉及债权人和债务人的利益平衡，也应由法官作出裁判。

其四，应统一高等法院和郡法院的执行令状及其程序规则，尤其应考虑正在进行的法院现代化改革，若将来设立在线执行中心，完全可以考虑由法院的办事人员统一接收当事人的执行令状申请，并将其分配给适当的郡长或郡法院执行员。另外，在动产执行令的执行中，应允许郡法院执行员像郡长那样，在债务人请求停止执行而债权人拒绝时，主动促成当事人达成分期支付的和解协议。

至于押记令，第一阶段的审查报告认为，目前的制度设计运行良好，除了应扩大其适用范围（比如尚未违约的分期履行债务人），无须作重大调整。

根据上述建议，并综合剑桥大学贝特森教授就“郡法院执行员和私人执行员的权限，分析如何改进才能提升执行效率、促进执行制度统一”问题所作的独立报告，英国通过2003年《法院法》和2007年《法庭、法院和强制执行法》等主要立法，以及《英国民事诉讼规则》等次级立法，从三大方面对执行程序进行了完善：一是完善债务人信息获取机制，为不了解债务人信息的债权人增加新的“入口”（后文详述）。二是改革高等法院的执行体制，将郡长的执行职责改由执行官负责，同时将高等法院执行官和郡法院执行员负责的执行方法予以统一。目前，高等法院和郡法院的动产执行令已被统一为动产控制令，规定于2007年《法庭、法院和强制执行法》以及《英国民事诉讼规则》第84章。三是统一并改革收入扣押令、押记令、第三方债务令等由法院控制的执行方法。目前，这些改革已全部完成，规定于《英国民事诉讼规则》第72章、第73章、第89章，内容基本按照第一阶段审查报告提出的建议展开，但也有诸多丰富和调整，比如债权扣押令改名为第三方债务令，而非第三方债务扣押令。另外，在收入扣押令的扣除额度方面，最初的建议是先由债务人自行申报收入，再由法官确定一个固定的扣除额度，但在实践中，因债务人经常拒绝申报或申报不实，实施效果并不理想，所以在第二阶段的审查结束以后，司法大臣办公厅在白皮书中给出的建议是取消债务人申报环节，改由法律直接设置不同的收入区间，并确定固定的扣除额度。

### （二）《法国民事执行程序法》的职权化和去司法化

法国在1971～1973年通过了4项关于修改民事诉讼法的法律。1975年，这些修正案被汇集到一部法律当中，成为新的法典，即新《法国民事诉讼法》，共4卷，计1507条。[1] 该法不但使诉讼程序趋于简化，更吹响了法国强制执行制度单独立法的号角，因为它没有对执行程序作出任何规定，后者仍由旧《法国民事诉讼法》调整。随后，法国于1991～2010年间，用了20年时间完成《法国民事执行程序法》的立法工作。这一过程分为3个阶段：一是1991年制定《法国民事执行程序法》（《关于改革民事执行程序的法律》，1991年7月9日第91－650号，起草始于1983年），对执行程序的总则性内容和动产（含债权等其他财产权利）的执行程序重新加以规定。不动产的执行仍适用旧《法国民事诉讼法》，但删除了部分条文。二是2006年修改《法国民法典》第19编关于不动产扣押的规定，并废止《法国民事诉讼法》关于不动产执行的全部条文。三是2011年年底将1991年的《法国民事执行程序法》和《法国民法典》第19编的规定合并，形成统一的《法国民事执行程序法》，并于2012年6月1日正式实施。[2]

与英国以程序统一为主线不同，《法国民事执行程序法》更强调执行程序的职权化和“去司法化”。所谓职权化，如卡迪耶教授所言，是相对于1806年《法国民事诉讼法》的绝对自由主义而言的，实际上是对法国自由主义传统和诉讼程序社会功能的一个平衡。这种理念在20世纪初经阿尔贝·提西耶（Albert Tissier）倡导，成为1975年《法国民事诉讼法》的指导原则，即第1～24条的通则。其源头是19世纪末奥地利和德国民事诉讼法的职权主义。[3] 1991年《法国民事执行程序法》也受到这一观念的影响，表现如下。（1）对债权人行使权利施加了诸多限制，比如第14条明确了债务人豁免执行的财产范围，限制债权人进行扣押；第18条要求执达员拒绝不合法或明显超出债权数额的扣押委托；第22条要求债权人应在

---

〔1〕 参见《法国新民事诉讼法典》（上册），罗结珍译，法律出版社2008年版，“译者导言”第5页。

〔2〕 参见江必新主编：《比较强制执行法》，中国法制出版社2014年版，第4、5页。

〔3〕 See Loïc Cadiet, *Introduction to French Civil Justice System and Civil Procedural Law*, Ritsumeikan Law Review, Vol. 28, p. 366－367 (2011).

求偿范围内采取执行措施，不得滥行扣押等。(2) 明确了债务人和第三人配合执行的义务。该法第 23 条规定，债务人抗拒执行的，得由执行法官判处损害赔偿责任。该法第 24 条规定，第三人在受到依法请求时，应对程序之实施予以协助；无正当理由逃避的，可强制履行；必要时，得处逾期罚款，且不影响损害赔偿。该法第 47 条规定，银行等金融机构有义务报明债务人在扣押实施之日其账号或其各账号的余额。(3) 强化了执达员、检察官和执行法官的职权。该法第 19 条规定，执达员有责任指挥执行活动，并有权请求执行法官和检察官予以协助；第 20 条规定，法定期间届满后，执达员可持执行依据进入债务人居住场所，并责令其打开门户或家具；第 33 条规定，任何法官，为确保判决执行，均可命令逾期罚款。

去司法化（dejudiciarization）是一种形象表达，主要用来描述法国以合意纠纷解决机制代替司法裁判的公共政策。[1] 罗结珍教授曾用其描述法国的执行方法改革——将本由法院负责的执行方法，交给法院外的执达员负责。[2] 去司法化的执行方法主要是《法国民事诉讼法》规定的支付扣押。在 1991 年《法国民事执行程序法》以前，支付扣押根据受扣押的债权数额，分别由债务人住所地的小审法院（3 万法郎以下）或大审法院管辖。其程序如下。(1) 由债权人通过执达员向次债务人送达支付扣押书，禁止次债务人实施任何清偿行为。(2) 送达支付扣押书后，债权人应在 8 日内将扣押事实告知债务人，并传唤其到法院对扣押的有效性表明态度。(3) 向债务人送达传唤状以后，债权人应在 8 日内向次债务人送达支付扣押诉讼通知书，使其到法院表明态度。但如果债权人依据经公证的文书对债权实施扣押，也即次债务人对债务人的债务已经公证的文书确认，则债权人可以直接要求次债务人承认其与债务人之间的债务关系。(4) 法院对受扣押债权的真实性进行审查。如果受扣押债权已经被执行依据（公证过

[1] See Loïc Cadiet, *Introduction to French Civil Justice System and Civil Procedural Law*, Ritsumeikan Law Review, Vol. 28, p. 367 – 369 (2011).

[2] 参见江必新主编：《比较强制执行法》，中国法制出版社 2014 年版，第 11 页。

的文书）所确认，法院仅审查扣押程序的合法性；否则，法院要对受扣押债权的真实性、有效性和程序合法性进行全面审查。经审查受扣押的债权真实有效的，程序合法的，由法院作出确认扣押有效的判决。债权人可据此要求次债务人对其清偿。在此期间，如果债务人和次债务人任何一方对受扣押的债权提出异议，都将引起扣押的附带事件，需由法院作出判决。开展相关改革以后，支付扣押不仅改名为归属扣押，管辖也从法院调整给了执达员。与此对应，扣押程序也从司法程序变成了“三步走”的非诉程序：首先，由执达员向次债务人送达扣押书。该扣押书不仅有禁止支付的效力，还有要求次债务人向债权人报告其债务范围的效力。其次，由执达员在8日内向债务人送达扣押通知书，告知扣押事实，并要求其在1个月内向住所地的执行法官提出异议。最后，债务人未在1个月内提出异议的，债权人即可要求次债务人对其清偿。有异议的，作为附带事件，由执行法官进行判决。〔1〕

除了职权化和去司法化以外，《法国民事执行程序法》还对《法国民事诉讼法》确立的执行方法有如下调整：（1）调整了动产的执行方法体系。由于动产和农作物在现代财产体系中的重要性降低，《法国民事执行程序法》增设了陆路机动车扣押、存放在银行保险柜财产的扣押、动产转移扣押、公司股权与有价证券扣押等新的动产执行方法。（2）吸收了实践创设的逾期罚款制度，并改进了其程序机制。（3）增加了动产转移扣押和驱逐债务人的执行方法，使法国的执行方法体系突破了以金钱给付为中心的局限。〔2〕其中，针对动产的新设执行方法都由执达员负责。驱逐债务人也可由执达员实施，但执行法官在必要时可以监督和干预。逾期罚款可由包括执行法官在内的任何法官作出命令，以确保裁判得到执行。

---

〔1〕参见［法］让·文森、［法］雅克·普雷沃：《法国民事执行程序法要义——强制执行途径与分配程序》，罗结珍译，中国法制出版社2002年版，第99～103、119～125页。

〔2〕参见［法］让·文森、［法］雅克·普雷沃：《法国民事执行程序法要义——强制执行途径与分配程序》，罗结珍译，中国法制出版社2002年版，第14～16、246页。

### （三）《德国民事诉讼法》的职权化倾向

几乎与法国同步，德国也在 1976 ~ 1977 年启动了对民事诉讼法的修改。这次修改是《德国民事诉讼法》自颁布以来最为全面的一次修订，主旨是精简一、二审程序，通过强化法院职权（诉讼指挥权和释明权）以及当事人的诉讼促进义务，实现案件的快速和集中审理。[1] 但与法国不同的是，德国并没有对分散于《德国民事诉讼法》和《强制拍卖与强制管理法》等法律的执行制度予以整合，也没有对程序规则作过多调整。在 1970 ~ 2000 年间，德国的执行制度只有两次修改，1979 年和 1997 年分别作出的关于执行制度的修正案。这两个修正案更多是对个别条文的局部补充和优化，没有给执行程序注入太多新的因素——最大的变化可能是 1997 年修正案把"代宣誓保证"划归执行员管辖。进入 21 世纪以后，德国也仅在 2009 年通过了 3 个与执行程序相关的改革法案，即《网络拍卖法》、《账户扣押保护改革法》和《强制执行中财产开示改革法》。[2] 即便如此，由于《德国民事诉讼法》对总则部分进行了大量修改，并强化了法官的职权，所以，同样适用总则的执行程序也不可避免地出现了职权化倾向，主要表现在以下几个方面。

1. 《德国民事诉讼法》第 139 条的释明义务

《德国民事诉讼法》第 139 条关于释明义务（Hinweispflicht）的规定，因关系到民事诉讼法的基本原则——约束性辩论原则，一直是我国学界的重点关注对象。根据该条，在必要时，法院有责任与当事人就案件事实和争议情况进行讨论并发问，无论是事实方面还是法律方面。诉讼过程中，法院应致力于使当事人就全部重要事实作出及时而完整的声明。当事人的

---

[1] 参见赵秀举译：《德国民事诉讼法典》，法律出版社 2021 年版，"译者前言"第 5 页。

[2] 参见赵秀举译：《德国民事诉讼法典》，法律出版社 2021 年版，"译者前言"第 8 页。《网络拍卖法》和《强制执行中财产开示改革法》两部法律的名称根据德文进行了调整。

表述或证据不完整的，应提示当事人进行补充或依法申请协助。[1] 2001年的改革强调了法院实质性领导诉讼的重要性，并通过制度调整强化了释明义务的实践应用。[2]

目前，我国学界对该条文的兴趣集中于释明制度的引入及其对辩论原则的影响，但在德国，其对执行程序的影响也是理论争议的热点。弗里茨·鲍尔等教授指出，该条可以在执行程序中适用，这一点没有疑问，因为它规定在总则部分，有争议的是释明的范围和界限。一般认为，只要存在申请有瑕疵或表达不完整的情况，执行机关就应阐明正确、恰当的申请。如果当事人没有律师代理，或存在当事人生存受到威胁的情形，执行机关也可以依职权动议新的申请。比如司法拍卖过程中，分割拍卖会导致不可接受的结果时，法院就应当依据该条的规定释明，此时存在撤回执行申请或提出停止执行申请的可能。[3]

2. 《德国民事诉讼法》第802b条的促进友好解决义务

《德国民事诉讼法》第802b条是2009年新增加的条文。根据该条，执达员在执行程序的任何阶段都应考虑纠纷的友好解决，尤其在债务人有支付困难时；只要债权人在申请执行时没有明确排除与债务人达成分期或延迟支付的可能性，且债务人疏明其有能力进行定期支付，就可以允许债务人延期或分期支付，并制定不超过12个月的清偿计划。

清偿计划确定后，执达员应及时告知债权人，并依职权推迟执行。债权人对延期或分期支付提出异议的，支付计划自债权人告知债务人时失效，同时结束推迟执行。债务人逾期两周未能全部或部分履行已确定的任

[1] 该规定在文本上并非新的规定，只是被赋予了新的时代内涵。有学者考证，该规定最初为1877年《德国民事诉讼法》第126条，1898年修改时调整为现在的第139条。参见谢文哲：《法官阐明立法规定之历史沿革及启示——以德国、美国为中心的考察》，载《甘肃政法学院学报》2004年第6期。

[2] 参见［德］罗森贝克等：《德国民事诉讼法》（上册），李大雪译，中国法制出版社2007年版，第529页。

[3] 参见［德］弗里茨·鲍尔等：《德国强制执行法》（上册），王洪亮等译，法律出版社2019年版，第98页。

何一期支付的，支付协议同样失效。

德国学理一般认为，该条所规定的支付协议是程序性的而非实体性的，不产生实体法上债务延期或分期效果，[1] 所以与我国的执行和解制度有本质不同。但也正因如此，执达员主动促成纠纷的友好解决才不构成对处分原则的实质违反。

3.《网络拍卖法》允许执行机关依职权决定网络拍卖

《网络拍卖法》旨在推进网络拍卖在强制执行、拾得物处置等领域的应用，以改善执法机关对电子消费品和日常用品等扣押物的处置。该法案涉及民事诉讼法、税法、民法等多领域法律的修改；对于《德国民事诉讼法》，主要涉及第814条、第816条、第817条3个条文，局限于有形动产的拍卖扣押。其中，涉及强化法院职权的，主要是《德国民事诉讼法》第814条新增的第2款和第3款。依据该规定，执达员在处置已扣押的有形动产时，可以不经当事人同意，根据需要选择现场拍卖或网络拍卖。至于网络拍卖的具体程序，则授权州政府或经州政府授权的州司法行政机关制定，包括何时启动网络拍卖，拍卖平台的选择，准许竞买或限制参与竞买的特殊要求，拍卖的开始、结束和中断，拍卖条件和拍卖的法律后果（包括依第806条向竞买人告知其不享有瑕疵担保请求权），对债务人和竞买人信息进行匿名处理等。

《德国民事诉讼法》第816条和第817条是关于网络拍卖程序的特殊规定。第816条排除了现场拍卖有关规定对网络拍卖的适用，并援引《德国民法典》第1239条第1款第1句的规定，允许对拍卖标的享有质权的债权人（包括申请执行的债权人）和拍卖标的物的所有人（债务人）参与竞买。第817条规定了网络拍卖时作出拍定裁定和交付拍卖物的条件：网络拍卖时，只有最高报价达到了第817a条第1款规定的标准（拍卖物通常售

---

[1] Prütting, Gehrlein, ZPO Kommentar, Aufl. 8., Luchterhand Verlag 2016, S. 1911 – 1912. 参见史明洲：《执行和解的法解释论展开——〈民事诉讼法〉第230条评注》，载《当代法学》2017年第1期。

价的1/2以上)，才可予以拍定。拍卖物应在竞买人支付价款后或与支付价款同步予以交付。

4.《账户扣押保护改革法》强化了对债务人的保护

《账户扣押保护改革法》旨在对债务人的常用账户提供统一的保护规则，以免账户扣押影响债务人的基本生活或生产经营。其基本思路为，由当事人根据自己的生活和生产需要，确定一个扣押保护账户。该账户内的款项会设置一个免扣押的额度，设置以后即便执行机关对账户采取了扣押措施，也不影响免扣押额度以内款项的支取。

《账户扣押保护改革法》涉及民事诉讼法、破产法和税法等一系列法律的调整，与民事诉讼有关的主要是6个条文，即现在《德国民事诉讼法》的第833a条、第835条、第840条、第850i条、第850k条和第850l条，包括账户扣押效力涉及的存款范围、账户款项的转付、银行的声明义务、扣押保护账户的设置等诸多方面。重头戏自然是关于扣押保护账户的规定，集中于第850k条和第850l条。其中，第850k条共有9款内容，涉及扣押保护账户的设置和免扣押额度的确定两个方面。该条第7~9款规定，债务人可以随时和金融机构约定，将自己名下的某个转账账户（Girokonto）作为扣押保护账户，即使该账户已被法院裁定扣押。原则上，每人仅能持有一个扣押保护账户。而且，在签署扣押保护协议时，存款人应向金融机构保证只持有一个此类账户。金融机构可将存款人开设保护账户的信息提供给信息咨询处，以便他人能根据此信息确定债务人是否只有一个扣押保护账户。在此基础上，第850l条规定，如果债务人能证明最近6个月内入账的款项都是不可扣押的款项，且未来12个月的入账也主要是不可扣押的款项，则可以请求法院作出命令，禁止扣押该账户在未来12个月内进入的款项，换言之，将扣押保护升级至整个账户内的款项。[1]

与上述保护性规定配套，《德国民事诉讼法》第833a条、第835条、

〔1〕 参见《德国民事诉讼法典》，赵秀举译，法律出版社2021年版，第295~298页。

第840条对银行账户的扣押补充了一些新的规定。第833a条规定，对银行账户的扣押，扣押效力及于扣押裁定送达当日账户中的已有款项以及之后进入的款项。第840条规定，扣押发生后，金融机构应在扣押裁定送达两周内向债权人报告，扣押账户是否属于第850k条第7款规定的受保护账户，以及该账户在过去的12个月内是否收到过第8501条所规定的禁止扣押命令。若该账户属于第850k条第7款所规定的受保护账户，则对于扣押裁定送达后进入的款项，金融机构应依第835条第4款的规定，在款项入账满一个月后再支付给债权人或提存。债权人认为这样过于苛刻的，可向法院申请提前转付，但能否获得支持，需由法院综合考虑债务人利益后作出裁定。

## 五、债权人“查人找物”的困境与调查程序的设立

在自由主义和当事人主义的指引下，早期的“分散型”民事执行程序很少规定债务人信息的查明机制，仅允许搜查债务人的住所或传唤债务人接受询问（如德国的明示宣誓）。实践中，债权人更多通过自身努力或律师、私人调查员等市场渠道获取债务人的信息。但随着社会的不断发展和财产形式的虚拟化、复杂化，以及欧洲一体化的推进，债权人，尤其是经济条件有限、无法使用市场化调查渠道的债权人很快便陷入“查人找物”的困境。欧盟委员会在1997年11月26日的一份通信（communication）中承认了这一问题及其危害，指出：获取信息的困境很有可能成为货物和服务自由流通的“绊脚石”，因为它妨碍了判决的执行，打击了贸易商开展跨境交易的热情；欧盟国家的公民应当平等地享有权利，履行义务，但事实上，一些国家正在成为债务人藏身或隐匿财产的“黑洞”。[1] 在此前后，作为欧洲的引领性国家，英国、法国、德国也开始在制度层面作出调整，强化执行机关在债务人信息调查方面的作用。只不过，由于各自的法

---

〔1〕 See W. A. Kennett, *Enforcement of Judgments in Europe*, Oxford University Press, 2000, p. 99.

律传统和需要解决的实际问题有所不同，3 个国家的改革思路和改革力度也有很大差异。

### （一）英国的债务人信息获取程序

英国很早就有获取债务人相关信息的制度设计，即《英国最高法院规则》第 48 号令（RSC, Ord. 48）和《郡法院规则》第 25 号令（CCR, Ord. 25）规定的“对债务人的口头询问”（oral examination of the judgment debtor）。20 世纪 90 年代末沃尔夫改革以后，两个单独规定的程序被统一为“获取债务人信息的命令”（order to obtain information from judgment debtor），规定于《民事诉讼规则》第 71 章。根据修改后的规定，债权人在获得判决后，可以不等待债务人履行，也可以不通知债务人，直接向作出判决的法院申请获取债务人的相关信息；经审查成立的，法院应向债务人发出提供财产信息的命令；债务人是法人的，该命令也可以向公司的负责人发出。收到命令后，债务人或公司负责人必须在规定的日期和时间段到法院接受询问，并提交命令所要求的账册、文书。询问的程序因程序主持者的不同而有所不同。一般情况下，对债务人的询问由书记员按照法院设定的调查问卷进行，债权人可以在书记员询问之前进行询问。但如果询问由法官主持，则发问的主体便只能是债权人及其代理人，而且询问的方式也将升级为最严厉的交叉询问。在询问过程中，债权人可以询问债务人的财产信息，也可以要求其提供能证明财产信息的原始文件。[1] 债务人拒不到庭、拒不宣誓、拒不回答问题或有其他拒不履行法院命令等行为的，将启动藐视法庭的追责程序，移送高等法院的法官或巡回法官处理，后者会作出一个拘押（缓期执行）命令，并另行指定一个到庭接受询问的日期。如果债务人按时到庭并按命令的要求接受了询问，拘押命令便不再执行。债务人仍未到庭的，法官会签发拘捕令状，由法警将其拘传到庭，询

〔1〕 See Claire Sandbrook, *Enforcement of a Judgement*, Sweet & Maxwell, 2007, p. 67 – 76.

问其未到庭的原因，并确定是否有必要签发拘押令状，将其送至监狱。询问期间，债务人同意并如实接受询问的，拘捕令状仍可解除。[1]

不过，“获取债务人信息的命令”依然是一套过于依赖当事人的程序，尽管有监禁制裁作为后盾，但效果并不尽如人意。于是，2007年《法庭、法院与强制执行法》新增了两种程序帮助债权人获取债务人的信息，即“信息令”（information orders）和“部门信息函”（departmental information requests）。其中，前者为法院命令银行等私营机构提供债务人财产状况的命令，后者是法院请求政府各部门提供债务人信息的公文。

根据《法庭、法院与强制执行法》第四部分的相关规定，债权人取得判决后，可以向高等法院、家事法院和郡法院提出获取债务人信息的申请。收到申请的法院可以根据案件的具体情况，决定发出“信息令”还是“部门信息申请”。但无论是哪一种，在作出决定前都需要将法院拟采取的措施告知债务人，以便债务人决定是否主动履行。“部门信息函”一般发给各部部长（Secretary of State）和税务局、海关的专员（Commissioner）：发给部长的，可以查询债务人的姓名（全名）、住址、生日、社会保险号和其他法定信息；发给税务局、海关专员的，可以查询债务人是否就业、雇主的名称和地址、社会保险号和其他法定信息；收到信息函的部门应在不违反信息保护义务的前提下披露相关信息。“信息令”调查的信息应当是法律准许查询的信息，并应发给依法持有相关信息的主体。相关主体不持有相关信息，或“信息令”的描述不足以使其确定持有相关信息，或提供信息会导致不合理的付出或开支的，收到命令的人可以不提供信息，且不构成对命令的违反。有正当理由不提供信息的，应向法院作出书面回复，载明不能提供何种信息，以及基于何种理由无法提供信息。

法院可以使用所获取的信息帮助债权人决定采取何种适当的措施。债权人向其他法院申请执行的，也可将该信息与其他法院共享，但税务局和

---

〔1〕 参见张永红：《英国强制执行法》，复旦大学出版社2014年版，第128页。

海关专员提供的信息，应在向债权人或其他法院披露前征得专员的同意。

## （二）《法国民事执行程序法》中的财产调查程序

1991年《法国民事执行程序法》第39条第1款规定：“除第51条之规定外，应持有执行凭证、负责执行的司法执达员的请求，并且依据执达员提出的记录证实其为了执行而试图收集情况没有结果，共和国检察官得进行必要努力，查明债务人以其名义设立账户之机构的地址，以及债务人本人及其雇主的地址。”为了协助检察官更好地履行这一职责，《法国民事执行程序法》第40条还列举了一系列负有信息提供义务的机构，包括国家、地方、部门和市镇等各个层面的行政机构、国有企业以及其他受政府控制的组织机构等。除此以外，储蓄机构也有义务向检察官提供债务人名义之下的账户信息，而无论该账户是债务人自己所有还是与他人共有。该法第40条的具体规定是：“国家、地区、各省、市镇的行政部门，由国家、地区、各省与市镇行政区准许租赁或受其监督的企业，受行政机关监督的各类机构与组织，必须向检察官通报第39条所指的并由其确定的情况，不得以保守职业秘密对抗之。共和国检察官得向经法律授权设置存款账户的机构询问是否有以债务人名义开立的一个或数个账号、共同账户或合并结算的账号以及开立这些账户的地点。”〔1〕

法国赋予检察官调查债务人财产的权限，与检察官在整个法律体系中的地位密切相关。历史上，法国法律曾规定债权人可以直接委托执达员收集债务人的信息，但因行政机关和金融机构常以遵守保密义务为理由不予配合，判决无法执行的情况时有发生。《法国民事执行程序法》为强化执行实效，决定设置专门的收集债务人财产信息的程序。该条在立法阶段曾有两种方案：一是直接赋予执达员收集债务人财产信息的权限；二是让执行法官承担收集债务人财产信息的职责。前者因不利于保护债务人的隐私

---

〔1〕 参见《法国民事执行程序法》，罗结珍译，中国法制出版社2002年版，第12、13页。

而被质疑；后者则因与法官的职责存在冲突也遭到否定——执行法官应保持其中立地位，不应直接参与信息调查收集活动。作为两种方案的妥协，立法机关最终将收集债务人财产相关信息作为检察官管辖事项，由执达员请求承担执行监督职责的检察官具体实施。[1] 不过，由于《法国民事执行程序法》第39条第2款同时规定“共和国检察官在最高行政法院提出资政意见后颁布法令所确定的期限（一般为三个月）之后仍未作出答复，即告执达员请求不能成立”，加之法国文化抵制对个人隐私权的侵犯，通过检察官收集债务人财产信息的效果并不理想。有学者指出，检察官经常会采取一种消极不作为的姿态，任由3个月的法定期间流失而不提供任何信息。[2]

2004年2月11日第2004－130号法令对执达员和检察机关在程序中的地位进行了调整，改以执达员收集信息为主，检察官收集信息为补充，即“持有执行根据、负责执行的司法执达员，可以直接从税务部门取得以债务人的名义开立账户的机构的地址。如果行政部门不掌握这方面的情况，共和国检察官得应持有执行根据以及行政部门所作回复的司法执达员的请求，进行必要努力，查明这些机构的地址”。另外，该法律还将提供信息的主体范围扩大到了税务机关，于第40条增设了第2款：“按照相同条件并作相同保留，税务部门应当向司法执达员通知其持有的第39条第1款所指的情况，不得以保守职业秘密相对抗。共和国检察官得向经法律授权设置存款账户的机构询问是否有以债务人名义开立的一个或数个账号、共同账户或合并结算账号以及开立这些账户的地点。”

2010年《法国民事执行程序法》继续对上述规定进行修改，于第L152－1条、第L152－2条进行了3个方面的调整。一是获取信息的范围

---

〔1〕 参见张卫平、陈刚编著：《法国民事诉讼法导论》，中国政法大学出版社1997年版，第305、306页。

〔2〕 See W. A. Kennett, *Enforcement of Judgments in Europe*, Oxford University Press, 2000, p. 102－103.

不再局限于债务人的账户和受雇信息，而是扩大到了债务人的地址、不动产财产的构成、雇主身份和地址，以及持有债务人的现款或可追偿之款项的任何第三人或受寄托人。与此对应，提供信息的主体也扩大到了持有上述信息的行政机关和各种公共企业、机构或组织，即“国家、地区、省与各市镇的行政部门，以及由国家、地区、省与市镇实行委托经营或控制的企业、受行政机关监督的公共机构或组织”。二是把获取相关信息的权力单独授予执达员行使，不再规定检察机关的参与，即负有提供信息义务的主体“应向持有执行根据、负责执行的司法执达员传达它们所掌握的、可据以确定以下事项的情况，不得以保守职业秘密相对抗”。三是对“经法律授权可以设置存款账户的机构”提供信息作了专门而具体的规定，即“经法律授权可以设置存款账户的机构应当向持有执行根据、负责执行的司法执达员指明是否有以债务人的名义开立的一个或多个账户、共同账户或合并账户以及掌管这些账户的地点，不得以保守职业秘密相对抗”。

为了保护个人隐私，2010 年《法国民事执行程序法》还规定了执达员的保密义务，于第 L152 – 3 条规定：“收集、取得的所有情况，只能在要求收集这些情况的一项或数项执行根据所必要的执行限度内使用，任何情况下，均不得向第三人通报这些情况，也不得制作任何记名信息登录卡片。”违反上述规定的，应按照《刑法典》第 226 – 21 条的规定承担刑事责任，并可同时追究其违纪责任和损害赔偿责任。

### （三）《德国民事诉讼法》中的债务人报告财产制度

现行《德国民事诉讼法》为债权人提供的获取债务人财产信息的方式主要有三种：一是第 758 条规定的搜查，即“为强制执行的目的而有必要时，法院执达员有权搜查债务人的住所”。二是第 806a 条规定的将债务人对他人享有的债权信息告知债权人。该条规定，执行员在强制执行过程中通过讯问债务人或查阅文件获悉债务人对第三人有金钱债权，该债权尚未被扣押而且扣押后并不能完全满足债权人债权的，则执行员应将第三债务人的姓名、住址、债权的发生原因以及现在扣押的可行性通知债权人。如果执行员未能在债务人的住所找到债务人，不能实施扣押并且预见到扣押实施后也不能完全满足债权人，执行员可以向债务人家内的成年人询问债务人的雇主。该成年人并无回答的义务，但可自愿地告知执行员，并由执行员将其所知通知债权人。[1] 三是第802a～8021条规定的债务人报告财产制度，以及债务人拒绝报告时，执达员向有关机构查询其特定信息的制度。其中，第三种是2009年《强制执行中财产开示改革法》新增的规定。

债务人报告财产制度的前身是1877年《德国民事诉讼法》中的明示宣誓制度，后又改为“代宣誓保证”（eidesstattliche Versicherung）。在2009年修法之前，《德国民事诉讼法》原第807条、第836条和第883条规定，扣押动产不能使债权人完全受偿，或债权人有证据证明扣押动产不能使其完全受偿，或债务人有意离家躲避执行员执行、拒绝搜查、拒绝配合债权人向次债务人代位主张金钱债权、拒绝披露待交付财产去向的，债权人可向执行员提出申请，要求启动代宣誓保证程序。程序启动以后，债务人如果没有异议，就必须在执行员指定的时间和地点披露自己的财产信息，尤其是债务人的贵重物品及其存放地、金钱债权依据及相关凭证、劳动所得（包括违法劳动所得）、租金收入、社会保险、银行账户（即便是当前无结余的账户）等。而且，债务人披露的财产信息不仅只是现有财产，也包括已经发生的对财产进行处分的行为。这主要是债务人向亲友实施的财产转让和特定时间段内的财产无偿处分。披露财产信息以后，债务人必须保证其所披露的信息已经尽其所知并对得起良心，是正确的、全面的。该保证会被执行员记录在案，若其代宣誓保证虚假，就会被处以最高3年的监禁或罚金。如果债务人在指定的日期拒不到庭或无正当理由拒绝作出代宣誓保证，则执行法院可依债权人的申请发出拘留命令，拘留的最

[1] 参见《德意志联邦共和国民事诉讼法》，谢怀栻译，中国法制出版社2000年版，第196、211、212页。

长期间为 6 个月。[1] 值得注意的是，德国代宣誓保证制度的关键不在于债务人财产信息的披露，而在于后续的列入债务人名录这一信用制裁。有德国学者指出：“代宣誓保证制度的主要功能，实际上并不是披露债务人的财产信息，而是为债务人主动履行债务提供某种激励。”[2]

2009 年 7 月，德国议会通过《强制执行中财产开示改革法》，决定在“代宣誓保证”制度的基础上建立债务人报告财产制度。依据该法案，《德国民事诉讼法》第 802a ~ 8021 条用 12 个条文对债务人报告财产制度作出了详细规定，并赋予了执达员向有关机构查询债务人特定信息的权力。其具体程序为：执达员首先催告债务人履行债务。债务人超过 2 周未履行的，须到执达员的执业场所报告财产。执达员也可直接通知债务人报告财产，但要为其提供 2 周的履行期。报告财产的范围为债务人现有的全部财产（包括对他人享有的债权），以及特定的财产变动情况，比如债务人在 2 年内向关系亲密的人所作的有偿转让，或 4 年内向他人所作的无偿给付（低价的日常礼品除外）。债务人报告财产的，执达员应以电子文档的形式制作财产清单，并将该清单提交州政府指定的执行法院集中管理，形成债务人报告财产的数据库，供其他债权人和执达员使用。债务人无正当理由缺席报告期日或拒绝报告的，经债权人申请，可由初级法院决定拘留。同时，对于未履行财产报告义务的债务人，执达员还有权向以下部门查询债务人的财产状况：（1）向法定养老保险机构了解债务人的雇佣情况及雇主信息；（2）请求联邦税务总局向金融机构查询《税法通则》第 93b 条第 1 款所列的信息；（3）向联邦车辆管理局查询债务人名下的车辆信息和所有

---

〔1〕 Brox / Walker, Zwangsvollstreckungsrecht, Carl Heymanns Verlag, 2008, S. 517 – 528. 另外，德国法上还有实体法上的代宣誓保证义务，如《德国民法典》第 259 条以下、第 2006 条、第 2028 条、第 2057 条等。一般情况下，实体代宣誓保证义务须以信息披露和说明理由义务为前提。它们的实施方式是在初级法院司法辅助官面前作代宣誓保证。若债务人拒绝，则债权人可通过诉讼要求其作出，并依《德国民事诉讼法》第 888 条强制执行。

〔2〕 Burkhard Hess & Marcus Mack, *National Report: Germany*, in Mads Andenas et al., Enforcement Agency Practice in Europe, British institute of international and comparative law, 2005, p. 177.

人信息。收到反馈后，执达员应及时告知债权人，并在 4 周内将查询事宜告知债务人。[1]

### （四）小结：当事人主义抑或职权主义

通过上述介绍不难看出，英国在获取债务人信息方面的改革仍然坚守着以法院为中心的当事人主义传统：一方面，程序的启动仍然以当事人的申请为前提；另一方面，“获取债务人信息的命令”和“信息令”也属于传统的司法程序，法院恪守被动、中立的角色定位，享有较大的裁量权，被询问的债务人和第三人享有充分的申述意见的机会。这在很大程度上意味着，公正而非效率依然是英国法的首要追求。与此相反，法国的改革则明显对效率更为热衷。他们不仅在 1991 ~ 2010 年这 20 年中数次修改法律，而且最终选择的解决方案也与英国和德国大不相同——将获取信息的权力较为完整地交给了职业化的执达员（现为司法专员）。执达员的法律地位是司法辅助人员，其不属于公务员，所以其既可以灵活、高效地向掌握信息的第三人了解债务人的有关情况，又可以避开法院所面临的当事人主义与职权主义的纠葛。这或许是其将执行工作“去司法化”的意义所在。德国的选择相对折衷。由于其执行机关的设置具有复合性——在引入了法国执达员制度的同时，也保留着法院在执行程序中的主导作用，所以，其执行制度的设计很难避免当事人主义和职权主义的诉讼理念纷争。在德国主流观点依然坚持现有执行权力分工的情况下，[2] 可以预见，包括债务人信息获取程序在内，其既不可能像英国那样固守当事人主义传统，也不可能像法国那样在“去司法化”的道路上渐行渐远。

---

〔1〕 参见《德国民事诉讼法典》，赵秀举译，法律出版社 2021 年版，第 261 ~ 268 页。

〔2〕 参见［德］弗里茨·鲍尔等：《德国强制执行法》（上册），王洪亮等译，法律出版社 2019 年版，第 67 页。

# 第三章
# “分散型”民事执行程序的现代构造

在经历了长期的演变之后，英国、法国、德国的民事执行程序仍保持着19世纪确立的“分散型”结构。这种结构的核心有3个方面：一是法院和执行员共享执行权；二是执行程序细分为不同的执行方法，允许债权人根据所主张的权利和掌握的财产信息自由选择；三是程序的运作以当事人主义为基本原理，尽管仍面临着诸多挑战。为了对各国的执行制度有更为全面和清晰的认识，本章拟在前文历史考察的基础上，对各国的执行制度作进一步分析。

## 一、英国的“分散型”程序结构

尽管英国在2013年将全国的100多个郡法院整合为单一的郡法院，但其民事执行机关仍分为高等法院和郡法院两套体系，且每套体系中都存在法院和执行员的分权。但在程序规则层面，无论是高等法院和郡法院，经过1998年以来的改革，除仍在改革中的劳动收入扣押之外，执行方法及其实施规则已趋于统一。

在权力分配方面，无论是高等法院还是郡法院，由执行员负责的执行方法主要有3种，即动产控制令、交付令状和占有令状。其他的执行方法，包括劳动收入扣押令、押记令、委任管理人、罚款、拘禁和暂扣债务人财产等，都是由法院控制的执行方法。有学者将其称为“诉讼化”的执行方法，主要由法官以命令的方式推进。[1] 以下作具体展开。

### （一）执行员负责的执行方法

1. 对动产的扣押和变价

对动产的扣押和变价通过动产控制令进行。这是一种旨在扣押并拍卖债务人动产（goods）的令状，高等法院和郡法院都有权签发。在2007年以前，高等法院签发的令状称为“菲法令状”，郡法院的称为“执行令状”。2007年《法庭、法院与强制执行法》首次将二者统一称为动产控制令，但仍以“writ”和“warrant”的形式对高等法院和郡法院的法律文书进行区分。2013年，司法大臣根据《法庭、法院与强制执行法》的授权制定了《动产控制条例》（The Taking Control of Goods Regulations），专门对令状的实施作出规定。随后，《英国民事诉讼规则》将其吸收进第84章。

根据《英国民事诉讼规则》第84.3条的规定，动产控制令的管辖规则为：（1）债权人已提起诉讼的，应按照《英国民事诉讼规则》第23.2条的规定向受理诉讼的法院或郡法院审判中心提出申请；案件曾移送管辖的，向受移送的法院提出申请。（2）债权人没有提起诉讼的，由郡法院管辖。

令状的签发一般由法院的行政官员负责，经过简单的审查，加盖法院的公章即可完成。但也有一些需要法官审查批准的情形。[2] 根据《英国民事诉讼规则》第83.2条第3款的规定，这些情形包括：（1）作为执行依据的判决或命令，自作出之日起已经超过6年；（2）当事人在判决或命令作出后已发生变化，无论是出于死亡还是其他原因，也无论是债权人还是债务人；（3）判决或命令作出后，其所针对的财产已因权利人的去世而落入遗嘱执行人或遗产管理人之手，债权人申请执行该财产的；（4）待执行的财产已被法院委任他人管理或暂扣；（5）根据判决或命令，当事人只有

---

[1] 参见宫雪：《英国民事执行权的运行与控制》，华东政法大学2015年博士学位论文，第147页。
[2] 参见张永红：《英国强制执行法》，复旦大学出版社2014年版，第97、98页。

满足相应的条件才能获得救济，且条件已经成就的；(6) 申请动产控制令或执行令状是为了补强另一动产控制令或执行令状。法官许可签发令状的，许可有效期为一年。债权人在一年内未获得令状的，许可不再有效，但法官可依当事人的申请作出更新许可的命令（fresh permission order）。

取得令状后，债权人即可委托执行员扣押债务人的动产。根据2013年《动产控制条例》第6条、第7条的规定，执行员在采取扣押措施前至少应提前7日向债务人发出执行通知书，除非法院有不同的命令。该通知应载明当事人、债务人应支付的金额、支付方式和执行员的联系方式等信息。

为了找到具体的扣押对象，执行员通常会拜访债务人的住所。由于没有使用暴力的权限，执行员在进入债务人的住所时必须合法进入，既不能破门，也不能在债务人关门时强行推开。进入后，执行员可以扣押住所里的各种动产，包括机动车辆、现金、汇票、证券和家具等，但以下财产除外：一是债务人本人在工作中使用的工具、书籍、车辆或其他必要装备；二是床、衣物、家具等债务人及其家属的生活必需品。如果债务人对于扣押财产是否属于必需品有不同意见，应在5日内向执行员提出说明理由。[1] 执行员对扣押的财产是否属于债务人的财产有疑义的，可以依职权启动权属确认程序（interpleader proceedings），提交法院处理。[2] 执行员一般不带走被扣押的财产，而是与债务人或住所内的其他人达成“活扣”（walking possession）协议，将财产交其保管并继续使用，直至财产被拍卖或债务被清偿。活扣期间，责任人不得擅自转移或损害“活扣”的财产，执行员也有权再次进入债务人的住所，以完成后续的执行活动。多数情况下，扣押会迫使债务人主动履行债务，但也有人会置扣押于不顾。此时，

---

[1] See Stuart Sime, *A Practical Approach to Civil Procedure*, Blackstone Press Limited, 1997, p. 418.

[2] See Neil Andrews, *English Civil Procedure: Fundamentals of the New Civil Justice System*, Oxford University Press, 2003, p. 919 – 920.

执行员就要取走动产并启动拍卖程序。取走动产时，执行员要出具清单并告知即将拍卖的事实。拍卖应刊登公告，由指定的中介或估价师完成。[1]

根据《动产控制条例》第9条的规定，扣押期间，债务人也可与执行员达成（分期）支付协议，以避免强制执行。债务人违反该协议的，执行员可恢复强制执行，但自执行通知书送达之日起超过12个月的除外，除非法官允许延长。

2. 强制移交特定动产和不动产

强制债务人移交特定的标的物通过交付令状和占有令状执行。其中，交付令状适用于动产，占有令状适用于1977年《租赁法》、1988年《住宅法》、1954年《租佃法》和1977年《免受驱逐法》涉及的土地交付。这些法案涉及的土地交付与普通法上的土地占有判决不同，权利人不能在判决后直接进驻并收回土地，需单独申请占有令状。[2]

交付令状和占有令状的签发程序与动产控制令基本相同。在令状实施方面，交付令状的执行相对简单，由执行员将判决确定的财产取走并交给债权人即可。占有令状的实施较为复杂。按照规定，执行员在执行土地占有令时，要将土地上的所有人员（即便不是案件当事人）驱离，但在实践中，法院的做法存在差异：高等法院通常会坚持驱离，而郡法院则认为没有必要。另外，占有令状也可能面临义务人重复侵占的问题。此时，债权人需要向法院申请恢复令状，以重新启动执行程序。该令状由法官审批，需与先前的占有令状配合使用。[3]

---

〔1〕 See Stuart Sime, *A Practical Approach to Civil Procedure*, Blackstone Press Limited, 1997, p. 418.

〔2〕 See Stuart Sime, *A Practical Approach to Civil Procedure*, Blackstone Press Limited, 1997, p. 424.

〔3〕 See Stuart Sime, *A Practical Approach to Civil Procedure*, Blackstone Press Limited, 1997, p. 424 – 425.

### （二）法院负责的执行方法

#### 1. 第三方债务令

第三方债务令旧称“garnishee order”，规定于《英国民事诉讼规则》第72章。基于该命令，债权人可以截留任何第三方应支付给债务人的任何金额。第三方债务令由诉讼法院管辖，案件发生过移送的，由受移送的法院管辖。

第三方债务令分为中期命令（interim order）和终局命令（final order）两个环节，前者是后者的必经步骤，不可逾越。根据《英国民事诉讼规则》第72.3条的规定，申请中期命令时，债权人无须通知债务人，但须向法院提交制式申请表（application notice），并附真实性声明。该申请表通常包括以下内容：（1）执行名义及其确定的债务人姓名、债权额度及支付方式（比如是否分期）；（2）债权人如何知晓该第三方债务、第三方的姓名和住址、是否受英国管辖、欠付的额度等；（3）是否有已知的其他债权人。第三方是银行或房屋互助协会的，还须明确债务人的开户机构和账号信息；债权人不知的，应载明不知道的事实。

上述申请须由法官进行审查，但无须组织听审。经审查，申请人确实享有债权且第三方债务并非“臆测”（speculative）的，应作出中期命令。中期命令应明确第三方应“冻结”的具体金额（包括执行名义记载的额度和债权人申请第三方债务令的费用），并指定一个听审期日，以决定是否作出终局命令。听证日期至少应与中期命令的作出日期间隔28天。[1]

中期命令和债权人的申请书副本应在听证期日前，提前21天送达第三方；送达第三方后，应在7日内送达判决债务人。第三方是银行或房屋互助协会的，应在收到命令后7日内向法院和债权人报告债务人的开户及账户情况；第三方是银行和房屋互助协会以外主体，且对中期命令载明的债

〔1〕 See Neil Andrews, *English Civil Procedure: Fundamentals of the New Civil Justice System*, Oxford University Press, 2003, p. 927.

务或其金额有异议的，应在收到命令后 7 日内告知法院和债权人。在终局命令做出前，第三方不得有任何可能减少判决债务人债权额度的支付行为。

债务人或第三方对作出终局命令有异议的，应向法院提交书面证据。在指定的听审期日，综合各方的意见后，法院可视情况作出如下处理：(1) 作出终局命令；(2) 撤销中期命令并驳回债权人的申请；(3) 就当事人之间争议，或任一方当事人与其他声索第三方债务的人之间的争议作出裁判；(4) 就相关争议启动正式庭审。作出终局命令的，第三方应按照命令向债权人支付相关金额；拒不履行的，强制执行。第三方在已支付或强制执行的额度内，免除对债务人的支付义务，即使将来第三方债务令被撤销，免除的效果也不受影响。[1]

2. 收入扣押令

收入扣押令是扣押债务人劳动收入的命令，主要由 1971 年《收入扣押法》(Attachment of Earnings Act) 和《英国民事诉讼规则》第 89 章调整。该命令的扣押对象包括定期支付的劳动所得（薪水、奖金、佣金等）、职业年金（occupational pension）和法定病假工资（statutory sick pay）等，但债务人是个体户，商船水手（不含渔船水手），武装部队成员，或接受英国政府救济的人员除外。[2] 债权人的债权少于 50 英镑，或未受清偿的数额不超过 50 英镑的，不应申请收入扣押令。

收入扣押令通常由郡法院签发，高等法院没有管辖权。根据《英国民事诉讼规则》第 89.3 条的规定，当事人申请收入扣押令的，必须向位于索尔福德的郡法院金钱债务诉讼中心（County Money Claim Center）提出。申请时，债权人应向法院提交申请表，列明未受清偿的数额以及申请本命

---

[1] See Neil Andrews, *English Civil Procedure: Fundamentals of the New Civil Justice System*, Oxford University Press, 2003, p. 928.

[2] See Stuart Sime, *A Practical Approach to Civil Procedure*, Blackstone Press Limited, 1997, p. 420 - 421.

令的诉讼费。当事人不了解债务人雇佣情况的，可持执行依据向法院提出查询申请，由后者在档案系统中查询。收到申请后，法院应在 8 日内将申请书副本送达债务人，并要求其填写财产状况调查表，债务人需在 8 日内填写完毕并提交法院。在不违背 1971 年《收入扣押法》第 14 条第 1 款授权的情况下，法院官员也可随时向债务人的雇主发出查询通知，要求其提供债务人的收入情况。

收到债务人的回复后，法院官员认为符合收入扣押条件的，可以签发收入扣押命令。该命令的副本应送达双方当事人和债务人的雇主。债权人和债务人可在收到扣押命令之日起 14 日内提出异议。提出异议的，法院官员应及时将案件移交债务人住所地的法院，由地区法官听审。听审时间确定后，至少应提前两天告知债权人和债务人。地区法官可以根据审理情况，决定维持或撤销法院官员作出的扣押命令。

法院官员难以决定是否作出收入扣押命令的，应及时移交诉讼中心的地区法官处理。诉讼中心的地区法官可以不经听审直接作出扣押命令，也可将案件移送债务人住所地的法院，由后者组织听审后决定是否作出命令。直接移送债务人住所地法院听审的，听审时间确定后，至少应提前 8 天告知债权人和债务人。诉讼中心的地区法官直接作出命令的，债权人和债务人可以在 14 日内提出异议，诉讼中心应及时将案件移送债务人住所地的法院听审。

3. 对不动产的扣押

押记令是扣押债务人的不动产及其收益、证券和存储在法院的资金的命令，其前身为中世纪的土地扣押执行令和 1838 年《判决法》规定的“裁定设立担保权益”。基于该命令，债权人得对被扣押财产享有担保优先权。由于押记令不具有禁止处分的效力，故对于证券和存储在法院的资金的押记令，有两个附随禁令作为配套，即冻结命令和冻结通知。其中，冻结命令只能由高等法院作出，可同时适用于证券和存储在法院的资金，目的是禁止相关主体对证券进行转让登记，禁止派发股息或收益，禁止转让、出售、交付或以其他方式处理存储于法院的资金及其收益，禁止个人或团体获得单位信托中的权益。冻结通知是法院向有关个人或团体发出、禁止其对证券实施转让登记或实施其他禁止性行为的命令，可以由高等法院作出，也可由郡法院作出，但只适用于证券。[1]

押记令的制度依据主要是1979年《押记令法》（Charging Orders Act）和《英国民事诉讼规则》第73章。根据《押记令法》第1条第2款的规定，押记令主要由郡法院管辖，即使执行标的已超过郡法院的管辖限额（此时高等法院亦有管辖权），但以下3种情形例外：（1）扣押对象是存储在法院的资金，由存储资金的法院管辖。（2）若扣押对象不是存储在法院的资金，且执行依据是家事法院作出的判决或命令，由家事法院管辖。（3）若扣押对象不是存储在法院的资金，且执行依据是高等法院作出的生活费用命令或家事诉讼的费用命令，由高等法院和家事法院共同管辖。在此基础上，《英国民事诉讼规则》第73.2条规定，提交给郡法院的押记令申请，由郡法院金钱债务诉讼中心集中处理，除非扣押的对象是存储在法院的资金——此时应向作出判决或命令的郡法院听审中心提出申请。

申请押记令的程序与第三方债务令类似，分为中期命令和终局命令两个环节。申请中期命令时，债权人须提交制式申请表，并附真实性声明（statement of truth）。申请书应载明债务人的详细信息、判决信息、所有已知债权人、未受清偿的债权数额、拟申请押记令的主要内容等。押记申请原则上由法官审查，但提交给郡法院金钱债务诉讼中心的申请，可由法院官员审查。经审查符合条件的，作出中期命令。中期命令应送达债权人，并由债权人送达债务人、债务人的配偶或生活伴侣、其他已知债权人和土地的共有人等利害关系人。

---

[1] 参见宫雪：《英国民事执行权的运行与控制》，华东政法大学2015年博士学位论文，第55页。根据《英国民事诉讼规则》第73.6条、第73.7条的规定，债务人在收到押记令后仍可处分证券和存储在法院的资金，只是该处分不具有对抗押记令申请人的效力。关于冻结令和冻结通知管辖法院的规定，参见《英国民事诉讼规则》第73章第73.11条和第73.17条。

当事人和利害关系人对中期命令提出异议的，应向法院和申请人提供书面证据，阐明反对的理由。法院经过审理，可视情况作出如下处理：(1) 直接作出终局命令，或修改后作出终局命令；(2) 撤销中期命令，驳回债权人的申请；(3) 就当事人之间的争议，或任意一方当事人与反对作出终局命令的人之间的争议作出裁判；(4) 就相关争议启动正式庭审。债务人在中期命令作出后进入破产程序的，法院不得作出终局命令。[1]

债务人拟出售押记财产的，[2] 需将债务人和其他优先权人作为被申请人，另行提出申请，由主事或地区法官另行择日审理。若拟出售的财产是住宅，法院需考虑债权人和债务人家庭利益的平衡。若出售会给债务人的家庭带来不寻常的困难（exceptional hardship），法院通常会驳回债权人的出售申请；或将出售延后，直至债务人的孩子年满 16 周岁。[3]

4. 委任管理人

委任管理人是英国特有的执行方法，在法国法和德国法上没有对应的制度安排，故予以单列。委任管理人属于衡平法上的法律救济，并不单单是一种执行方法，在诉讼前或诉讼中也可适用。但在《英国民事诉讼规则》第 70 章的《实务指引》（Practice Direction）中，它被明确作为一种实现金钱给付的执行方法。

历史上，委任管理人的适用范围颇为广泛。凡是普通法上没有对应的执行方法或不适用已有执行方法的财产，比如财产上的衡平法权益、法院在诉讼中保全的债务人财产、不动产上的租金和利润以及债务人未来的收入等，都可以通过委任管理人的方式执行。但后来，随着普通法和衡平法的融合，以及新型执行方法的确立，比如 1838 年《判决法》创造了“裁

---

〔1〕 See Neil Andrews, *English Civil Procedure: Fundamentals of the New Civil Justice System*, Oxford University Press, 2003, p. 932.

〔2〕 实践中，不动产押记后债权人申请“出售令”的案件并不多。2011 年，英国所有郡法院作出的押记令有 81,092 件，但申请出售令的只有 406 件。参见张永红：《英国强制执行法》，复旦大学出版社 2014 年版，第 207 页。

〔3〕 See Stuart Sime, *A Practical Approach to Civil Procedure*, Blackstone Press Limited, 1997, p. 423.

定设立担保权益”（适用于政府债券和股份有限公司的证券）的衡平救济，并将“非法令状”（早期的动产扣押令）的适用范围扩大到金钱等，委任管理人的适用范围逐渐缩小。[1] 现在，其由于周期长、成本高，实践中已很少适用。根据 1998 年 Maclaine Watson & Co. Ltd v. International Tin Council 案确立的规则，目前要使用委任管理人的救济，必须同时具备两个条件：（1）不可能使用其他执行方法；（2）委任管理人能取得实际效果。启动程序时，债权人应提交两份宣誓书。一份宣誓书由债权人提供，应载明未受清偿的金额、拟委任管理的财产信息、拟委任的管理人人选，并说明申请委任命令的理由，以及其他执行方法没有取得实际效果的理由。另一份宣誓书由第三方提供，内容是保证拟委任的管理人具有 5 年以上的管理经验并能胜任案件的管理人。经审查符合条件的，法院应作出委任管理人的命令。在命令中，法院可明确以下内容：（1）管理人应提供两倍于接管财产价值的担保，以便为可能的失职行为进行赔偿；（2）管理人有权获得报酬；（3）要求管理人定期提供账目；（4）要求管理人将所得财产收益打到法院的账户上。[2]

获得委任后，管理人可收取债务人在财产上的、现在或将来的各种收益，包括：（1）债务人应从财产承租人处收取的租金；（2）债务人在信托基金中的应得收入；（3）债务人的应得遗产；（4）土地出让收益。管理人未尽责的，法院可更换管理人。[3]

5. 强制为或不为一定行为

行为给付在英国对应于衡平法上的禁令救济，包括强制实施一定行为的强制令和强制不为一定行为的禁止令。这两种禁令的区别如下：一是强

---

〔1〕 参见沈达明编著：《比较法强制执行法初论》，对外贸易教育出版社 1994 年版，第 61、62、65～72 页。

〔2〕 See Stuart Sime, *A Practical Approach to Civil Procedure*, Blackstone Press Limited, 1997, p. 425.

〔3〕 See Neil Andrews, *English Civil Procedure: Fundamentals of the New Civil Justice System*, Oxford University Press, 2003, p. 934.

制令必须明确债务人应当实施的行为及其期限，而禁止令则无此要求。二是强制令的通知必须直接送达债务人本人，而禁止令的通知则无此要求，只要确保债务人知晓即可，比如宣告禁令时让债务人在场，或已通过电话等足以使其知晓的方式予以告知。三是法官可以在强制令中授权债权人或第三人代为履行，并要求债务人承担相关费用。[1] 上述差别意味着两者的执行方法也会有所不同。强制令的执行方法要考虑能否代为履行：代为履行的，法院的职责主要是就代为履行的费用作出裁判，将行为的给付变为金钱的给付；不能代为履行的，就要与禁止令一样考虑间接执行的方法，即与藐视法庭（contempt of court）相关的3种措施——罚款（fine）、拘禁（committal）和暂扣财产（sequestration）。这3种措施不仅适用于行为给付案件，对金钱给付和财产给付案件也同样适用。[2] 只不过，对于后两种案件，债权人有其他执行方法可以利用，所以，在穷尽其他执行方法之前，一般不会启动藐视法庭的程序。

在与藐视法庭相关的3种措施中，最常用的是拘禁债务人。债权人要启动该程序，需另行向法院提出申请，提交申请书和宣誓书，列明债务人违反禁令的行为，并提供相关证据。申请书和宣誓书副本应送达债务人本人。之后，法院会确定一个开庭日期，就债务人是否构成藐视法庭进行审理。债务人必须亲自到场。[3] 由于藐视法庭是准犯罪行为（quasi criminal wrong），所以，应适用刑事案件的证明标准，即排除一切合理怀疑——只要证明债务人违反禁令且非偶然即可，无须证明债务人有主观上的故意或预谋。[4] 经审理，债务人的行为构成藐视法庭的，法院可作出拘禁命令。但在一般情况下，拘禁命令不会直接付诸执行，而会给债务人设定一个期

---

〔1〕 See Neil Andrews, *English Civil Procedure: Fundamentals of the New Civil Justice System*, Oxford University Press, 2003, p. 934 – 935.

〔2〕 参见江必新主编：《比较强制执行法》，中国法制出版社2014年版，第406、407页。

〔3〕 See John O'Hare & Kevin Browne, *Civil Litigation*, Sweet & Maxell, 2000, p. 738 – 739.

〔4〕 See Neil Andrews, *English Civil Procedure: Fundamentals of the New Civil Justice System*, Oxford University Press, 2003, p. 936 – 937.

限，只要他在期限内主动履行债务，命令随之撤销。若债务人逾期仍未履行，法院会再次传唤债务人，查明情况；确无悔改表现的，送监执行。拘禁的期限最长为两年。拘禁期间，债务人主动履行债务的，可提前释放。[1]

暂扣财产令状是婚姻案件中常见的执行方法，主要用于禁令的执行，较少适用于金钱给付案件。暂扣财产令状在高等法院和郡法院都可申请，程序与申请拘禁命令相似。法官签发暂扣财产令状的，会指派 4 名管理人（sequestrator）控制债务人的动产和不动产，直至其履行义务。暂扣期间，法院可以为了债权人的利益而使用甚至出售这些财产。[2]

除了上述两种措施外，法官还可以命令藐视法庭的债务人支付一定数量的罚款。罚款的命令应写明“付于女王陛下”，并确定罚款的数额和付款日期。至于具体的付款方式，法院通常会另行告知债务人及其律师。[3]

### （三）启动执行方法的配套程序

#### 1. 特定判决或命令的登记

该制度最初仅限于郡法院作出的金钱给付判决或命令，后被 2003 年《法院法》扩大到高等法院和治安法院的判决或命令。根据 2003 年《法院法》第 98 条第 1 款，除非另有规定[4]，以下判决和命令应予登记：

---

[1] 参见江必新主编：《比较强制执行法》，中国法制出版社 2014 年版，第 406、407 页。

[2] See Claire Sandbrook, *Enforcement of A Judgment*, Sweet & Maxell, 2007, p. 341 - 342.

[3] See Claire Sandbrook, *Enforcement of A Judgment*, Sweet & Maxell, 2007, p. 368 - 369.

[4] 根据 2005 年《判决、命令和罚金登记条例》第 9 条，以下判决免于登记：（1）家事诉讼判决；（2）高等法院王座分部行政法庭作出的判决；（3）高等法院技术与建筑法庭作出的判决；（4）当事人按照《英国民事诉讼规则》第 52 章提出上诉，尚未定案的判决；（5）返还土地的案件衍生付款命令，债权人尚未启动《英国民事诉讼规则》第 70 章规定的执行程序的；（6）郡法院依 1991 年《道路交通法》第 73 条第 15 款和附表 6 第 7 段作出的命令。另外，任何判决，除了依 1991 年《儿童抚养法》第 35 条第 5 款作出的责任命令之外，如果听审存在争议，亦不予登记，除非法院已基于债权人的申请作出分期付款命令，或债务人提出了分期付款的申请；债权人已启动《英国民事诉讼规则》第 70 章规定的执行程序，或已根据《英国民事诉讼规则》第 71 章申请提供债务人的信息，或已根据《英国民事诉讼规则》附表 2 郡法院规则第 22 号命令第 8 条申请判决证明。

(1) 高等法院作出的判决;(2) 郡法院作出的判决;(3) 郡法院依1984年《郡法院法》第112条作出的债务管理命令(administration order);(4) 郡法院依1984年《郡法院法》第112A条作出的替代性命令(用以替代第112条的债务管理命令);(5) 治安法院依1980年《治安法院法》作出的支付罚金的命令。2005年《判决、命令和罚金登记条例》第8条进一步规定,高等法院、郡法院作出判决或命令的法官,以及治安法院决定将罚金予以登记的官员,应及时将判决、命令和罚金的相关报告(return)送达登记人——英国登记信托有限公司(Register Trust Ltd)[1],由后者将债务人的基本信息、债务金额和裁判信息等登记在册,并保存6年,供社会查询。对于高等法院和郡法院的判决或治安法院的罚金命令,债务人可以通过两种方式取消登记(cancellation of entry):一是在判决作出后或罚金命令被登记后30日内履行债务;二是依法撤销或推翻有关判决。债务人在一个月后清偿的,登记不再取消,但登记人可附注已受清偿的事实(endorsement of entry),并向债务人提供清偿证明。至于郡法院作出的债务管理命令,因其本身就是一种延期清偿的制度安排,所以不存在取消的可能;管理命令被变更或撤销或债务人完成清偿的,登记人只能将相关事实予以附注。

由于登记信息的主要使用者是银行等金融机构,债务人一旦被登记在册,信用等级就会降低,进而影响其后续的贷款和经营活动,所以,该制度在一定程度上发挥着“督促”债务人履行义务的功能。但由于登记发生在执行程序启动以前,且非执行机关负责,故不宜将其归入间接强制措施的范畴。

[1] 该公司是一家非营利性公司,但可向社会提供有偿查询和出具证书的服务。根据2003年《法院法》第98条第4款、第5款的规定,该公司的服务收费标准由司法大臣确定,其收取的费用可以用来支付登记工作的相关成本,若有剩余则归入英国政府的统一基金(the Consolidated Fund),成为国家公共经费。

2. 高等法院和郡法院之间的案件移送

英国的执行管辖规则与诉讼管辖规则并不一致。尤其是近些年来，随着案件数量的大幅上升，为了减轻高等法院的压力，郡法院的一审管辖权得到了非常明显的扩充。目前，其管辖民事案件中，信托和不动产案件的上限为35万英镑，普通金钱债权案件为10万英镑，人身损害赔偿案件为5万英镑，遗嘱检验案件为3万英镑。[1] 这与1991年《高等法院和郡法院管辖权规定》所确定的管辖标准已不可同日而语。但执行管辖规则却刚好相反。由于高等法院的执行员实行市场化运作，比郡法院的执行员更具活力，所以，绝大部分的执行案件都被划归高等法院管辖。根据1991年《高等法院和郡法院管辖权规定》第8条的规定，除消费者信贷案件之外，标的额在600英镑以上的诉讼判决，均可由高等法院及其执行员执行（600～5000英镑之间的案件由当事人选择管辖）。这意味着郡法院管辖的诉讼案件中，有相当一部分要移送高等法院执行。具体而言，债权人须先向作出判决的郡法院提出移送申请，要求其作出移送命令，并出具“判决证明书”（certificate of judgment），以证明判决当事人、债权金额和判决日期等情况。[2]

不过，高等法院的当事人也可在郡法院申请执行。《英国民事诉讼规则》第83.17条规定，高等法院判决（包括视为高等法院判决的其他法律文书，比如仲裁裁决和外国法院判决等）的当事人，可以在郡法院申请动产控制令或交付令状。相关手续与郡法院向高等法院的移送基本相同，应注意的是，如果当事人已在高等法院申请动产控制令，应提交高等法院执行官的回呈副本。另外，收入扣押令是郡法院专门负责的执行方法，债权人要使用该方法，也必须办理相应的移送手续。

---

〔1〕 参见英国上诉法院布里格斯大法官（Lord Justice Briggs）2015年授权提交的《民事法院体系评估：中期报告》（Civil Courts Structure Review: Interim Report），第12页。

〔2〕 参见张永红：《英国强制执行法》，复旦大学出版社2014年版，第86页。

3. 其他执行依据的前置程序

由于英国的执行案件由高等法院和郡法院及其执行员集中管辖，所以，对于非由高等法院和郡法院作出的执行依据，还有专门的程序将其导入高等法院和郡法院的执行程序。这些执行依据主要包括：（1）专业法庭作出的裁决和和解协议；（2）地方当局作出的交通罚款决定；（3）外国法院的判决；（4）仲裁裁决。[1]

专业法庭作出的裁决与和解协议由《英国民事诉讼规则》第 70.5 条调整，分为 3 种情况：一是法律要求事先签发执行命令的，需要当事人事先向债务人住所地或营业地所在司法区的法院申请执行命令。待法院命令按照原决定或和解协议执行，方能申请具体的执行方法。二是法律规定经高等法院登记即可执行的裁决或命令，需按照《实务指南》的相关规定向高等法院申请登记。三是法律没有要求事先签发执行命令或在高等法院进行登记的，当事人可直接按照《英国民事诉讼规则》第 71 ~ 73 条、第 81 条、第 83 条、第 84 条和第 89 条以及《郡法院规则》第 28 号令的规定，申请具体的执行方法。

地方当局作出的交通罚款决定由《英国民事诉讼规则》第 75 章调整。根据规定，债务人在收到当局的交通罚款决定后，应在 28 日内完成付款；逾期未付的，地方当局可发出催款通知，告知其提出异议或在 28 天内完成付款；仍未支付的，地方当局可向其发出罚款单，加罚 50%。债务人应在收到罚款单后 14 日内履行债务，未履行的，地方当局可向郡法院启动小额债务追收程序。这类案件由北安普敦交通执行中心（Traffic Enforcement Centre）的法院官员（而非法官）集中负责。申请符合《英国民事诉讼规则》第 75.3 条第 1 款和第 2 款规定的，由法院官员在申请书上加盖“该

---

[1] 参见《英国民事诉讼规则》第 70.5 条。需要说明的是：（1）依《最高法院规则》第 115 号令作出的罚款（confiscation）和没收（forfeiture）命令属刑事法范畴，限于主题，本书未作讨论；（2）英国的公证制度因有浓厚的教会色彩，故《英国民事诉讼规则》未对公证文书的执行作出专门规定。

到期金额可以像郡法院的判决应付金额一样追收”的裁定印章，将申请书登记后退回地方当局。[1] 地方当局应在申请书被登记后 15 日内起草追收裁定，并将追收裁定的副本送达债务人。债务人可裁定送达后在 14 日内向地区法官申请复议。债务人未申请复议或复议被驳回，且拒不履行的，地方当局经法院签章许可（手续与申请追收裁定类似），可根据 1993 年《道路交通债务令》（The Enforcement of Road Traffic Debt Order 1993）第 5 条的规定，制发动产控制令（local authority warrant of control），交持证执行员执行；执行未果的，方可移送郡法院，启动收入扣押令、第三方债务令、押记令等执行方法。

外国法院判决的执行由《英国民事诉讼规则》第 74 章调整。该章规定的执行外国判决的前置程序有两种：一是向高等法院申请登记；二是在高等法院提起普通法上的许可执行之诉。其中，普通法上的许可执行之诉适用于和英国没有公约或条约关系的国家的判决，[2] 比如中国、美国、日本、俄罗斯等。这些国家的债权人须通过诉讼将外国判决转化为英国法院的判决，方能执行。登记程序适用于 1920 年《司法管理法》（Administration of Justice Act 1920）第 9 条规定的英联邦国家的判决、1933 年《外国判决（互惠执行）法》[Foreign Judgments（Reciprocal Enforcement）Act 1933] 第 2 条规定的与英国有互惠关系国家的判决和 1982 年《民事管辖权和判决法》（Civil Jurisdiction and Judgments Act 1982）第 4b 条规定的《海牙公约》成员国的判决。这些国家的判决只需在高等法院进行登记，便可付诸执行。其程序大致可分为“当事人提交申请材料→高等法院进行登记审查→当事人起草登记命令并送达债务人→债务人提出法律救济”4 个环节。其中，1982 年《民事管辖权和判决法》允许登记的判决有金钱判决和非金钱判决两种。债务人对登记命令不服的，可在指定的期间内上诉。1920 年《司法管理法》和 1933 年《外国判决（互惠执行）法》允许登记的判决仅限于金钱判决，债务

[1] 参见张永红：《英国强制执行法》，复旦大学出版社 2014 年版，第 270～273 页。
[2] 参见张永红：《英国强制执行法》，复旦大学出版社 2014 年版，第 276 页。

人不服登记命令的，不能上诉，只能申请撤销登记（set aside registration）。

无论是普通法上的许可执行之诉还是申请登记，高等法院对外国判决的审查标准基本是一致的，即“按照英国的国际私法，外国法院享有合格的管辖权”、“判决不得通过欺诈取得”和“执行判决不违反英国的公共政策和自然正义”等，差异仅在于严格程度和个别特殊情况。另外，许可执行之诉虽然是诉讼程序，但除了给债务人预留答辩期以外，实际上并不复杂，大部分案件可以不经开庭，由巡回法官或聆案官（master）根据当事人提供的证据材料作出简易判决（summary judgment）。[1] 所以，其与登记程序的区别，主要是“先（债务人）抗辩，后许可执行”还是“先登记执行，后（债务人）抗辩”。

有必要指出，外国判决的登记程序在2020年之前也适用于欧盟国家。作为曾经的欧盟成员国，英国对外国法院判决的执行程序在很大程度上受到欧盟司法协作机制，尤其是1968年《布鲁塞尔公约》和1988年《卢加诺公约》，以及后续的《布鲁塞尔条例Ⅰ》（2001年制定，2012年重订）的影响。2016年脱欧公投以后，根据英欧之间的协议，英国于2019年制定了《民事管辖权和判决条例（脱欧修正案）》[The Civil Jurisdiction and Judgments（Amendment）（EU Exit）Regulations 2019]。根据该条例，英国和欧盟之间基于《布鲁塞尔条例Ⅰ》和《卢加诺公约》形成的司法合作机制将于2020年12月31日晚11时终结。作为替代，英国于2020年制定《国际私法（协议执行）法》[Private International Law（Implementation of Agreements）Act 2020]，将《海牙公约》的相关机制转换为国内法。由此导致的后果是，《英国民事诉讼规则》第74章规定的登记程序不再适用于欧盟国家。

仲裁裁决的执行由《英国民事诉讼规则》第62章第3节调整。由于英国是传统的海上贸易强国，商事仲裁历史悠久且国际化程度较高，所以仲裁裁决的执行并没有明确地区分国内仲裁和国际仲裁。无论是1996年

---

〔1〕 参见张永红：《英国强制执行法》，复旦大学出版社2014年版，第284页。

《仲裁法》第66条规定的国内仲裁裁决，还是第101条规定的国际仲裁裁决，都统一适用《英国民事诉讼规则》第62章第62.18条规定的“申请执行许可”（application for permission to enforce）程序。根据规定，债权人在申请执行许可时，应提交法定的仲裁请求表格；除非法院明确要求实施送达，否则无须告知对方当事人。法院准许执行的，申请人须及时起草准许执行的命令，并送达对方当事人；债务人可在收到命令后14天内（债务人不在英格兰或威尔士的，法院可另行指定期间）申请撤销该命令。债务人未在法定期限内申请撤销许可执行的命令或撤销申请被驳回的，债权人可启动相应的执行方法，否则不得采取任何执行行动。另外，该规则第62章第3节也规定了适用于英国海外领地的仲裁裁决登记程序。因其与外国判决的登记程序并无实质差别，不再赘述。

## 二、法国的“分散型”程序结构

与英国将大量的执行方法保留给法院不同，法国的执行机关主要是执行员，法院仅负责两种司法性较为明显的执行方法——扣押债务人的劳动收入、扣押和拍卖债务人的不动产。其中，扣押债务人的劳动收入由债务人住所地的初审法院负责，扣押和拍卖债务人的不动产由不动产所在地的初审法院负责。[1]

### （一）由执行员负责的执行方法

#### 1. 对动产的扣押和变价

由于法国实行统一的执行文制度，对动产的变卖扣押无须向法院申请

---

〔1〕 本章关于《法国民事执行程序法》的有关规定，若无特殊说明，均来源于罗结珍教授的译作。其中，1991年《法国民事执行程序法》及其施行条例，参见《法国民事执行程序法》，罗结珍译，中国法制出版社2002年版，第1～110页。2011年《法国民事执行程序法》，参见《法国民事执行程序法典》，罗结珍译，载《执行工作指导》2013年第3辑，2013年第4辑。2011年《法国民事执行程序法施行条例》，载《执行工作指导》2014年第1辑，2014年第2辑，2014年第3辑。

专门的令状。取得执行文的债权人可以直接委托执行员扣押债务人的动产。不过，小额债权人不能直接启动对动产的变卖扣押程序，而必须首先执行债务人的银行存款和劳动收入。当然，这一前提并不是由债权人自行完成，而是在与执行员统一办理委托后，由后者在执行过程中灵活掌握。

《法国民事执行程序法》第 L221－1 条和第 L221－2 条及其实施法令规定，执行员在实施扣押前应向债务人送达支付催告令，要求其在 8 日内清偿债务。8 日期满后未履行的，执行员可以到债务人的住所或财产所在地实施扣押。若债权人的债权在 535 欧元以下，则催告令应当增加一项内容，即要求债务人报告用人单位的名称和地址，或在银行开设账户的情况。债务人告知银行账户的，执行员可以通过“归属扣押”程序直接执行；告知雇主信息的，需由债权人向债务人住所地的小审法院另行提出扣押申请。债务人在 8 日内没有告知上述信息的，经执行法官批准，执行员可以到债务人的住所实施扣押。

但与英国的同行一样，法国的执行员不能强行进入债务人的住所或开启带锁的家具。《法国民事执行程序法》第 L142－1 条规定，如果实施执行行动的场所内没有人，或场所的占据人拒绝进入，执行员只能在当地市镇行政区的市长，或市镇授权的其他官员、警察、宪兵到场时才能进入。如果上述人员都没有到场，执行员可以在两名既不为债权人服务，也不为执行员服务的成年证人在场时进入。开启家具亦同。

实施扣押时，存放于债务人住所内的所有动产都在可扣押之列，即使该财产由第三人（比如承租人）持有。执行员应如实记录扣押场所的情况并制作财产清单，必要时也可对受扣押的财产进行拍照，以便后期核实。受扣押的财产一般由债务人或正在使用的第三人继续保管，但执行员必须在扣押文书中用极为明显的字体告知其不得擅自处分。之所以是不得擅自处分，而非绝对禁止，原因是法国允许债务人在扣押之日起 1 个月内将受扣押的财产自行出售，并将价金交给执行员。所以，对于自行出售而言，不得处分的意义仅在于提交变卖价款之前，债务人和买受人不得将受扣押的财产从扣押场所转移。[1]

除了债务人的住所之外，执行员也可到第三人的住所扣押属于债务人的特定动产。扣押时，执行员应首先出示送达给债务人的支付催告令，并要求其作出是否持有债务人财产的声明。第三人报告属于债务人的财产的，执行员可以实施扣押。未声明或声明不持有债务人财产的，执行员应以书面形式告知虚假报告的法律后果——可能被判处承担清偿义务，或承担损害赔偿责任。

1 个月的自行出售期届满后，债务人未出售财产，也未履行义务的，执行员可将受扣押的财产公开拍卖。拍卖地点可以是财产受扣押的场所，也可以是更有利于拍卖的拍卖厅或市场。拍卖会前，至少应提前 8 天发布公告，并通知债务人（执行员负责）。原则上，拍卖会应由拍卖估价员主持；没有拍卖估价员的，由司法助理人员主持；在法律有明文规定的情况下，也可由经过宣誓的经纪人主持。拍卖成交的，买受人应以现金形式付款。

2. 对债权等财产权利的执行

与英国和德国不同，法国将债权和证券股权等财产权利的执行也交由执行员负责，大致可分为 3 类：一是对银行存款等金钱债权的执行；二是支付生活费案件中对劳动收入的执行；三是对有价证券和股权等金钱以外的无形财产权利的执行。

（1）归属扣押。

归属扣押适用于银行存款等金钱债权的执行，是 1991 年《法国民事执行程序法》新设的执行方法，其前身是以法官为中心的“支付扣押”。“支付扣押”不仅规则复杂，进展缓慢，还经常给持有执行依据的债权人造成不必要的困扰，所以，在 1991 年制定法律时，立法者对其进行了

---

[1] 参见［法］让·文森、［法］雅克·普雷沃：《法国民事执行程序法要义——强制执行途径与分配程序》，罗结珍译，中国法制出版社 2002 年版，第 194 页。

“去司法化”改造，并更名为“归属扣押”。[1]

归属扣押的程序较为简单，主要有 3 个环节：一是由执行员向次债务人送达债权扣押书。扣押书可以直接产生债权转移的后果，将次债务人变成扣押债权人的债务人；同时，也会产生禁止次债务人向原债务人清偿的“冻结”效果。收到扣押书后，次债务人应立即向执行员声明其对债务人的债务范围（包括没有被掌握的）以及债务可能附有的限制条件，并提供相应的证明材料。如有必要，还应报明债权转让、债务转移或已被扣押的情况。二是由执行员向债务人送达债权扣押通知书，告知其债权被扣押的事实以及在 1 个月内向住所地执行法官提出异议的权利。扣押通知书应在扣押后 8 日内送达债务人。三是出具无人提出异议的证明。1 个月的异议期内没有人提出异议的，由法院书记官或实施扣押的执行员出具无人提出异议的证明。债权人可持该证明要求次债务人履行清偿义务。不履行的，由执行法官签发执行依据，对次债务人强制执行。[2]

（2）支付生活费案件中对劳动收入的扣押。

该程序是一套专门用于支付配偶生活费的简化程序，债权人通常是女方。扣押对象既包括债务人对他人享有的金钱债权，也包括债务人的薪金等各种劳动收入。[3] 该程序的特点在于：其一，对劳动收入的执行不再设置严格的司法监督，而像归属扣押一样，直接由执行员向雇主送达扣押文书。其二，程序比归属扣押更为简化，不再设置 1 个月的债务人异议期。也就是说，雇主或次债务人在收到执行员的扣押文书后，必须直接向债权人支付款项。其三，异议不停止执行。雇主或次债务人否认债务人对自己享有债权的，虽然可以向债务人住所地的小审法院提出异议，但该异议在被法院认可之前，不具有中止履行义务的效力。

---

〔1〕 参见江必新主编：《比较强制执行法》，人民法院出版社 2014 年版，第 69 页。

〔2〕 参见［法］让·文森、［法］雅克·普雷沃：《法国民事执行程序法要义——强制执行途径与分配程序》，罗结珍译，中国法制出版社 2002 年版，第 119～126 页。

〔3〕 参见［法］让·文森、［法］雅克·普雷沃：《法国民事执行程序法要义——强制执行途径与分配程序》，罗结珍译，中国法制出版社 2002 年版，第 155～158 页。

（3）金钱以外无形财产的扣押和出售。

对金钱以外无形财产的扣押在很大程度上是归属扣押和动产变价扣押的合体，包括两个环节：前一环节是对无形财产的控制，适用归属扣押的相关程序，主要是向无形财产的管理主体（第三方）送达扣押书，并将扣押的事实通知债务人，告知其在1个月内提出异议。后一环节是将无形财产变价，与动产变卖扣押更为接近，只不过出售的方式不局限于公开拍卖——只有非上市流通的无形财产才以公开拍卖的方式出售，而公开上市流通的有价证券则以公开上市交易的方式出售。但无论是公开上市交易还是公开拍卖，债务人都有权在扣押后的1个月内自行实施。[1]

3. 强制交付或返还动产

（1）动产转移扣押。

动产转移扣押是1991年《法国民事执行程序法》新增的执行方法，以实现特定标的物（仅限于有形动产）的给付为目的，不同于以实现金钱债权为目的的扣押。该执行方法的设置，改变了《法国民事诉讼法》只有关于实现金钱债权执行方法的局面。同时，在当时《法国民法典》仍强调实物履行的背景下，也为“作为之债”的履行提供了新的实现手段。债权人启动该扣押需持有要求债务人交付特定动产的执行依据；没有执行依据的，需向执行法官提出申请并获得裁定。该扣押包括在债务人手中实施扣押和在第三人手中实施扣押两种情况。债务人占有待扣押的财产的，执行员应首先向其送达催告令，要求其在8日内将扣押财产自费送到指定地点。8日期满后债务人未履行的，执行员可直接取回并将其转交债权人；如果债权人是担保物权人，执行员还会按照动产变卖扣押程序予以出售。扣押财产在第三人手中的，执行员也需送达催告令，要求其在8日内交付或说明不能交付的原因。第三人未交付的，执行员不能直接执行，而必须先由债权人向第三人住所地的执行法官申请作出强制交付命令。经批准，方可

〔1〕参见［法］让·文森、［法］雅克·普雷沃：《法国民事执行程序法要义——强制执行途径与分配程序》，罗结珍译，中国法制出版社2002年版，第169～178页。

强制执行。[1]

（2）动产追还扣押。

所谓动产追还扣押，是“对有形动产享有追及权的人将此财产置于法院之手，以确保财产的保存，并在此后将财产交还权利人”的程序。[2]《法国民事执行程序法》第L222－2条也规定，表面看来请求他人交付或返还有体动产的任何人，在等待交付该财产时，可以通过追还扣押的方式，使该财产成为不得处分之财产。其与动产转移扣押的最大区别，在于其保护的权利人仅为对动产享有追及请求权的所有权人。由于《法国民法典》第2279条规定“在涉及动产物品时，占有即等于所有权”，所以，能够被所有权人追回的财产主要是被他人恶意占有，或权利人出于遗失、盗窃、欺诈等非自主原因失去占有的财产。借用合同的出借人、承租合同的出租人因对方拒绝返还财产，且无法在合同法上找到依据的，也可以通过所有权追还之诉取回财产。[3]

动产追还扣押对动产转移扣押的补充作用在于原所有人可以在未取得执行依据的情况下，通过向法院申请扣押令，限制财产持有人处分财产。1991年《法国民事执行程序法》第158条曾规定，依据所出示的法官的批准书或该法第68条所指的凭证之一，即可在任何地点以及在任何持有待扣押之财产的人手中实施追还扣押。该规定虽然未被2011年《法国民事执行程序法》沿袭，但在实施条例中有类似规定。据此，原所有人可以在未取得执行依据的情况下，直接向债务人住所地的执行法官提出扣押申请；被批准后，即可委托执行员付诸实施。执行时，执行员应首先告知财产持有人，其有义务指明该财产在此之前是否已经受到扣押；如果已有扣押，

---

〔1〕 参见［法］让·文森、［法］雅克·普雷沃：《法国民事执行程序法要义——强制执行途径与分配程序》，罗结珍译，中国法制出版社2002年版，第247～250页。

〔2〕 参见［法］让·文森、［法］雅克·普雷沃：《法国民事执行程序法要义——强制执行途径与分配程序》，罗结珍译，中国法制出版社2002年版，第252页。

〔3〕 参见［法］弗朗索瓦·泰雷、［法］菲利普·森勒尔：《法国财产法》（上册），罗结珍译，中国法制出版社2008年版，第625～629页。

财产持有人还有义务向执行员提供之前的扣押笔录。确认完毕后，执行员应制作扣押书并交给财产持有人。扣押书应载明扣押依据（法官的批准书或其他凭证）、受扣押财产的情况、财产持有人对是否已有扣押的声明等内容，同时，应用极明显的字体写明受扣押财产仍置于持有人的保管之下，不得转让，也不得搬动，以及财产持有人有权向哪一法院就扣押的有效性提出异议。财产持有人对扣押提出异议的，原所有人即扣押申请人应在1个月内向财产持有人住所地的执行法官提出异议，否则扣押不再具有停止处分的效力。原所有人取得执行依据后，可以参照动产转移扣押的规定实施执行。[1]

4. 驱逐（强制移交不动产）

根据《法国民事执行程序法》第L411－1条的规定，只有依法院判决或具有执行力的调解书，并向债务人送达迁出不动产的催告之后，才能将债务人从不动产或居住场所驱逐。如果该不动产或场所是受驱逐人的主要居所，必须在催告令送达满2个月后才能驱逐；如果驱逐对被驱逐人构成“极为严厉的措施”，尤其是考虑到天气或气候条件，执行法官可以延长上述期限，但延长时间不得超过3个月。另外，该法第L412－5条规定，自送达催告令之日起，负责驱逐的执行员应通知国家在本省的代表，为无生活着落的受驱逐人申请安排住所。驱逐过程中，场所内的物品应存放至受驱逐人指定的地点，费用由其自行承担。受驱逐人没有指定存放地点的，可将物品留在原处或移至其他适当的地点，受驱逐人应在法定期限内取回；逾期未取的，经动产所在地执行法官批准，公开拍卖。

### （二）由法院负责的执行方法

1. 对不动产的扣押和变价

法国对不动产的执行仅规定了变卖扣押一种方法。不动产的变卖扣押

[1] 参见［法］让·文森、［法］雅克·普雷沃：《法国民事执行程序法要义——强制执行途径与分配程序》，罗结珍译，中国法制出版社2002年版，第256～258页。

主要有4个程序环节：一是“具有扣押效力的支付催告令”的送达；二是组织“导向性开庭”；三是举行拍卖会，进行款物交割（中间可能出现其他人加价拍卖的情形）；四是分配价款。其中，除了催告令的送达由执行员实施外，其他程序均由不动产所在地的大审法院的执行法官主持。因此，一般认为，法国的不动产扣押属于司法程序。[1]

不动产扣押的第一个环节是向债务人或占有不动产的第三人送达催告令。该送达由执行员依债权人的申请实施。催告令应告知债务人在8日内履行清偿义务，并不得处分受扣押的不动产及其孳息。8日期满后，执行员得进入不动产，了解不动产的状况并制作“不动产现状说明笔录”。另外，为了防止债务人擅自处分受扣押的不动产，债权人还应在催告令送达之日起2个月内，将催告令及其副本提交不动产所在地的抵押登记处进行审查并公告。公告之后，催告令自申请公告之日起对第三人发生法律效力。

债权人应自催告令公告之日起2个月内向债务人送达“导向性开庭”传唤状，并在传唤状发出后5日内向法院书记室提交不动产的拍卖细则。收到传唤状之后，债务人应在5日内向催告令公告前已经登记的债权人发出催告通知书，告知其“导向性开庭”的时间、地点，提醒其在2个月内向执行法官的书记室申报债权，并了解拍卖细则的具体内容，尤其是拍卖细则确定的起拍价。

在“导向性开庭”当天，执行法官应听取各方陈述，审查是否具备《法国民法典》第2191条与第2193条规定的各项条件，对可能提出的异议与附带请求作出裁判，并决定下一步程序安排。债务人也可以提出自行变卖财产的申请；被批准的，执行程序暂停。

执行法官决定强制拍卖的，应作出强制拍卖的判决，并确定公开拍卖的时间。公开拍卖应在判决作出后的2~4个月之间进行。在此之前，债权

[1] 参见［法］让·文森、［法］雅克·普雷沃：《法国民事执行程序法要义——强制执行途径与分配程序》，罗结珍译，中国法制出版社2002年版，第273页。

人应将拍卖细则及拍卖会的具体信息在受扣押的不动产的出入口和法院进行张贴，并在本地区公开发行的报纸上公告。

公开拍卖实行律师强制代理。拍卖会当天，竞买人必须委托在不动产所在地大审法院注册的律师进行报价。最后一次应价经过 90 秒无人应价的，拍卖应价即告停止，由执行法官当场确认最后的应价为拍卖成交价。但公开拍卖并不因此而停止，因为任何人都可以在 10 日内申请加价拍卖。加价额度应在成交价的 1/10 以上，并由律师以书面方式向执行法官的书记室提出。执行法官应在加价申请提出后的 2 ~ 4 个月内进行加价拍卖。拍卖前的公告等事宜原则上由加价申请人完成。加价拍卖期间，有更高报价的，以更高报价为成交价，没有更高报价的，以加价人提出的报价为成交价。之后，不得再接受任何加价申请。

拍卖成交后，执行法官应作出拍卖成交判决。该判决以原本形式载于经过认证并加盖执行令印鉴的拍卖细则之后，即构成不动产买卖证书。该证书在买受人完成付款等各项手续后，由执行法官的书记员发放，并由买受人在抵押登记处办理公告手续。买受人没有完成付款义务的，申请扣押的债权人、已经登记的其他债权人和债务人可以申请再次拍卖。

拍卖所得款项由申请扣押的债权人主持分配，制作分配方案；申请扣押的债权人不愿负责的，由情况最为紧迫的其他债权人或债务人主持分配。形成分配方案以后，执行法官应进行审查并制作分配清单。

2. 劳动收入的扣押

法国劳动收入的扣押由《法国劳动法》而非《法国民事执行程序法》调整。为保护劳动者权益，立法者设置了较为严格的司法监督机制，表现如下。其一，管辖机关是债务人住所地的小审法院。其二，执行前必须由法官试行和解。第一个申请扣押劳动收入的债权人必须与债务人尝试和解。该和解由法官主持，且可调整债权的数额与支付方式（比如延期或分期）。达成和解协议并顺利履行的，不再扣押债务人的劳动收入；和解失败的，可启动对劳动收入的扣押。其三，扣押劳动收入由法院书记员，而非执行员实施。

扣押的实施有以下几个步骤：一是书记员制作扣押书。扣押书需在和解失败后 8 日内作出，写明债权人、债务人和收入可扣押部分的计算方法。二是书记员将扣押书以挂号信的方式通知债务人的雇主，并将扣押书副本送达债务人。三是雇主向书记员提交申报书。申报书应载明雇主与债务人之间的关系、债权转让或债务转移情况、劳动收入已被扣押的情况等。若有可能导致扣押中止或终结的事由，雇主应及时通知书记员。四是雇主定期向书记员签发支票，实施清偿。债权人有 2 个或 2 个以上的，书记员应每 6 个月主持一次分配。[1]

3. 强制为或不为一定行为

法国坚持“债务人不应因民事债务被拘禁”的理念，禁止法官将不履行义务的债务人予以拘禁，[2] 所以其间接强制手段较为单一，仅有逾期罚款。

一般认为，逾期罚款是对不执行判决的债务人采取的一种附加处罚。[3] 因逾期罚款的款项归债权人，所以有学者认为类似于我国的迟延履行金，[4] 但也有两点区别值得注意：一是逾期罚款并不仅仅适用于行为给付案件，也适用于金钱给付或财产给付案件；二是逾期罚款可以由审判法官在裁判中事先确定为终局罚款。一旦债务人不履行，债权人即可申请结清。此时，逾期罚款更像是判决主文确定的金钱债权，而非间接强制措施。因此，只有在执行过程中，由执行法官或诉讼法官最终确定的逾期罚款，才与我国的迟延履行金类似。

---

〔1〕 参见［法］让·文森、［法］雅克·普雷沃：《法国民事执行程序法要义——强制执行途径与分配程序》，罗结珍译，中国法制出版社 2002 年版，第 134～139 页。

〔2〕 See Peter Herzog & Martha Weser, *Civil Procedure in France*, Springer Science & Business Media, B. V., 1967, p. 558.

〔3〕 参见［法］让·文森、［法］雅克·普雷沃：《法国民事执行程序法要义——强制执行途径与分配程序》，罗结珍译，中国法制出版社 2002 年版，第 24 页。

〔4〕 参见马登科：《民事间接强制执行比较研究》，载《法律科学（西北政法大学学报）》2012 年第 4 期。

在程序方面，债权人请求债务人支付逾期罚款有以下 4 个环节：一是生效法律文书确定的履行期满，债务人未履行义务，债权人向执行法官或一审诉讼法官申请作出逾期罚款的命令。根据《法国民事执行程序法》第 L131 –2 条第 2 款的规定，除非执行法官或诉讼法官在命令中明确该罚款为最终罚款，否则所有的逾期罚款都视为临时性逾期罚款，暂不执行。二是等待债务人再次履行。只要债务人按照法官的命令及时履行义务，即无须支付逾期罚款。三是宣告最终的逾期罚款。如果债务人违反法官的命令，没有按照要求履行义务，作出命令的法官应确定最终的逾期罚款；债务人确有困难的，可变更罚款的数额。四是向债权人结清逾期罚款。根据《法国民事执行程序法》第 L131 –3 条的规定，无论逾期罚款的命令由谁作出，均由执行法官结清，除非作出命令的法官负责本案的执行或声明保留结清的权力。

### （三）启动执行方法的前置程序

法国债权人启动执行程序的核心条件是取得执行依据（titre exécutoire）。《法国民事执行程序法》第 L111 –2 条规定，任何债权人，持有确认其享有数额确定、可以追偿之债权的执行依据的，可以按照每种执行方法的特定条件，就债务人的财产实施强制执行。同时，该法第 L111 –3 条对各种执行依据进行了限制性列举，包括：（1）司法法院和行政法院具有执行力的判决；（2）经法院认可，且不准提出具有中止效力的法律救济的外国判决和仲裁裁决；（3）经法官和当事人签署的和解协议；（4）加盖执行文印鉴的公证书；（5）司法执达员就兑付支票签发的证书；（6）法律规定的公法人签发的证书或裁决。

由于法国的执行机关主要是司法执达员和初审法院，不像英国那样有高等法院和郡法院的分权，以及不同法院执行员之间区分，所以，管辖规则相对简单，前置程序也只是根据执行依据的不同，略有差异，以下从 4 个方面分别讨论。

1. 判决、公证书和执行文制度

法国法院有司法法院和行政法院之分。法国大革命确立了司法不得干预行政的原则，所以，被归入司法系统的司法法院（包括普通法院和商事法院、社会保障法院等审理某类案件的特殊法院）很早就被剥夺了审查行政行为的权力。[1] 为了防止和解决行政机关侵害相对人利益的问题，法国又在普通法院之外设置了一套归属于行政系统的法院体系，即行政法院。由此，法国形成了司法法院和行政法院并立的特殊格局。

司法法院可执行的判决主要是上诉法院、初审法院和商事法院、社会保障法院等特殊法院作出的终局判决。这些判决中的民事部分统一适用《法国民事诉讼法》第 15 编和《法国民事执行程序法》的规定强制执行。其中，强制执行的条件主要规定于《法国民事诉讼法》第 15 编，包括 3 个方面：一是判决产生既判力，即当事人不能再对判决提起任何能中止执行的法律救济，比如上诉、对缺席判决的异议和第三人撤销异议。判决产生既判力的，除临时救济外，同时取得执行力。为了确定判决产生既判力，债权人须向有权受理法律救济的法院书记室，申请一份没有异议或上诉被提起的证明，如果有异议或上诉，应提供异议或上诉日期的证明。二是债务人已被通知判决。依据判决原本即可执行的，出具判决原本即为通知判决。三是取得加盖执行令印的副本。《法国民事诉讼法》第 502 条规定，任何判决和文书，必须提交加盖执行令印的副本才能交付执行。所谓执行令印，即执行文，是法院书记员附于判决结尾的一段话，内容由 1947 年 6 月 12 日第 47 - 1047 号法律（2020 年修订）规定，具体为：“因此，法兰西共和国命令全体司法执达员，根据该请求，执行本文书。检察总长和初审法院的检察官予以协助。所有武装力量的指挥员和官员在依法受到请求时，予以协助。”

行政法院的判决分为两种情形：一是行政机关败诉，此时负有履行义

〔1〕 参见［英］L. 赖维乐·布朗、［美］约翰·S. 贝尔：《法国行政法》，高秦伟、王锴译，中国人民大学出版社 2006 年版，第 41 ~ 43 页。

务的主体是行政机关；二是行政机关胜诉，履行义务的主体是行政相对人。对于前一情形，受制于司法不得干预行政的传统，法国最高行政法院曾认为，他们无权命令政府做什么或不做什么。但1995年2月8日的法律改变了这种认识。目前的通行观点为，行政法院有权以命令的形式要求政府部门在特定期间内采取措施，摒除已被撤销的法规或相关行为。逾期未完成的，可施以逾期罚款的制裁。[1] 对于后一情形，因判决的内容是维持行政机关作出的某种处理，所以是否另行启动民事执行程序需视情况而定。原则上讲，行政机关可以通过行政执行程序直接执行的（参见公法人签发的证书或裁决的执行），无须再启动民事执行程序；只有行政机关无权执行或行政执行程序无法奏效时，才有必要启动民事执行程序。

另外，作为现代公证制度的源头之一，法国也非常重视公证员的作用。早在中世纪，法国就诞生了国王控制下的公证人官职（英国至今仍将公证交由教会管理）。法国大革命以后，虽然公证人与执达员一样，经历了从封建官职向公共职业的转变，但其在社会治理体系中的作用并没有降低，相反，还成为法国区别于英美法系国家的特色领域：英美法系的律师更多是对抗制诉讼体系的组成部分；而法国的公证人则大量介入民商事活动的实施过程，以预防纠纷。与此相配套，公证人出具的法律文书（acte notarié）获得了国家的高度认可。《法国公证人法》第19条规定，公证文书不仅具有裁判上的证明力，也在法国全境具有执行力。

公证文书的执行力主要通过“执行副本”体现。《法国公证人法》第1条曾规定，公证人有权保存他们制作的公证文书。所以，在实践中，由当事人签字、公证人当场制作的法律文书原本（minute）一般由公证人自己保存。当事人及其继承人、权利继受人只能拿到公证人另行出具的副本（无须当事人签字）。该副本有两种形式，一种为普通副本（expédition），

[1] 为了便于行政机关准确履行行政判决的内容，法国最高行政法院已尝试在判决中加入“执行既决案件的真正指南”。参见［法］让·里韦罗、［法］让·瓦利纳：《法国行政法》，鲁仁译，商务印书馆2008年版，第854～855页。

另一种为执行副本（copie exécutoire）。两者的区别在于，后者增加了法律规定的执行文。[1] 该执行文的内容与判决书一致，也由1947年6月12日第47－1047号法令规定。

2. 外国法院判决、公证文书的承认与执行

关于外国法院判决的执行，《法国民事诉讼法》第509条有一个总括性规定，即外国法院作出的判决和外国官员做成的文书（公证文书），依据法律规定的方式和情形在共和国的领域内执行。该规定可细分为以下3个层次：一是欧盟成员国的判决和法院和解书（court settlement），按照《布鲁塞尔条例Ⅰ》第三章和第四章规定承认和执行。该机制通过《卢加诺公约》进一步延伸至瑞士、冰岛和挪威。二是与法国有其他双边或多边条约的国家作出的判决和文书，按照条约规定承认或执行。三是没有条约关系国家的法院判决和文书，按照传统的执行许可诉讼的方式承认或执行。其中，第二个层次因涉及不特定的国家，且差异性较大，限于主题，不再进一步展开，此处仅讨论第一、第三两个层次。

《布鲁塞尔条例Ⅰ》确立的基本原则是，在任何一个欧盟成员国可以执行的判决、法院和解书，除非有条例规定的例外情形，在其他成员国也可以直接执行，不需要任何可执行性宣告。其中，不予承认或执行判决的理由规定于该条例第45条，仅有5种情形，分别是：（1）承认该判决明显违反受申请国的公共政策；（2）该判决为缺席判决，且被告人没有被及时送达重要的诉讼文件，以致无法有效地组织抗辩（债务人事后仍可通过一定程序挑战判决却予以放弃的除外）；（3）该判决与受申请国已经作出的判决当事人相同且无法并存；（4）该判决与其他成员国或第三国已经作出的判决当事人相同，诉因相同，但无法并存，且在先判决满足受申请国承认条件；（5）该判决违反该条例第二章第六节的规定，或该判决的被告是保单持有人、被保险人、保险合同受益人、人身伤害案件的受害者、消

[1] 参见［法］让－叶戈、［法］让－佛朗索瓦·皮伊布：《公证执业法》，唐党译，法律出版社2008年版，第120～123页。

费者或雇员时，违反该条例第二章第三、四、五节的规定。该条例第58条规定的不予承认或执行公证文书、第59条规定的不予承认或执行法院和解书的情形均只有一种，即明显违反受申请国的公共政策。[1] 在此基础上，《法国民事诉讼法》第509－2条规定了负责受理承认和执行判决申请的主管机关，即初审法院书记室主任和初审法院院长（或其授权的代表）。后者仅负责两类案件的受理：一是夫妻财产纠纷和父母权纠纷（欧盟理事会第2003－2201号条例）；二是抚养义务纠纷（欧盟理事会第2009－4号条例）。初审法院对当事人的申请有终极处理权。但如果驳回当事人申请的不是法官，当事人可以向初审法院的院长提出申诉。后者可以听取申请人和被要求签发证书的机构的意见，作出最终裁判。

提起执行许可之诉是法国承认和执行他国判决的传统做法。该诉讼是一个简化的对抗性程序，初审法院会从以下3个方面进行审查：（1）外国法院对案件是否享有管辖权；（2）判决是否以欺诈手段取得；（3）执行判决不违反法国的国际公共政策。[2] 符合条件的，签发执行许可。

外国公证文书的执行与判决一样，也区分该外国是否为欧盟成员国和《卢加诺公约》成员国。若是成员国，则公证文书由该外国按照本国法律赋予执行力后，便在法国申请执行，无须另行取得执行许可。若不是成员国，则要根据《法国民事诉讼法》第509－3条第1款的规定，向公证员协会的会长提交承认和执行的申请，以获得执行许可。若会长缺席或有其他困难，可指定其他的公证员协会成员处理申请。

3. 仲裁裁决与执行许可

与英国不同，法国明确将仲裁裁决的执行区分为国内仲裁裁决的执行和国际仲裁裁决的执行，后者又进一步分为本国仲裁机构作出的国际（或

---

〔1〕 国内已有该条例的中文译本，参见《2012年12月12日欧洲议会和欧洲理事会关于民商事案件管辖权和判决执行的第1215/2012号（欧盟）条例（重订）》，杜涛等译，载杜燕萍主编：《华政国际法评论》第2卷，法律出版社2014年版，第94～124页。

〔2〕 参见陈丽平：《论法国承认与执行外国惩罚性赔偿判决之发展》，载黄进等主编：《中国国际私法与比较法年刊》第24卷，法律出版社2020年版，第206页。

涉外）仲裁裁决和外国仲裁机构作出的国际仲裁裁决。但无论是哪一种仲裁裁决，都不能直接成为执行依据，而必须获得法院的执行许可。《法国民事诉讼法》第1487条规定，国内仲裁裁决只有经裁决作出地的初审法院发布执行许可令，方能强制执行。对于国际仲裁裁决，《法国民事诉讼法》第1516条亦有类似规定，唯一特殊的是，如果仲裁裁决由外国的仲裁机构作出，必须由巴黎的初审法院签发执行许可。

国内仲裁和国际仲裁的执行许可审查程序也非常类似，都实行非对抗性审查，即法院只要审查申请人提供的材料，认为仲裁裁决真实存在，且执行仲裁裁决不违反法国国内的公共秩序（国内裁决，第1488条）或国际公共秩序（国际裁决，第1514条），便可签发执行许可。证明仲裁裁决真实存在的方式也非常简单，当事人只要提供仲裁裁决和仲裁协议的正本即可；没有正本的，也可提供经过正式认证的副本。法院经审查许可执行的，应将执行许可命令附于正本或经认证的副本之上；驳回申请的，应说明理由。

初审法院许可执行的，当事人的法律救济因国内仲裁和国际仲裁的区分而有所不同。对于外国仲裁机构作出的国际仲裁裁决，法院许可执行的，当事人可在命令送达后一个月内提出上诉。[1] 但许可执行国内仲裁裁决的，当事人无权提出上诉。许可执行本国仲裁机构作出的国际仲裁裁决的，当事人仅能在极其例外的情况下提出上诉，即当事人协议放弃了唯一的救济机会——申请撤销仲裁裁决，但仲裁裁决存在第1520条规定的撤销事由。另外值得注意的是，虽然法国不允许当事人就许可执行国内仲裁裁决或本国仲裁机构作出的国际仲裁裁决提出上诉，但当事人仍有权对仲裁

〔1〕 上诉法院没有推翻初审法院许可命令的自由裁量权。《法国民事诉讼法》第1525条第4款规定，上诉法院只能根据该法第1520条规定的事由（撤销仲裁裁决的事由），拒绝承认或执行外国仲裁机构的仲裁裁决。这一规定与第1514条规定的初审法院许可执行的条件并不一致，后者仅审查仲裁裁决是否真实存在，且承认或执行仲裁裁决不会明显违反国际公共政策。

裁决本身的瑕疵向上诉法院申请救济，[1] 要求撤销仲裁裁决。这在客观上减少了许可执行命令给当事人造成重大损害的可能性。

初审法院驳回许可申请的，无论是国内仲裁还是国际仲裁，当事人均可在命令送达后一个月内提出上诉。当事人上诉的，上诉法院还可根据一方当事人的申请，就仲裁裁决的可撤销性进行审查。如果案件涉及的是本国仲裁机构的仲裁裁决，上诉法院可直接就撤销仲裁裁决作出处理；如果案件涉及的是外国仲裁机构的仲裁裁决，上诉法院则可以仲裁裁决可撤销为由，拒绝对其承认和执行。

4. 公法人签发的证书或裁决

公法人签发的证书或裁决主要是行政机关作出的处理或命令。一般情况下，行政机关的处理或命令可以由行政机关直接强制执行，或交由他人代履行，或通过刑罚、行政处罚迫使相对人履行，无须等待司法机关签署执行文。[2] 但在法律有明文规定的情况下，也需借助法院的执行方法强制执行。比如国家、地方行政部门或者设置公共财务的公共机构为征收相关款项而签发的征收决定、征收单或征收通知书，社会保险机构签发的特定征收单等。[3]

## 三、德国的"分散型"程序结构

相较于英国和法国，德国的执行机关更为分散。除了法院和执行员的分权，法院系统内部也有非常细致的分工：不动产的强制执行由不动产所在地的初级法院负责（强制抵押由该初级法院的登记簿管理部门负责）；债权和其他财产权利的执行由债务人住所地的初级法院负责；强制债务人

---

〔1〕 对于国内仲裁裁决，当事人不服的，有两种救济方式：一是申请撤销仲裁裁决，这是原则；二是向上诉法院提出上诉，这是例外，仅以当事人有明确约定为限。对于本国仲裁机构作出的国际仲裁裁决，则只有一种救济方式，即申请撤销仲裁裁决。

〔2〕 关于行政执行程序的介绍，参见王名扬：《法国行政法》，北京大学出版社 2007 年版，第 135～139 页。

〔3〕 参见江必新主编：《比较强制执行法》，中国法制出版社 2014 年版，第 14 页。

为或不为一定行为由第一审诉讼法院负责。[1]

### （一）由执行员负责的执行方法

#### 1. 对动产的强制执行

德国的债权人在取得执行文后，也可委托执行员直接执行。根据《德国民事诉讼法》第758条、第809条、第851条的规定，执行员有权到债务人的住所查找可供执行的财产；若债务人拒绝，他可以向搜查地的初级法院申请一份授权入户的命令。进入住所后，执行员可在债权额度内实施扣押，但以下物品除外：（1）债务人个人或家庭的日常用品；（2）可供债务人及其家人使用4周的食物、燃料和照明材料；（3）宠物和家畜；（4）债务人及其家人赖以谋生的农具或其他必要设施；（5）药店运行所必需的器具、容器或商品；（6）使用中的账簿和具有纪念意义的婚戒、勋章、奖章等。债务人的财产被第三人持有，且第三人愿意交出的，执行员可以在第三人处直接实施扣押。

扣押物品中，除了现金、证券和便携贵重物品需要带走外，其他财产都可由债务人和使用人继续保管，但应以封印或其他显著方式公示扣押状态。扣押后，债务人的出售、转移或隐匿行为将受到限制。擅自转让的，受让人的所有权不得对抗扣押债权人的债权。

扣押1周后，执行员可将扣押物品变价。除了需要立即处理的鲜活物资外，变价须以拍卖的形式进行。拍卖会应在财产被扣押的地点或网上举办并发布公告。中标人必须以现金的方式支付价款，且成交价不得低于财产市价的一半。[2]

---

〔1〕本章关于《德国民事诉讼法》条文的引用，若无特殊注明，均来自赵秀举译：《德国民事诉讼法典》，法律出版社2021年版。对于2014年之前已经存在的条文，同时参见《德国民事诉讼法》，丁启明译，厦门大学出版社2016年版。

〔2〕See Peter L. Murray & Rolf Stürner, *German Civil Justice*, Carolina Academic Press, 2004, p. 447 – 449.

2. 强制交付或返还特定财产

强制交付或返还特定动产（或一定数量的可替代物、有价证券）的，当事人在取得执行文后，也可以直接向执行员申请执行。执行员有权以强制手段将动产从债务人手中取回，交付债权人。如果应交付的物品不知去向，根据《德国民事诉讼法》第883条的规定，经债权人申请，债务人应向执行员作代宣誓保证，保证其没有占有该物，也不知道物之所在。

强制交付、让与、迁出不动产或船舶的，亦由执行员实施。《德国民事诉讼法》第885条、第886条规定，执行员可以强制解除债务人对不动产和船舶的占有，并将其移交给债权人。移交的不动产或船舶中有不属于执行范围的动产的，执行员应将其取出并交给债务人；债务人不在场的，交给其代理人、成年家属、佣人或其他共同居住的人。债务人或上述人员都不在场，或拒绝受领的，执行员可将其运往质物寄存处或委托他人保管，债务人应在迁出后1个月内取回。逾期没有取回，或1个月内虽然要求取回，但在迁出满2个月后仍未支付保管费用的，执行员可将其出售并提存变价所得。若应交付的标的物由第三人保管（无论是动产还是不动产），债权人均可以按照金钱债权扣押和转付的规定，请求将债务人的返还请求权转付到自己名下，然后直接向第三人主张返还请求权。

（二）由法院负责的执行方法

1. 对不动产的强制执行

德国法上的不动产执行方法较为丰富，有强制拍卖、强制管理和强制抵押3种。[1] 这3种执行方法都由不动产所在地的初级法院管辖。

强制抵押的程序最为简单，只要债权人向执行法院的土地登记处提出申请，由登记处将其权利作抵押登记即可。申请登记时，债权人应提供业已取得的执行名义。登记后，债权人可对被申请的不动产享有优先受偿

[1] See Peter L. Murray & Rolf Stürner, *German Civil Justice*, Carolina Academic Press, 2004, p. 451 - 454.

权，从而取得较优先的受偿顺位。

强制管理也不复杂。如果不动产可以产生收益，比如租金、果实等，则债权人可以向执行法院申请强制管理。经审查符合条件的，法院应派专人对不动产进行管理。管理期间，债权人可以通过不动产的收益获得清偿，直至债权全部实现或强制拍卖程序启动。管理人应接受法院监督，定期向法院和当事人报送账目资料。

强制拍卖是最重要的执行方法，程序也较为复杂，一般包括以下环节：（1）申请启动拍卖程序。只要当事人的申请手续完备，且被申请的不动产登记在债务人的名下，法院就会作出启动程序的裁定。该裁定会在不动产登记处作备案登记，并送达债务人。登记时间和送达时间都可以作为裁定的生效时间，以先完成的为准。裁定生效后，不动产即进入查封状态。债务人再行处分的，不得对抗申请拍卖的债权人。但债权人不会因此而获得担保物权，仅能作为查封在先的债权人对抗查封在后的债权人。（2）发布拍卖公告。该公告可在启动拍卖程序的裁定生效后立即发出，内容主要是确定拍卖会的时间和地点，公布不动产的相关信息，要求已知的权利人申报权利，督促潜在的利害关系人提出异议等。拍卖公告应送达债务人和所有的登记在册的利害关系人，并在法院的公告栏内张贴，在当地的媒体上公开。拍卖会与发布拍卖公告的时间至少应间隔 6 个月。（3）审查不动产上的权利状况，确保起拍价能覆盖不动产上已知的权利负担，防止无益拍卖。（4）竞价拍卖。竞价以口头方式进行。竞价停止后，法院会宣布最高的报价，并听取各方对作出拍卖成交裁定的看法。经审查符合条件的，法院会作出拍卖成交裁定。该裁定一经宣告，即发生法律效力。买受人可据此取得不动产的所有权，并强制债务人移交。但当事人可对该裁定提出即时抗告。上级法院撤销拍卖成交裁定的，买受人的权利即告丧失。（5）分配价款。扣除执行费用后，拍卖所得价款应按债权人的优先顺位和查封的先后顺序进行分配。

尽管从理论上讲，债权人有选择执行方法的自由，制度上也没有对 3

种方法的顺序作任何要求，但在实务中，为了使自己获得更优先的受偿顺位，债权人通常会对强制抵押有浓厚兴趣。在获得了优先顺位以后，他们也不会直接启动拍卖程序，而会首先申请强制管理，并将两者配合使用；因为强制拍卖的周期较长，在拍卖成交之前，债权人还可以通过强制管理获取一定的收益。[1]

2. 对债权和其他财产权利的执行

德国对无形财产的执行大致分为3类：一是对金钱债权（含存款和劳动收入）的执行；二是对其他财产权利的执行；三是对物的交付或返还请求权的执行。它们都由债务人住所地的初级法院管辖。

对金钱债权的执行一般包括扣押和转付两个环节。扣押由执行法院根据债权人的单方申请作出，且不对金钱债权的真实性作实质审查。扣押金钱债权的裁定于送达次债务人时生效，次债务人不得再向债务人进行支付。同时，债权人对扣押债权的担保物权也随之成立。扣押完成后，债权人可申请将扣押债权转付给自己。转付的后果可能是替代清偿，也可能是新债清偿。于前者，次债务人取代债务人的地位，成为新的唯一债务人，债权人和原债务人之间的债务关系因替代清偿而消灭，执行程序宣告结束；于后者，次债务人只是加入债务，原债务关系并不消灭，债权人可以在债务人和次债务人之间选择其一，作为行使权利的对象。由于替代清偿对于债权人而言风险过大，所以实践中已很少使用。债权人在申请执行时，往往会同时提出扣押和转付（新债清偿）申请，由法院一并裁定。当然，如果债权人从次债务人处收取资金较为困难，他也可能会考虑其他的处理方式，比如将扣押债权拍卖或变卖，以变价款来清偿自己的债权。但这需要法院事先听取相对人的意见。[2]

对其他财产权利的执行准用债权执行的有关规定，但也有特别之处：

---

〔1〕 参见周翠：《德国强制拍卖制度简介》，载《执行工作指导》2004年第1辑。

〔2〕 参见［德］弗里茨·鲍尔等：《德国强制执行法》（上册），王洪亮等译，法律出版社2019年版，第678~687、699、700页。

一是在扣押裁定的生效规则方面，扣押裁定虽然是送达第三人生效，但这里的第三人已不是次债务人，而是在法律上与债务人分享被扣押财产权利的其他人，比如共有权人、共同继承人等。如果不存在其他权利人，则是送达债务人时生效。二是变价方式方面，只要受扣押的权利可以从第三方获取收益，就可以将其裁定转付给债权人，无论是新债清偿的转付还是替代清偿的转付；但也可采取其他的变价方式，比如将不可出让的权利命令管理、用益出租或将使用权转移给债权人（强制许可使用）等。[1]

对物的交付或返还请求权的执行更为特殊：其一，根据《德国民事诉讼法》第846～848条的规定，法院在扣押裁定中不仅要禁止次债务人向债务人实施交付，还要命令其将标的物交给执行员（普通动产）或法院指定的管理人（不动产或船舶）。其二，《德国民事诉讼法》第849条明确禁止法院作出转付裁定。也就是说，次债务人将标的物交给执行员或法院指定的管埋人以后，不能直接抵债给债权人或由债权人取得交付请求权，而只能作为债务人的责任财产，按照动产或不动产的执行程序进行变价，以所得价金对债权人进行清偿。

3. 强制为或不为一定行为

德国的行为给付案件由第一审诉讼法院管辖，且只能由法官负责，不能由司法辅助官代为实施。债务人拒不履行的，债权人可申请采取罚款或拘禁措施。其中，罚款可进一步细分为强制罚款（Zwangsgeld）和违警罚款（Ordnungsgeld），拘禁也可细分为强制拘禁（Zwangshaft）和违警拘禁（Ordnungshaft）。其中，强制罚款和强制拘禁适用于拒不履行积极行为给付（为一定行为）的情形（基于雇佣关系给付劳动的除外），规定于《德国民事诉讼法》第888条。违警罚款和违警拘禁适用于拒不履行消极行为给付的情形（不为一定行为），规定于《德国民事诉讼法》第890条。

从法律效果上看，强制罚款和违警罚款并无实质区别，单次罚款的限

---

〔1〕 参见［德］弗里茨·鲍尔等：《德国强制执行法》（上册），王洪亮等译，法律出版社2019年版，第735、736页。

额都是2.5万欧元，且可重复适用。强制拘禁和违警拘禁的区别也不是太大，单次拘禁的上限都是6个月，主要差异在于累计拘禁的上限：根据《德国民事诉讼法》第802j条的规定，强制拘禁的累计上限只有6个月，所以如果单次用满就不能再重复使用。而违警拘禁的累计上限则为两年，只要不超过两年，可以对同一债务人重复使用（《德国民事诉讼法》第890条）。

无论是强制罚款还是违警罚款，强制拘禁还是违警拘禁，都必须根据债权人的申请作出裁定，不能依职权作出裁定。在采取罚款和拘禁的顺序上，按照比例原则，法官应首先考虑罚款；罚款不能奏效的，再考虑拘禁；只有在有确凿证据证明罚款无法奏效时，法官才能直接采取拘禁措施。另外，在作出罚款或拘禁裁定前，法官应听审债务人。债权人和债务人对裁定不服的，可以提出即时抗告。

强制罚款和违警罚款、强制拘禁和违警拘禁的主要区别在于适用的前提条件。一般认为，违警罚款和违警拘留具有制裁的性质，而不仅仅是迫使债务人履行义务。所以，其适用必须以债务人具有过错为前提。[1] 这反映在程序设置上，就是法院在作出制裁前必须先对债务人予以警告（Androhung）。通常情况下，这种警告会直接写在执行名义中，与执行名义一并送达债务人。但如果执行名义没有写，法官就要在制裁前单独作出警告裁定，告知其违反警告的具体后果（不能笼统地写“采取第890条的法定措施”），并送达债务人。[2]

德国与法国不同，既没有统一的民事执行程序法，也没有将所有法院的判决都集中于执达员等民事执行机关执行。《德国民事诉讼法》第8编关于强制执行的规定，主要适用于普通法院的民事判决和该法第794条规

---

〔1〕 参见［德］汉斯－约阿希姆·穆泽拉克：《德国民事诉讼法基础教程》，周翠译，中国政法大学出版社2005年版，第402、403页。

〔2〕 参见［德］弗里茨·鲍尔等：《德国强制执行法》（下册），王洪亮等译，法律出版社2020年版，第148、149页。

定的判决以外的其他执行名义。劳动法院、行政法院、社会保障法院和财税法院等专门法院作出的判决，虽然可以适用《德国民事诉讼法》第 8 编的规定，但一般认为其不属于民事强制执行法上的执行依据。[1] 另外，非诉案件和行政决定的执行也由专门的《德国非诉事件法》和《德国行政强制执行法》调整，不适用《德国民事诉讼法》第 8 编的规定，所以非诉案件的裁决和行政机关的决定也不是《德国民事强制执行法》上的执行依据。

### （三）启动执行方法的前置程序

1. 终局判决和执行文

终局判决是最主要的执行依据。《德国民事诉讼法》第 704 条规定，强制执行应依发生既判力或被宣告假执行的终局判决实施。所谓终局判决，是指对某个审级的诉讼具有终结意义的判决，可以是终审法院的判决，也可以是一审法院等其他审级的判决。与之对应的概念是《德国民事诉讼法》第 303 条规定的中间判决。中间判决主要用来处理当事人关于诉讼合法性、诉之变更的合法性、撤诉的有效性、舍弃或认诺的有效性等中间争议。[2] 一般情况下，作为执行依据的判决必须是发生既判力的终局判决，即当事人不再享有上诉或申诉期间的判决。为了确定判决的既判力，当事人要向第一审法院的书记科申请发放判决发生既判力的证明；案件被提出上诉或申诉的，由上级法院的书记科发放相关证明。

不过，既判力证明并非债权人申请执行的充分条件。除了该证明，债权人还须向第一审法院的书记科申请附有执行文的判决文本，即有执行力

---

〔1〕《德国民事诉讼法》第 8 编对劳动法院全面适用，包括执行机关；对行政法院、社会保障法院和财税法院只是准用，但负责执行的不是初级法院，而是第一审法院。联邦宪法法院裁判的执行，法律没有任何规定，理论上认为可由其自由决定。参见［德］弗里茨·鲍尔等：《德国强制执行法》（上册），王洪亮等译，法律出版社 2019 年版，第 24、27 页。

〔2〕参见［德］汉斯-约阿希姆·穆泽拉克：《德国民事诉讼法基础教程》，周翠译，中国政法大学出版社 2005 年版，第 284～286 页。

的正本。案件属于上级法院的，执行文由上级法院的书记科签发。这里的执行文与法国法上的执行令印类似，但更为简洁。其基本内容为“此正本为某某（当事人姓名）实施强制执行而发放”。一般情况下，执行文由法院书记科的书记员署名并加盖法院印章。但如果判决的给付内容附有条件，或判决的权利义务主体发生变动，或债务人的财产、商号被他人受让，当事人不仅要提供公文书或公证文书对相关事实予以证明，审查主体也从书记员变成了司法辅助官。若当事人不能提供公文书或公证文书，则债权人必须向第一审法院提起付与执行文之诉，由法官以判决的方式许可执行。司法辅助官或法院判决准许执行的，由书记官签发附有执行文的判决正本。

如果书记员拒绝签发附有执行文的判决正本，债权人可在两周的不变期间内提出异议，由书记员自行纠正。书记员拒绝纠正的，应将案件提交法院，由司法辅助官进一步审查。司法辅助官拒绝签发的，作为裁定事项，债权人可提出即时抗告。[1]

债务人对书记员或司法辅助官签发有执行力的正本有异议的，可按照《德国民事诉讼法》第 732 条的规定，向签发法院提出异议。该异议由法官审查，并以裁定的形式作出裁判。当事人可对该裁判提出即时抗告。裁判作出前，法院可命令暂停执行（债务人是否提供担保，视情形而定），或要求债权人提供担保，以继续执行。[2]

2. 法院的其他裁判和文书

除了判决以外，法院的其他裁判和文书也可以作为执行依据；根据《德国民事诉讼法》第 794 条的规定，包括：（1）当事人之间或当事人与第三人之间，为促进诉讼争议的友好解决，在德国法院面前就全部或部分

〔1〕参见［德］弗里茨·鲍尔等：《德国强制执行法》（上册），王洪亮等译，法律出版社 2019 年版，第 358～360 页。

〔2〕参见［德］弗里茨·鲍尔等：《德国强制执行法》（上册），王洪亮等译，法律出版社 2019 年版，第 360～364 页。

诉讼标的达成的和解协议，以及《德国民事诉讼法》第 118 条第 1 款第 3 句或第 492 条第 3 款所规定的记入法庭笔录的和解协议。（2）确定诉讼费用的裁定。（3）可提起抗告的裁判。（4）执行令（Vollstreckungsbescheid）。（5）许可执行仲裁裁决或仲裁和解的裁判。以下略作展开。

先来看诉讼和解。近 20 年来，德国非常重视诉讼和解。[1]《德国民事诉讼法》第 278 条规定，在诉讼的任何阶段，法院都应考虑争议的友好解决。除非当事人已在法院外尝试过和解或和解明显毫无前景，否则法院应在法庭辩论前组织专门的和解辩论，并可以为此指定专门的、无裁判权的和解法官，使用包括调解在内的各种纠纷解决手段。当事人在和解辩论中达成协议的，可以根据《德国民事诉讼法》第 159 条的规定，经双方一致申请和法院审查，记入法庭笔录。在证据调查和诉讼费用救助调查等程序中，法院也可引入和解讨论，并将和解协议记入法庭笔录（《德国民事诉讼法》第 118 条、第 492 条）。另外，当事人也可在书面审理程序中，以书面形式（而非口头辩论）达成诉讼和解。[2]《德国民事诉讼法》第 278 条第 6 款规定，法院和解也可通过以下方式达成：一是当事人主动向法院提交书面和解协议；二是以书面方式接受法院提出的书面和解建议，或在法庭辩论过程中对法院的和解建议表示接受并被记入法庭笔录。以书面方式达成和解的，经法院审查，可以裁定的形式对和解协议的成立和内容予以确认。无论是记入法庭笔录的和解协议，还是被法院裁定确认的和解协议，都属于《德国民事诉讼法》第 794 条规定的执行依据。

费用裁判主要是司法辅助官就费用承担作出的裁定。[3] 一般情况下，

---

〔1〕 江伟和熊跃敏教授曾对德国民事诉讼和解制度的发展和制度框架有专门研究，参见江伟、熊跃敏：《德国民事诉讼上的和解制度介评——兼论对改革我国法院调解制度的启示》，载《福建政法管理干部学院学报》2001 年第 4 期。

〔2〕 书面审理程序中的诉讼和解系 21 世纪初《民事诉讼改革法》所确立。参见［德］汉斯 - 约阿希姆·穆泽拉克：《德国民事诉讼法基础教程》，周翠译，中国政法大学出版社 2005 年版，第 174 页。

〔3〕 参见［德］弗里茨·鲍尔等：《德国强制执行法》（上册），王洪亮等译，法律出版社 2019 年版，第 297、298 页。

法院应在诉讼结束时作出费用裁判，除非当事人共同向法院表示放弃或通过和解的方式就费用承担达成一致。[1] 但判决主文关于费用的裁判只是一个抽象的原则，典型如“诉讼费用原告承担1/5，被告承担4/5”，只能决定“依诉讼发生的原因谁应当承担费用以及在何种程度补偿对方”，而不能确定费用和补偿的具体数额。所以，德国专门设置了一个确定费用数额及补偿额度的裁判程序：当事人在判决后将费用清单递交给第一审法院，由司法辅助官审查其是否具有《德国民事诉讼法》第91条规定的可补偿性，并以费用确定裁定的形式确定申请人可以要求对方偿付的金额。申请人只能以该裁定为执行依据，要求对方当事人补偿相应的费用。[2]

可提起抗告（包括即时抗告和法律抗告）的裁判较为广泛，散见于《德国民事诉讼法》的各处规定，但以裁判有明确的给付内容为限。典型例证如《德国民事诉讼法》第380条、第390条对缺席证人、拒证证人的费用裁判和违警罚款，第409条对拒绝鉴定、缺席鉴定人的费用裁判和违警罚款，第887条、第888条关于拒不履行行为给付义务的制裁裁判，等等。[3]

执行令是德国督促程序使用的法律文书。与我国的督促程序只有支付令一种法律文书不同，德国的督促程序有督促令（Mahnbescheid）和执行令两种文书。其中，督促令的功能与支付令基本一致，都要求债务人在两周内履行债务或提出异议，但不同的是，德国没有将未被提出异议的督促令直接上升为执行依据，而是要求债权人另行向法院申请执行令（未采取自动化程序的，执行令可制作在督促令上），作为强制执行的根据。在效力上，《德国民事诉讼法》第700条第1款将执行令等同于被宣告假执行

[1] 参见［德］汉斯－约阿希姆·穆泽拉克：《德国民事诉讼法基础教程》，周翠译，中国政法大学出版社2005年版，第162页。

[2] 参见［德］狄特·克罗林庚：《德国民事诉讼法律与实务》，刘汉富译，法律出版社2000年版，第28、29页。

[3] 参见［德］弗里茨·鲍尔等：《德国强制执行法》（上册），王洪亮等译，法律出版社2019年版，第298页。

的缺席判决。

德国的仲裁裁决与英国和法国一样，须经法院许可方能执行。《德国民事诉讼法》第1060条规定，仲裁裁决经法院许可，可作为强制执行的依据。该法第1062条规定，许可执行仲裁裁决由仲裁机构所在地的州上诉法院管辖；仲裁协议有约定的，由仲裁协议约定的州上诉法院管辖。该法第794条第1款第4a项进一步规定，仲裁裁决在法院许可执行的裁判发生既判力或被宣告假执行后，可作为执行依据。但不同的是，德国学理一般认为，此时的执行依据是法院许可执行的裁判，而非仲裁裁决。[1]

上述法院裁判和文书的执行原则上适用判决执行的相关要求，也就是说，债权人应提供既判力证明和有执行力的正本，但也有例外：(1) 对费用裁定的执行，应在该裁定送达两周后进行。(2) 若当事人申请费用补偿，在有执行力的判决正本尚未发放且不会因确定费用而延迟时，确定费用的裁判可附加于判决及其正本当中，无须另行制作。强制执行时，可以将判决主文和费用裁定一并执行，无须分别制作既判力证明和有执行力的正本，也无须适用两周等待期的规定。(3) 对执行令的执行，无须再签发有执行力的正本（赋予执行文），除非执行令确定的债权人或债务人发生变动。

3. 公证文书和执行文

德国的公证文书包括法院和公证机关在职责范围内以法定形式制作的证书，但以满足以下条件为限：(1) 该证书设立了某项请求权；(2) 证书设立的请求权可以适用和解的相关规定，且不以作出意思表示为内容，不涉及住房租赁关系的存续；(3) 债务人在证书中有接受强制执行的承诺。

由于证书的原本由制作文书的法院或公证人保管，所以债权人要申请执行，必须另行申请有执行力的正本（附有执行文的文本）。对此，《德国民事诉讼法》第797条规定，法院证书的可执行正本，由保管文书的法院

---

〔1〕 参见［德］弗里茨·鲍尔等：《德国强制执行法》（上册），王洪亮等译，法律出版社2019年版，第300页。

书记员签发；公证文书的可执行正本，由公证文书的保管机关签发：(1) 由公证人保管的，由该公证人签发；(2) 由公证员协会（Notarkammer）保管的，由公证员协会签发；(3) 由初级法院保管的，由初级法院签发。原则上，可执行正本只提供一份，对当事人要求额外提供是否准许，由保管证书的法院、公证员或公证员协会决定。[1] 债务人对执行文的合法性或额外提供有执行力的正本提出异议的，若为法院证书，由保管证书的法院裁判；若为公证文书，由保管证书的公证人或公证员协会所在地的初级法院，或保管证书的初级法院裁判。

另外，《德国公证法》（Beurkundungsgesetz）第 54 条规定，公证人拒绝赋予执行文的，当事人可向公证人所在地的州法院（民事审判庭）提出抗告（Beschwerde）；该抗告适用《德国家事和非讼事件程序法》规定的相关程序。但债权人提起执行文赋予诉讼的，根据《德国民事诉讼法》第 797 条第 5 款的规定，须由债务人在德国的普通审判籍所在地法院管辖；债务人在德国没有住所的，按照《德国民事诉讼法》第 23 条的规定确定管辖。

4. 诉讼外和解

除了诉讼和解，德国的诉讼外和解在 20、21 世纪之交也有重大发展，尤其是诉前强制和解制度的恢复和律师和解制度的确立。[2]《德国民事诉讼法》第 794 条将这两种诉讼外和解达成的和解协议都纳入了执行依据的范畴，以强化其法律效力。

对于诉前强制和解协议，依该法第 794 条第 1 款第 1 项的规定，可以

---

[1] 关于额外提供有执行力的正本，《德国民事诉讼法》第 733 条另有专门规定。

[2] 德国曾在 1924 年确立诉前强制调解制度，但出于种种原因，于 1950 年废除。2000 年《德国民事诉讼法施行法》第 15a 条重新确立了这一制度，并授权州司法行政机关设立或认可相关的调解机构。参见章武生、张大海：《论德国的起诉前强制调解制度》，载《法商研究》2004 年第 6 期。具有执行力的律师和解协议是 1990 年《司法简化法》确立的一项制度，旨在为双方当事人都有律师代理的案件提供新的纠纷解决路径。在此之前，律师斡旋达成的和解协议需经公证机关的公证，方能获取执行力。参见［德］罗森贝克等：《德国民事诉讼法》（下），李大雪译，中国法制出版社 2007 年版，第 984、985 页。

将其界定为“为促进诉讼争议的友好解决，在州司法行政机关设立或认可的调解机构面前，就全部或部分诉讼标的达成的和解协议”。其与法院和解一样，只要具备法定形式，就可直接作为执行依据，无须法院裁定确认。在执行文的赋予方面，由于各州的调解机构在组织形式和人员配备方面有较大差异，《德国民事诉讼法》第797a条并没有作统一规定。根据该条规定，在调解机构面前达成的和解协议，原则上由调解机构所在地初级法院的书记员签发执行文，但州司法行政机关可以授权调解机构的负责人（Vorsteher von Gütestellen）为和解协议签发简单的执行文——须由司法辅助官审查的补充性执行文（给付内容附期限或附条件）或移转性执行文（权利义务主体发生变动）除外。对执行文的发放及合法性提出异议的，由签发执行文的初级法院裁判。提起赋予执行文诉讼的，与公证文书一样，由债务人普通审判籍所在地的法院管辖。

律师和解协议原本不具有执行力，经律师协会力争，《德国民事诉讼法》才将其提升为法庭外的执行依据。[1]《德国民事诉讼法》第796a条规定，律师经当事人授权，以当事人的名义达成的和解协议，经任何一方当事人普通审判籍所在地的初级法院登记并载明签订日期，可依申请被宣告为具有执行力，但以下3种情形除外：（1）和解协议确定的请求权以作出意思表示为给付内容；（2）和解协议涉及住房租赁关系的存续；（3）和解协议无效或承认和解协议将违反公共秩序。宣告律师和解协议具有执行力的途径有两种，一种是请求对案件有管辖权的法院作出许可执行的裁定（该法第796b条），另一种是请求任何一方当事人普通审判籍所在地法院辖区内的公证员作出可执行宣告（该法第796c条）。请求法院作出许可执行裁定的，法院应当在裁判前听审对方当事人；裁定作出后，当事人不得声明不服。请求公证员作出可执行宣告的，公证员拒绝时，应说明理由；当事人不服的，可向对案件有管辖权的法院声明不服，由法院进行裁判。

---

〔1〕参见［德］彼得·哥特瓦尔德：《德国调解制度的新发展》，曹志勋译，载《经贸法律评论》2020年第3期。

5. 外国判决和欧洲支付令的执行

与英国和法国一样，外国法院的判决不得直接作为执行依据。《德国民事诉讼法》第722条规定，外国法院的判决，非经执行判决宣告其准予执行，不得进行强制执行。当事人请求执行外国法院判决的，应向债务人普通审判籍所在地的初级法院或州法院提起许可执行之诉，但该外国与德国有条约关系的，尤其是欧盟的成员国除外。与法国一样，为了落实《布鲁塞尔条例Ⅰ》等欧盟立法的规定，《德国民事诉讼法》第1093条规定，基于（欧共体）第1896/2006号条例发布的欧洲（督促程序）执行令，在德国强制执行时，无须执行文；第1112条规定，在欧盟其他成员国国内有执行力的执行名义，在德国强制执行时，无须执行文。

6. 外国仲裁裁决的承认和执行

德国对外国仲裁裁决的执行规定得较为简单，仅有《德国民事诉讼法》第1061条和第1064条两个条文。其中，第1061条规定，对所有外国的仲裁裁决，无论是否为《纽约公约》的成员国，均适用《纽约公约》的相关规定，除非德国与该国有关承认和执行仲裁裁决的条约另有规定；第1064条规定，对外国仲裁裁决的可执行宣告，原则上适用与德国国内仲裁相同的许可程序。据此，有学者认为，德国对仲裁裁决的许可执行，实际上并不区分国内仲裁裁决和国外仲裁裁决，也不区分《纽约公约》成员国的裁决和非成员国的裁决。[1]

## 四、小结：执行分权的新视角

从以上英国、法国、德国的执行方法及其配套制度不难看出，其执行程序的构造及其对执行权的细分方法都与我国有明显不同。得益于“分散型”的程序构造，它们对执行权力的划分实际在两个层次展开：一是法院与法院外执行机关的分权。尤其是事务性较强、需要现场处置的动产扣押

---

[1] 参见秦瑞亭：《中德仲裁裁决执行制度比较》，载《南开学报（哲学社会科学版）》2010年第5期。

和交付特定标的物，通过给法院外的执行机关放权，既方便了当事人，也减轻了法院的负担。二是法院内部的分权。对于划归法院、归入司法程序的执行方法，3个国家均未让法官大包大揽，而是进一步区分法官和辅助人员（法院官员）的权限，仅使法官保留与审判权密切相关的裁判性权力，其他工作则交给辅助人员实施；德国甚至在法官和书记员之间设置了司法辅助官，进一步分担法官的职能。

由于我国长期缺乏司法人员分类管理意识，法官和执行员的身份长期混同，审判权和执行权一直没有清晰的界限。在新中国成立初期和改革开放初期，人们一度把执行工作视为审判工作的一部分。这使执行工作出现了明显的司法化倾向，不但执行员（实际上由法官充任）被赋予了大量的司法权力，比如变更和追加当事人、裁定协助执行人承担赔偿责任等，部分执行措施也出现了司法化倾向，比如查封、扣押动产需要作出裁定等——这在“分散型”体制下可以由执行员直接实施。这给20、21世纪之交提出的建立执行工作统一管理体制的改革目标带来难以逾越的障碍。于是，最高人民法院提出了执行权是一种相对独立的权力、不同于审判权的命题，并将原属于法官的执行权力拆解为“执行裁判权”和“执行实施权”，进而提出执行裁判权和执行实施权分权运行的改革思路。[1]

从“分散型”民事执行程序的视角来看，这种分权方法的最大问题在于没有充分考虑法官和辅助人员的分工，而是笼统地把执行中的权力统合于“执行权”的概念之下，并以此为基础进行权限划分。这不仅使其没有跳出“法官与法官分权”的窠臼，也使其无法与当前的司法人员分类管理改革有效契合。反观“分散型”民事执行程序中的权力格局，其最为核心的部分恰恰是法官和辅助人员的分权。法院内部自不待言，法院和执行员之间亦是如此。毕竟，法国和德国的执行员都曾是法院的辅助人员，只是后来才获得了独立。

---

〔1〕 参见高执办：《论执行局设置的理论基础》，载《人民司法》2001年第2期。

# 第四章
# 中国的“分散型”民事执行程序之路

在厘清“分散型”民事执行程序的历史、现状与面临的挑战之后，再来讨论其对我国的借鉴意义。对于这一问题，本书无意直接介入当下执行权“内分”和“外分”的争议，而希望借助广阔的历史视角，从我国法院体制和执行制度的百年演变史中寻求答案。实际上，“分散型”民事执行程序在我国并非新鲜事物。早在 1901 ~ 1911 年清末新记期间，清政府《法院编制法》、《民事刑事诉讼暂行章程草案》和《强制执行律草案》就曾尝试将其引入我国。只不过，由于清政府迅即覆亡，民国时局动荡，司法建设举步维艰，逐渐为司法实践所废弃。取而代之的，是贯穿民国时期的“第一审法院民事执行处负责制”。新中国成立后，虽然取自苏联的执行员制度代替了清末的承发吏和民国的执达员制度，但第一审法院负责执行的历史传统没有任何改变。改革开放后，由于民商事案件数量迅速上升，执行制度供给不足，我国似乎也再次陷入执行难的困境。而且，与 20 世纪初一样，我国继续强化第一审法院的执行机构，在“审执合一”的道路上走向深入。进入新时代以来，随着司法人员分类管理改革和法官员额制改革的深入推进，这种使执行权和审判权集中于执行机构（执行局）的做法已难以为继。此时，究竟是回到执行制度现代化的起点——“分散型”民事执行程序还是将执行权从法院彻底剥离，这并不是一个简单的理论命题，而需要全面审视我国百余年的法院建设史和执行制度的现代化之路，以史为鉴，作出理性的选择。

## 一、清末新政与现代执行制度初创

### （一）清末法院组织和司法制度的现代化

中国古代没有针对财产的强制执行制度。私人之间的钱债纠纷，唐代及唐代以前分无息和有息两种。债务人不履行无息借贷的，通常由官方对其科以刑罚强制履行。但在有息的场合，除了打击违禁取利，国家一般很少介入。债务人不履行的，经申告官府，债权人可自行扣押债务人的财产，即所谓的“牵掣”；若未经申告而扣押，只要扣押的财产没有超出债权的额度，国家也会予以默认；只有超出债权额度的，才会以坐赃论处。所以，在实践中，债权人经常利用自己的优势地位，在协议中加入私人扣押的特别约定，诸如“如违限不还，一任（债权人）牵掣（债务人）家资牛畜，将充粟值，有剩不追”，“过月如上不付，即任牵掣家资，用充本利值”，等等。如果“牵掣”之后债务人仍无法清偿债务，债权人还可以扣押（拘禁）债务人本人或其家中男性，使其以劳务代偿，即“役身折酬”。到了明清时期，私自扣押乃至拘禁的做法虽然在律法中被明令禁止，但现实中并没有绝迹。[1] 直到清朝末年，实践中依然是以“调解+刑罚”的方式促进债务的履行。以清代为例，由于讼案的多少通常是官员政绩考核的重要依据，所以，州县官员在处理户婚、田土和钱债纠纷时，往往会首先着眼于调解；只有调解不成的，才会以“堂断”或“堂谕”的形式作出判决。但为了实现“案结事了”，避免不必要的争端，州县官员也会在作出判决后，要求当事人将钱款或文书契据当堂交付并出具相应文书。否则，当事人就要在“甘结”中说明交付的具体时间，限期交付。若当事人事后仍不履行，官府就会“带案讯究”，予以刑责。[2]

清末改制是我国执行制度现代化的起点。1901 年 1 月 29 日，清政府

---

〔1〕 参见［日］仁井田陞：《中国法制史》，牟发松译，上海古籍出版社 2011 年版，第 275 页。

〔2〕 参见张晋藩：《中华法制文明的演进》，法律出版社 2010 年版，第 835、884～886 页。

在西安发布诏书，着意变法，推行新政。经两江总督刘坤一、湖广总督张之洞共同提议（史称“江楚会奏变法三折”），清政府于1902年决定修改以《大清律例》为代表的旧律体系，试图通过制度“西化”使列强放弃领事裁判权，收回司法主权。随后，经袁世凯等人保举，清政府任命沈家本、伍廷芳为修律负责人，并设修订法律馆，启动旧律的修订工作。1905年日俄战争结束以后，为了配合立宪改革需求，修律重点从删改旧律变成了制定新律，司法改革也得到前所未有的关注。1906年4月，沈家本、伍廷芳向清政府提交了《刑事民事诉讼法草案》，这是修律大臣正式奏进的第一部新律草案。该草案在第三章“民事规则”部分用了4节57个条文就财产查封和债务清偿等作出详细规定，包括“判案后查封产物”、“判案后监禁被告”、“查封在逃被告产物”和“减成偿债及破产物”等，占草案全部条文的1/5以上。但由于触及诸多礼法争议，该草案遭到督抚大臣的一致反对，最终搁置。[1]

1906年9月1日清政府宣布预备立宪、启动官制改革之后，司法机构和诉讼制度改革骤然提速。1906年11月，清政府颁布《裁定奕劻等核拟中央各衙门官制谕》，“刑部着改为法部，专任司法；大理寺改大理院，专掌审判”；1906年12月，颁行《大理院审判编制法》，确定了大理院和京师的地方审判机构（京师高等审判厅、城内外地方审判厅和城谳局三级）；1907年12月，在天津、京师、东三省试办的基础上，颁布《各级审判厅试办章程》，首次以正式立法的形式对执行程序作出规定。仅有的3个条文照录如下：“第四十一条　民事之判决，毋庸复核，于上诉期满后，除被告遵断完案外，得依下列方法行之：（一）查封欠债之物产，勒限完案；（二）管理查封之物产，以其利息抵偿欠款；（三）拍卖查封之物产，抵偿欠款。”“第四十二条　因理曲人家产净绝，不能依前条方法执行者，得将理曲人收教养局做工一月以上、三年以下。如工作中查出有隐匿家产据实

[1] 关于草案制定始末，参见吴泽勇：《清末修订〈刑事民事诉讼法〉论考——兼论法典编纂的时机、策略和技术》，载《现代法学》2006年第2期。

者，仍照前条办理，得将理曲人释放。”“第四十三条　对于军人应照第四十一条办理时，审判厅得知照其所属长官执行之。”

但遗憾的是，《各级审判厅试办章程》并未对执行机关的设置作出规定，故只能从天津等地的探索中管窥一二。根据较早制定的《天津府属试办审判厅章程》，天津的审判机构分为高等审判厅分厅（府）、地方审判厅（县）和乡谳局三级，职位有“官”和“吏”两种。其中，“官”主要是承审官、会审官、豫审官、检事官和书记官；承审官之上，还有高等审判厅分厅、地方审判厅的厅长（分别由知府和县令兼任）和刑、民事部长（地方审判厅由各部承审官兼任）。“吏”及以下职位主要是检验吏、承发吏、堂丁和司法巡警。民事判决的执行主要由承发吏负责，承审官和书记官可以在必要时作出命令。该章程第117条、第118条规定，凡民事判决的执行，由书记官督率承发吏执行之。通常情况下，民事判决先出书记抄录判词副本并执行谕书，然后交承发吏照办。执行时，承发吏应首先征收银钱；不足时，再由承审官于30日内酌示查封债务人的财产；债务人在重新指定的期限内仍未履行的，即行拍卖备抵。另外，根据《天津府属试办审判厅员弁职守》之《承发吏规则》，承发吏执行查封时，应由部长指派书记官一人督同地方乡董办理，其报告书及查封清单，应由书记官和地方乡董签名画押，但拍卖可由承发吏单独实施。[1]

清政府1910年颁行的《法院编制法》基本沿袭了上述做法，于第144条规定，初级审判厅和地方审判厅“置承发吏”，“受审判厅或检察厅之命执行判断及没收之物件”；于第147～148条规定，承发吏须经考试，方能录用，并由法部及提法司派充，或委任地方审判厅厅丞或厅长派充；承发吏有缺额或其他特殊情形的，可由监督官派本厅录事代理。[2] 1911年3

---

〔1〕参见（清）甘厚慈：《北洋公牍类纂正续编》，罗澍伟点校，天津古籍出版社2013年版，第143～154页。

〔2〕参见《宪政编查馆奏定法院编制法并暂行章程》，载何勤华、李秀清主编：《民国法学论文精萃第5卷：诉讼法律篇》，法律出版社2004年版，第549页。

月《修正承发吏职务章程》进一步规定，承发吏的“办理职务室”应“附设各该厅内”；在法律地位上，承发吏作为初级审判厅和地方审判厅的属员，辅助法官和检察官办理相关事项，地位低于书记官，所谓“受各该厅长官之监督、承审推事或检察官之命令及该管书记官之指示，任法令所定职务”。其执行职责共有7项，包括：（1）执行民事搜查票；（2）执行押交押迁；（3）查封物产、拍卖物产；（4）征收罚金、没收物产；（5）发交物品；（6）执行判决后之损害赔偿事件；（7）征收讼费。[1]

不过，《各级审判厅试办章程》和《法院编制法》均未规定强制执行的具体程序。从清政府的修律方案来看，这一问题交由专门的程序立法解决。最初，修订法律馆的思路是制定统一的诉讼法即《大清刑事民事诉讼法草案》。被搁置后，因伍廷芳离任，修订法律馆重新组建，立法思路出现了两个方面的调整：一是从“刑民合一”转向“刑民分立”，即分别起草《刑事诉讼律草案》和《民事诉讼律草案》；二是执行程序单独立法，即在《民事诉讼律》之外另行制定《强制执行律》。对于前者，修律大臣沈家本和俞廉三在奏折中的解释是：“东西各国，法制虽殊，然于人民私权秩序维持至周，既有民律以立其基，更有民事诉讼律以达其用。是以专断之弊绝，而明允之效彰。中国民刑不分，由来已久。刑事诉讼虽无专书，然其规程尚互见于刑律。独至民事诉讼，因无整齐划一之规，易为百弊丛生之府。若不速定专律，曲防事制，政平讼理未必可期，司法前途不无阻碍。”对于后者，两人的解释是：“至各国民事诉讼律有于规定诉讼关系外兼规定执行关系者，日本德国即用斯例。惟查诉讼关系与执行关系不能强同，诉讼关系其主旨在确定私权，执行关系其主旨在实行私权，二者之旨趣程度各不同，如强合为一，揆诸法理实所未安，兹仿奥国例析而为

[1] 参见《修订承发吏职务章程》，载陈刚总主编、邓继好卷主编：《中国民事诉讼法制百年进程：民国初期》（第2卷），中国法制出版社2014年版，第317页。

二，于民事诉讼律外续定执行律。”[1] 但直至清政府覆亡，《刑事诉讼律草案》和《民事诉讼律草案》也未能颁行，《强制执行律草案》更是胎死腹中，仅有修订法律馆调查员、日本人松冈义正起草但未经审定的版本留存于世。[2]

### （二）取法日本：初遇“分散型”民事执行程序

一般认为，清末新政期间，修订法律馆正式奏报的诉讼法一共 3 部，即 1906 年的《刑事民事诉讼法草案》以及 1911 年的《刑事诉讼律草案》和《民事诉讼律草案》。但也有学者指出，在《刑事民事诉讼法草案》和两部诉讼律草案之间还有一部《民事刑事诉讼暂行章程草案》。该章程并非完全另起炉灶，而是采两部诉讼律的紧要内容，综合为暂行立法，以配合《法院编制法》的实施，所以该章程内容上与两部民事诉讼律乃至强制执行律有高度相似。[3] 从时间来看，该章程应制定于 1910～1911 年之间。但或许是由于两部诉讼律在 1911 年 1 月先行奏报，该章程在修订法律馆商请法部会奏的过程中，于宣统三年（1911 年）3 月无疾而终。加上未完全进入修订程序的《强制执行律草案》，清末新政期间与诉讼法相关的草案应有 5 部。而且，除了《刑事民事诉讼法草案》，其他 4 部均出现于 1906 年修订法律馆重组之后。这使《刑事民事诉讼法草案》在立法技术上与另外 4 部有显著不同。

美国学者任达指出，1905～1906 年是清末新政的分水岭，日本因素在 1906 后的法律和司法改革中发挥了主要的、必不可少的作用，每一套法律的编纂都以日本专家为首并由他们积极指导。[4] 发生这种变化的起点是伍

---

〔1〕《修订法律大臣沈家本等奏为民事诉讼律草案编纂告竣折》，载陈刚总主编、卷主编：《中国民事诉讼法制百年进程：清末时期》（第 2 卷），中国法制出版社 2004 年版，第 4～6 页。

〔2〕参见曹杰：《强制执行法讲义》，上海法学编译社 1937 年版，第 163 页及以下。

〔3〕参见吴泽勇：《〈民事刑事诉讼暂行章程〉考略》，载《昆明理工大学学报（社会科学版）》2008 年第 1 期。

〔4〕参见［美］任达：《新政革命与日本：中国，1898—1912》，李仲贤译，江苏人民出版社 1998 年版，第 202 页。

廷芳和沈家本在1905年10月15日的奏折。两人指出："我国与日本相距尤近，同洲同文，取资尤易为力，亟应派专员前往调查，借得与彼都人士接洽研求。"[1] 此后，清政府不仅向日本派出专门的考察团，而且决定以日本为样板启动立宪改革。旋即，修订法律馆也于1907年和1908年以留日学生为主力进行重组，并聘请日本学者冈田朝太郎、小河滋次郎、松冈义正为调查员（实为各种法律起草人），[2] 这使此后起草的法律都有浓重的日本法痕迹，尤其是关于诉讼制度和民商事活动的新型法律。但限于主题或兴趣，现有考证很少涉及执行程序。[3] 作为补缺，以下就《法院编制法》、《民事刑事诉讼暂行章程草案》和《强制执行律草案》对日本执行制度的借鉴略作考察。

1.《法院编制法》中的承发吏与《日本裁判所构成法》中的执达吏

如表4-1所示，《法院编制法》基本在冈田朝太郎草案的基础上编制而成，后者与《日本裁判所构成法》的体例结构基本一致。[4] 有学者进一步考证，《法院编制法草案》由日本人冈田朝太郎起草，留日学生曹汝霖翻译，修订法律馆略作修改后上奏清政府。但为了避免不必要的争议，沈家本在奏进时隐藏了冈田朝太郎和留日学生的作用，声称草案系修订法律馆馆员分门编纂，冈田朝太郎帮同审查，最后由他本人"折中刊定"。[5] 但无论如何，从最终结果来看，《法院编制法》的体例结构确实

〔1〕参见丁贤俊、喻作凤：《伍廷芳集》（上册），中华书局1993年版，第276页，《奏定新律折》。

〔2〕参见陈煜：《清末新政中的修订法律馆——中国法律近代化的一段往事》，中国政法大学出版社2009年版，第224~228页。关于调查员的考证，见该书第236页。

〔3〕参见吴泽勇：《〈大清民事诉讼律〉修订考析》，载《现代法学》2007年第4期；张勤：《清末民初的民事诉讼法及大陆法系的影响——以法典结构为视角》，载何勤华：《大陆法系及其对中国的影响》，法律出版社2010年版，第398~407页。

〔4〕参见何勤华、李秀清：《外国法与中国法——20世纪中国移植外国法反思》，中国政法大学出版社2003年版，第496页脚注。

〔5〕参见吴泽勇：《清末修订〈法院编制法〉考略——兼论转型期的法典编纂》，载《法商研究》2006年第4期。

与冈田朝太郎的初稿以及《日本裁判所构成法》差异不大。[1]

**表4－1　《法院编制法》与《日本裁判所构成法》结构对比**

| 《日本裁判所构成法》 | 《法院编制法》（冈田初稿） | 《法院编制法》 |
|---|---|---|
| 第一编　裁判所及检事局<br>第一章　总则<br>第二章　区裁判所<br>第三章　地方裁判所<br>第四章　控诉院<br>第五章　大审院<br>第二编　裁判所及检事局之官吏<br>第一章　为判事检事者必需之准备及资格<br>第二章　判事<br>第三章　检事<br>第四章　裁判所书记<br>第五章　执达吏<br>第六章　廷丁<br>第三编　司法事务之取扱*<br>第一章　开廷<br>第二章　裁判所之用语<br>第三章　裁判所之评议及言渡<br>第四章　裁判所及检事局之事务章程<br>第五章　司法年度及休暇<br>第六章　法律上之共助<br>第四编　司法行政之职务及监督权<br>附则 | 第一章　审判厅总则<br>第二章　乡谳厅<br>第三章　地方审判厅<br>第四章　地方审判分厅、地方巡审厅、地方巡审司及巡审官<br>第五章　高等审判厅、高等审判厅分司及高等巡审司<br>第六章　大理院、大理院分司及大巡审司<br>第七章　大检察厅<br>第八章　承审官及检察官<br>第九章　书记课、会计吏及翻译<br>第十章　执达吏<br>第十一章　庭丁<br>第十二章　审判庭之用语、法庭之开闭及其秩序<br>第十三章　审判之评议及言渡<br>第十四章　司法年度及休假<br>第十五章　法律上之共助<br>第十六章　司法行政之职务及监督权<br>附则 | 第一章　总则<br>第二章　初级审判厅<br>第三章　地方审判厅<br>第四章　高等审判厅<br>第五章　大理院<br>第六章　检察厅<br>第七章　推事及检察官之任用<br>第八章　书记课及翻译官<br>第九章　承发吏<br>第十章　庭丁<br>第十一章　审判厅之用语及法庭之秩序<br>第十二章　审判之评议及宣告<br>第十三章　司法年度及事务分配<br>第十四章　法律上之共助<br>第十五章　司法行政之职务及监督权<br>附则 |

具体到执行机关的设置，《法院编制法》关于承发吏的规定与《日本裁判所构成法》关于执达吏的规定也基本一致（见表4－2），表现如下：

---

〔1〕《日本裁判所构成法》文本源于李秀清、陈颐主编，商务印书馆编译所编译：《日本六法全书》，上海人民出版社2013年版，第19～33页。《法院编制法》文本源于王士林：《法院编制法释义》，载陈刚总主编：《中国民事诉讼法制百年进程：清末时期》（第1卷），中国法制出版社2004年版，第453页及以下。《法院编制法》初稿的结构体例源于吴泽勇：《清末修订〈法院编制法〉考略——兼论转型期的法典编纂》，载《法商研究》2006年第4期。下同，恕不一一注明。

其一，两者都设置在基层法院，承发吏设在初级审判厅和地方审判厅，执达吏设在区裁判所；其二，两者的权限相仿，均负责裁判所文书的送达和生效裁判的执行；其三，两者的任职资格和任命机关基本一致，均需通过司法行政机关组织的专门考试，且原则上由司法行政机关任命和管理，并可授权给一定级别的法院院长；其四，两者均需缴纳履职保证金；其五，两者均需服从法官和书记官的命令。两者的主要区别在于取酬方式：日本采法定手续费主义，允许执达吏按照法定标准向当事人收取规费，只有收入低于一定数额，才由国家予以补助；清政府则采薪俸主义，由国家向承发吏支付定额薪酬。之所以有此差异，是因为旧时官吏习惯以规费之名勒索百姓。如冈田朝太郎指出，若一切官吏皆能廉洁自律，适用法定手续费主义未尝不可，但就中国现在之情形，若令征收规费，“恐浮收勒索之弊在所不免，不如用官给薪俸主义之为得也”。[1]

**表 4－2 《法院编制法》和《日本裁判所构成法》涉执行条文的比较**

| | 《法院编制法》<br>（第九章 承发吏，共 10 个条文） | 《日本裁判所构成法》<br>（第二编 第五章 执达吏，共 7 个条文） |
|---|---|---|
| 设置与职权 | 第 144 条　初级及地方审判厅置承发吏，其职务如左：（1）发送审判、检察厅之文书；（2）受审判、检察厅之命执行判断及没收之物件；（3）当事人有所申请实行通知催传。<br>第 153 条　承发吏权限并应办事宜，本法所未定者，按照诉讼律并承发吏职务章程及其它法令所定办理。 | 第 94 条　各区裁判所依第九条酌设执达吏若干员。<br>（第 9 条　区裁判所设执达吏，送达裁判所所发文书，并执行裁判所之裁判。执达吏除任前项事务外，凡此法律及他法律所定之特别职务，亦归其取扱。） |
| 任命 | 第 147 条　承发吏有缺额或有他故时，监督官得派本厅录事代理。<br>第 148 条　承发吏须经考试，始准录用。考试任用承发吏章程，由法部定之。 | 第 95 条　执达吏由司法大臣任或补之。司法大臣可以任命或补授该所管辖区域内裁判所执达吏之权委于控诉院长。<br>被任为执达吏者必要之资格并试验规则，司法大臣定之。 |

〔1〕 参见［日］冈田朝太郎口述、熊元襄编：《法院编制法》，上海人民出版社 2013 年版，第 100 页。

续表

| | 《法院编制法》（第九章 承发吏，共10个条文） | 《日本裁判所构成法》（第二编 第五章 执达吏，共7个条文） |
|---|---|---|
| | 第149条　承发吏由法部及提法司派充，并得委任地方审判厅厅丞或厅长派充之。 | |
| 保证金 | 第150条　充承发吏者，应纳相当保证金。<br>第152条　承发吏职务章程，由法部定之。 | 第99条　执达吏实行其职务，须出保证金。执达吏职务之细则及关于保证金规则，司法大臣定之。 |
| 地位 | 第145条　承发吏应从长官之命令。 | 第100条　执达吏从受其所属裁判所上官之命之书记，及受管辖该裁判所之地方裁判所上官之命之书记，及诸书记之上官之命令。 |
| 报酬 | 第151条　承发吏应照职务章程所定，分别酌给津贴。 | 第96条　执达吏受取手数料，该手数料如未到一定之额，则受补助金。 |

2.《民事刑事诉讼暂行章程草案》和《强制执行律草案》对日本执行程序的借鉴

除执行机关外，《民事刑事诉讼暂行章程草案》和《强制执行律草案》关于执行程序的规定也与1890年《日本民事诉讼法》非常接近（见表4-3）。[1]

**表4-3　《民事刑事诉讼暂行章程草案》、《强制执行律草案》与1890年《日本民事诉讼法》对比**

| 1890年《日本民事诉讼法》 | 《民事刑事诉讼暂行章程草案》 | 《强制执行律草案》 |
|---|---|---|
| 第六编　强制执行<br>第一章　总则<br>第二章　金钱债权之强制执行 | 第六编　裁判之执行<br>第一章　民事强制执行通则<br>第二章　因金钱上债权对于动产物之强制执行 | 第一编　总则（分3章，依次为：法例、执行名义、执行之异议）<br>第二编　执行机关（分2章，依次为：承发吏、执 |

[1] 1890年《日本民事诉讼法》文本源于李秀清、陈颐主编，商务印书馆编译所编译：《日本六法全书》，上海人民出版社2013年版，第284～311页。《民事刑事诉讼暂行章程》文本源于陈刚总主编、谢文哲卷主编：《中国民事诉讼法制百年进程：清末时期》（第3卷），中国法制出版社2009年版，第83～97页。《强制执行律草案》文本源于曹杰：《强制执行法讲义》，上海法学编译社1937年版，第163页及以下。下同，恕不一一注明。

续表

| 1890年《日本民事诉讼法》 | 《民事刑事诉讼暂行章程草案》 | 《强制执行律草案》 |
| --- | --- | --- |
| 第一节　动产之强制执行（分4款，依次是：通则、有体动产之强制执行、债权及他财产权之强制执行、配当手续）<br>第二节　不动产之强制执行（分3款，依次是：通则、强制竞卖、强制管理）<br>第三节　船舶之强制执行<br>第三章　债权不以金钱支付为目的者之强制执行<br>第四章　假差押及假处分 | 第三章　因金钱上债权对于债权及其他财产权之强制执行<br>第四章　因金钱上债权对于不动产及船舶之强制执行<br>第五章　因金钱以外债权之强制执行<br>第六章　假扣押及假处分<br>第七章　刑事裁判执行通则<br>第八章　刑罚之执行<br>第九章　疑义及异议之声明 | 行审判衙门）<br>第三编　执行当事人（分3章，依次为：能力、多数之执行当事人、执行费用、执行之救助）<br>第四编　执行程序<br>第一章　通则<br>第二章　关于金钱权利之强制执行（分为6节，依次为：对于动产之强制执行、对于不动产之强制执行（又分为3款，即通则、强制拍卖、强制管理）、对于船舶之强制执行、对于金钱债权之强制执行、关于物之交付及给付之请求之强制执行、对于他财产权之强制执行）<br>第三章　关于交回人物及作为或不作为之强制执行<br>第四章　关于分割共有物之强制执行<br>第五章　关于假处分假扣押之强制执行 |

一方面，在体例结构上，《民事刑事诉讼暂行章程草案》虽实行“刑民合一”，多出刑事裁判的执行等内容，但就民事执行而言，章节编排与旧《日本民事诉讼法》如出一辙；而《强制执行律草案》作为单独立法，虽因内容扩充在体例结构上有较大变化，但最为核心的第四编“执行程序”与《民事刑事诉讼暂行章程草案》并无二致。

另一方面，在程序设计上，《民事刑事诉讼暂行章程草案》和《强制执行律草案》也多有相似，表现如下。其一，与日本一样，《民事刑事诉讼暂行章程草案》和《强制执行律草案》均引入了德国的执行方法体系，区分以金钱给付为目的的强制执行和非以金钱给付为目的的强制执行——

前者进一步区分为对普通动产的强制执行、对债权和其他财产权利的执行、对不动产和船舶的强制执行等。这些执行方法均需当事人单独提出申请，分别启动。其二，承发吏和执行审判衙门共享执行权。《民事刑事诉讼暂行章程草案》第326条、《强制执行律草案》第36条和1890年《日本民事诉讼法》第531条均规定，除非另有规定，强制执行由承发吏或执达吏实施；同时，于其他章节规定，对金钱债权和其他财产权利的强制执行，以及对不动产和船舶的强制执行，由执行审判衙门或执行裁判所负责。[1] 其三，均实行德国式的执行文制度。《民事刑事诉讼暂行章程草案》第322条、第323条规定，强制执行非基于已经送达且附有执行文的判决正本，不得实施。该正本可因书状或言辞请求，由第一审审判衙门书记官交付之；若案件属于上级审判衙门，由该衙门书记官交付之。执行文应记明因强制执行而交付的字样及当事人姓名，由书记官署名，并钤以审判衙门之印，附于判决正本之后。有执行力的正本非判决确定或宣示假执行之后，不得交付。《强制执行律草案》第10～12条也有相同的规定。这与1890年《日本民事诉讼法》第516条、第517条的规定完全一致。

### （三）清末“分散型”民事执行程序的虚与实

1906～1911年的清末修律是我国法制史上第一次全面引入西方的法律体系。由于事起仓促，修订法律馆虽然起草了不少具有现代化属性的法律草案，但真正获得颁行的屈指可数。作为少数正式颁行的新律，《法院编制法》不仅在中国引入了新式法院体系，也引入了影响我国近半个世纪的承发吏（南京国民政府时期改名执达员）制度，从而开启了中国执行制度现代化的进程。与其配套的《民事刑事诉讼暂行章程草案》和《强制执行律草案》虽然较为全面地吸收了日本的“分散型”民事执行程序，有意使承发吏和执行审判衙门共享执行权，但因没有正式颁行，对实践的影响微

〔1〕参见《民事刑事诉讼暂行章程》第337条、第346条和第356条，《强制执行律草案》第146条、第320条和第330条，1890年《日本民事诉讼法》第595条、第641条和第718条。

乎其微。由此导致的后果是，承发吏制度因失去程序法依托，在实践中与“分散型”民事执行程序渐行渐远。

根据《法院编制法》第 145 条的规定，承发吏应服从所在审判厅之命令。据此，1911 年《修正承发吏职务章程》第 2 条进一步规定，承发吏在各审判厅长官的监督下，根据承审推事或检察官之命令及书记官之指示，办理法定职务。该规定虽与《日本裁判所构成法》关于执达吏的规定一致，但因缺少 1890 年《日本民事诉讼法》第 531 条（强制执行除非另有规定，皆可由执达吏实施）那样的配套规定，[1] 反而使承发吏失去了独立行使执行权的保障。加之司法行政机关（法部和省提法使司）很少组织承发吏的选拔，绝大部分的承发吏由地方审判厅厅长派充，承发吏的独立性更是丧失殆尽，遑论与法院共享执行权。

## 二、民国困局与“分散型”民事执行程序的部分废弃

### （一）承发吏和执达员独立性的丧失

#### 1. 民事执行处的设立与执行权收归法院

辛亥革命以后，因新法未立，1912 年 3 月 11 日，袁世凯刚刚就任临时大总统，便发布关于援用清政府法律的命令：“现在民国法律未经议定颁布，所有从前施行之法律及新刑律，除与民国国体抵触各条，应失效力外，余均暂行援用，以资遵守。”随后，法部根据袁世凯的命令启动修律活动。与此同时，尚在运行的南京临时政府司法部也呈文孙中山，请示清民律草案、第一次刑律草案、刑事民事诉讼法、法院编制法、商律、破产律和违警律的适用问题；于 1912 年 3 月 21 日咨请临时参议院审议，参议院于 1912 年 4 月 3 日形成决议：“此次政府交议当新法律未经规定颁行以前，暂酌用旧有法律，自属可行。所有前清时规定之《法院编制法》、《商

---

[1] 参见［日］高木丰三：《日本民事诉讼法论纲》，陈与年译，中国政法大学出版社 2006 年版，第 404 页。

律》、《违警律》及宣统三年颁布之《新刑律》、《刑事民事诉讼律草案》，并先后颁布之禁烟条例，国籍条例等，除与民主国体抵触之处应行废止外，其余均准暂时适用。惟民律草案，前清时并未宣布，无从援用，嗣后凡关民事案件，应仍照前清现行律中规定各条办理，惟一面仍须由政府饬下法制局，将各种法律中与民主国体抵触各条签注或签改后，交由本院议决公布施行。”〔1〕

由于《民事刑事诉讼章程草案》和《强制执行律草案》都没有向清政府奏进，没有进入正式的立法程序，而正式颁行的法律中仅有《各级审判厅试办章程》第41～43条3个条文涉及执行程序，所以，对清政府法律的援用并未解决执行程序的法律适用问题。有民国学者指出，清政府颁行的《各级审判厅试办章程》关于强制执行之规定，甚属简略。实践中，各地审判厅大多援用京师地方审判厅1914年制定的民事执行处规则、拍卖动产暂行简章、不动产执行规则和假扣押假处分及假执行规则，直至1920年北洋政府司法部《民事诉讼执行规则》的制定。〔2〕

在此过程中，尤其值得注意的是我国司法的一项本土发明，即民事执行处的设立。因京师地方审判厅民事执行处规则尚无可考，此处仅以天津地方审判厅的实践略作说明。天津地方审判厅《民事执行办法》于1915年通过北洋政府司法部审核。根据该办法，天津地方审判厅特设民事执行处，为民事案件的执行机构。该处由2名书记官主持，辅以承发吏若干，专门负责生效裁判的执行；只有案情复杂或需与洋人交涉的特殊案件，才会移交承审法官处理。该处的设立对当时的《法院编制法》有两点突破：一是在刑庭和民庭之外增加了一个名为“处”，但实际负责审判（延伸）

〔1〕谢振民编著：《中华民国立法史》，中国政法大学出版社2000年版，第54～56页。张国福认为谢振民将袁世凯的命令作为4月3日临时参议院决议的依据存在谬误。同时，张国福认为，南京临时参议院的决议没有对听命于袁世凯的北洋政府产生约束力，后者的修律活动均按照袁世凯的命令作出，所以应将袁世凯的命令作为北洋政府援用清政府法律的真实依据。参见张国福：《关于北洋政府援用清末法律的依据问题》，载《法学杂志》1986年第1期。

〔2〕参见瞿曾泽：《强制执行法释义》，会文堂新记书局1937年版，第2页。

事务的专业机构；二是超出法定职责，赋予了书记官独立承办民事执行案件的权力。之所以有此突破，主要是因为案件积压严重，民怨频起。截至1915年夏，天津地方审判厅每月执行收案五六十起，另有各种因素导致的未结案件120余起，而天津地方审判厅的民庭只有庭长1名，独任法官3名，共计4名法官。因天津地方审判厅不仅有一审案件，还有二审案件，且有相当一部分案件需要组成合议庭审理，若按照承审法官自审自执的传统，上述执行案件将很难得到及时解决。更何况，《法院编制法》和《各级审判厅试办章程》关于执行程序的规定还语焉不详，不能为法官和承发吏提供有效指引，以致案件经常因各种偶发和突发问题而时日迁延，结案无期。[1]

由于天津地方审判厅的困境在民国初年并非个案，且其与京师地方审判厅同为各地审判厅之楷模，所以，民事执行处的做法很快被其他地区所效仿。在此基础上，北洋政府司法部于1920年制定《民事诉讼执行规则》，将民事执行处的经验制度化。其于第1条和第2条规定：地方审判厅设民事执行处，办理执行事务；民事执行处置推事、书记官，承厅长之指挥命令，督同承发吏实施强制执行事务。

南京国民政府基本沿袭北洋政府的执行制度，除了将承发吏的名称改为执达员。其1932年《法院组织法》第52条规定，地方法院及其分院置执达员，服从长官之命令，执行下列事务：（1）送达文件；（2）依法令执行应由其执行的裁判；（3）其他职务事项。1940年《强制执行法》第1～3条规定，民事强制执行事务，于地方法院设民事执行处办理之——根据学理解释，这里的地方法院为第一审诉讼法院。除事务较简之法院以外，民事执行处应设专任法官及书记官办理执行事务。遇具体案件，由法官、书记官督同执达员办理。这与之前《法院编制法》和《民事诉讼执行规则》

[1] 关于天津地方审判厅困难和改革举措，参见杨鸿雁：《民初天津地方审判厅民事强制执行制度建设与实践》，载《天津法学》2020年第3期。

的规定基本一致。[1]

民事执行处的合法化使承发吏（执达员）的法律地位发生重大变化。若按清政府《民事刑事诉讼暂行章程草案》和《强制执行律草案》的规定，承发吏可以不经法院，直接基于当事人的委任，独立办理动产扣押和拍卖事宜，从而与执行法院共享执行权。但在民事执行处成立后，办理执行案件的权力被集中到了法官和书记官手中，承发吏仅能作为他们的辅助人员，根据指令办理执行事务，而不可能作为独立的执行机关与法院共享执行权。这一变化意味着，《民事刑事诉讼暂行章程草案》和《强制执行律草案》所规定的“分散型”民事执行程序已无适用之可能。

另外，从审执分离的视角来看，民事执行处的设立仅实现了审判人员和执行人员的分离，而未实现审判法院和执行法院的分离。《民事诉讼执行规则》第4条规定“民事案件判决确定后，本厅审理各厅应将诉讼记录移付民事执行处”，实际上把执行案件的管辖权留在了诉讼法院（第一审法院）。这是对《民事刑事诉讼暂行章程草案》和《强制执行律草案》的进一步否定，因为在后者规定的“分散型”体制下，执行权的“分散”不仅表现为法院与承发吏的分权，也表现为法院系统内部不同法院之间的分权。所谓的“执行审判衙门”，并非仅指诉讼法院（第一审法院），也包括债务人普通审判籍所在地的法院，以及被执行不动产所在地的法院。

2. “县知事兼理司法”和县司法处带来的倒退

除了诉讼法院的民事执行处独享执行权以外，“县知事兼理司法”也是对“分散型”民事执行程序的否定。所谓“县知事兼理司法”，即县级政权的行政长官（县知事）代行法院的司法权。其基本背景是民国初年国库空虚，司法总长许世英提出的司法建设计划遇阻；直接诱因是继任许世英的梁启超奉行“以消极的紧缩主义，行积极的改革精神”之司法建设路线。1913年9月，梁启超上任不久就裁撤了负责各省司法建设的司法筹备

[1] 关于南京国民政府1940年《强制执行法》的全文，参见郑兢毅：《强制执行法释义》，商务印书馆2014年版，第16~317页。下同，恕不一一注明。

处。1913年10月，与梁启超渊源颇深的熊希龄又在国会就法院建设提出两点建议：一是整顿已经设立的法院；二是调整许世英在未设法院的地区设立审检所的方案，改为“行政官署兼摄，辟员署理”。有学者认为，这是对梁启超消极司法建设思想的进一步阐释。1914年2月，梁启超在卸任时向袁世凯提出了改良司法的“十条建议”，第一条即将《法院编制法》所确立的四级法院体系改为三级，在县一级实行“县知事兼理司法”。该建议得到袁世凯的支持并被提交政治会议讨论。1914年4月30日，袁世凯下令：各县初级审判厅概予废除，归并于地方审判厅；商埠等处的地方审判厅根据繁简决定其去留。[1] 而作为裁撤初级审检厅的预备，北洋政府司法部也于4月5日通过《县知事兼理司法事务暂行条例》和《县知事审理诉讼暂行章程》，在各地推行“县知事兼理司法”。有数据显示，在1914年之前，全国有高等、地方厅120所，初级厅179所，新式法院计约300所，还有900余县设立了审检所；[2] 但到了1926年北洋末期，新式法院则仅有130余所，[3] 其他地方均实行“县知事兼理司法”。

“县知事兼理司法”比设立民事执行处更进一步，不仅消除了承发吏的独立性，还在一定程度上改变了其权力属性，将其归并于行政权。[4]《县知事审理诉讼暂行章程》第1条规定：“凡未设法院各县之司法事务委任县知事处理之。”这实际上是将县级政权司法事务全部授权县知事处理。虽然该章程第2条规定承审员也可以审理案件，并与县知事同负其责任，但其法律地位也不过是县知事的“助理”。在实践中，由于县知事握有承审员的提名权，负责其薪酬发放，承审员大多沦为县知事的部属，随县知

---

[1] 参见唐仕春：《一九一四年审检厅大裁并之源流》，载《历史研究》2012年第3期。

[2] 参见张仁善编：《王宠惠法学文集》，法律出版社2008年版，第304页。

[3] 参见欧阳湘：《对民国前期新式法院数量的核实》，载《中国地方志》2006年第5期。

[4] 当时的日本法理论认为，执行权属于司法权，我国也深受此说影响。参见［日］高木丰三：《日本民事诉讼法论纲》，陈与年译，洪冬英勘校，中国政法大学出版社2006年版，第400页；欧阳葆真、朱家璧：《民事诉讼法原论》，载陈刚总主编、谢文哲卷主编：《中国民事诉讼法制百年进程：清末时期》（第3卷），中国法制出版社2009年版，第227页。

事的调动而调动，与早期县令的幕僚无异。[1] 至于该章程第 7 条规定的书记员（得设 1～3 人）、录事（得设 2～5 人）和承发吏（得设 4～6 人）等协助县知事处理司法事务的人员，其独立性可想而知。

南京国民政府时期，虽然 1932 年《法院组织法》宣告“县知事兼理司法”不再具有合法性。但由于“全国千八百余县，若遍设法院，人才经费均有不逮”，直到 1935 年，新增的法院数量依然很少。作为变通，南京国民政府于 1936 年 4 月 9 日颁布《县司法处组织暂行条例》，规定“凡未设法院各县之司法事务，暂于县政府设县司法处处理之”，随后，司法行政部确定自 1936 年 7 月 1 日起，分省分期改设县司法处。但由于抗战全面爆发，到 1942 年 10 月，地方法院也不过增至 390 所，县司法处也仅设 864 所，与前述 1914 年新式法院和审检所的数量基本持平，全国仍有 1/3 左右的县实行“县知事兼理司法”。[2] 直到抗战结束，新式法院和县司法处的设立才明显提速。至 1948 年，除新疆地区外，地方法院的数量达 748 所，没有新式法院的县也基本设立了司法处。[3]

即便如此，从实际运行来看，县司法处也没有完全走出“县知事兼理司法”的阴影。《县司法处组织暂行条例》虽然对县长和审判官的法律地位作出了明确规定，并试图通过将审判官的任命收归高等法院，规范其与县长的关系，但由于中央和地方的人事权力冲突，人事任命权和经费下拨不匹配，改革的预期并未很好地实现。[4] 有学者指出，由于审判官的威望和能力不足，实际上很难维系与县长的平衡关系，以致当时的司法院院长居正也不得不感慨，普设法院，使全国县司法处完全脱离行政而独立，属司法中最艰巨之工作。[5] 至于执达员，因其与“县知事兼理司法”时一

---

〔1〕 参见银品：《民初承审员选任制探析》，载《史学月刊》2022 年第 7 期。
〔2〕 参见谢冬慧：《县司法处：近代中国基层审判机构论略》，载《东南学术》2010 年第 1 期。
〔3〕 参见李蓍笛：《曲折中的反思：民国时期县知事兼理司法制度再审视》，载《新疆大学学报（哲学·人文社会科学版）》2019 年第 3 期。
〔4〕 参见吴燕：《国民政府时期四川县级司法人事制度改革研究》，载《近代史研究》2011 年第 2 期。
〔5〕 参见谢冬慧：《县司法处：近代中国基层审判机构论略》，载《东南学术》2010 年第 1 期。

样，依然是负责司法庶务的辅助人员，由县长商同审判官派充或雇用，[1]自然难以寄望其独立地承担执行职责。

### （二）“分散型”执行方法的保留

虽然“分散型”体制下的权力架构被全面废弃，但以执行方法为中心的程序外观仍被《民事诉讼执行规则》和《强制执行法》所保留（见表4－4）。其中，前者将执行程序区分为对动产的执行、对不动产的执行和其他执行。后者将执行程序区分为对动产的执行、对不动产的执行、对其他财产权的执行、关于物之交付请求权的执行和关于行为及不行为请求权之执行等。而且，《民事诉讼执行规则》第53条还在“执行以受诉第一审审判厅为执行审判衙门”的原则性规定之下有一个例外，即“可供执行之不动产若不在前项执行审判厅管辖区域内者，执行审判衙门应据债权人申请移转该管审判厅或其他官署执行”。这是“分散型”权力结构在民国时期的最后一丝残留。南京国民政府《强制执行法》出台以后，该例外不复存在。

**表4－4　《民事诉讼执行规则》和1940年《强制执行法》的体例结构**

| 《民事诉讼执行规则》 | 1940年《强制执行法》 |
|---|---|
| 第一章　总则 | 第一章　总则 |
| 第二章　动产执行 | 第二章　对于动产之执行 |
| 第三章　不动产执行 | 第三章　对于不动产之执行 |
| 第四章　其他执行 | 第四章　对于其他财产权之执行 |
| 第五章　假扣押假处分及假执行 | 第五章　关于物之交付请求权之执行 |
| 第六章　附则 | 第六章　关于行为及不行为请求权之执行 |
| | 第七章　假扣押、假处分之执行 |
| | 第八章　附则 |

虽然《民事诉讼执行规则》和《强制执行法》保留了以执行方法为中

[1] 参见付海晏：《变动社会中的法律秩序——1929—1949年鄂东民事诉讼案例研究》，华中师范大学2004年博士学位论文，第46、47页。

心的程序外观，但由于缺乏“分散型”权力架构的配合，程序的运行更多依靠法院的依职权推动，表现如下。其一，债权人在申请执行时无须明确待执行的财产和拟选择的执行方法。当时“申请执行状”的正文一般为：“为声请强制执行事：窃声请人（姓名）前于×月×日诉追（债务人）不理欠款一案，已于×月×日奉到钧院判决，令（债务人）如数清偿并负担本案讼费，今已逾上诉期间，判决业已确定在案。乃依然不为履行，长此延宕，实于声请人权利大有妨碍。为此依法状请钧院鉴核，迅予限令于×日内如数清偿完案，否则房屋及动产等查封拍卖，以备抵偿。谨状。”〔1〕其二，法院在执行过程中可以依职权调查债务人的财产。南京国民政府《强制执行法》第9条规定，开始执行前，除因调查关于强制执行之法定要件或执行之标的物，认为必要者外，无须传讯当事人。虽然该条的主旨是限制法院依职权传唤当事人，防止法院滥行调解，损害生效法律文书权威，〔2〕但同样赋予了法院依职权调查债务人财产的权力。该法第19条也明确规定，强制执行事件，有调查之必要时，除命债权人查报外，执行推事得自行或命书记官调查之。其三，法院可以在执行过程中依职权“切换”执行方法。南京国民政府时期，法院发给执达员的“执行训令”一般表述为：“案查××年度×字第×号（债权人）与（债务人）为求偿欠款执行事件，业经判决确定，合行令仰该员按照后开各节前往切实执行，如遇反抗情事，得请该管警察局选派警察官吏协助，限十日内执行终结具报，勿得违延。此令。”在该令后半部分，法院会列举包括“执行方法”在内的各种执行信息（“计开”各项）。〔3〕从可查的有限资料来看，法院列举的“执行方法”往往是概括授权，执达员可以统筹实施。比如在上诉人李黄氏与被上诉人李文举的离婚案中，生效判决的主文是“准予离婚，

〔1〕 郑兢毅：《强制执行法释义》，商务印书馆2014年版，第43页。

〔2〕 南京国民政府顾问、法国人宝道曾在1936年撰文批评执行机关传讯当事人，滥行调解的做法。参见［法］宝道：《中国诉讼法改良之意见（1933年）》，载王健编：《西法东渐：外国人和中国法的近代变革》，译林出版社2020年版，第643～645页。

〔3〕 参见郑兢毅：《强制执行法释义》，商务印书馆2014年版，第48页。

被上诉人应将其幼女交付上诉人监护，并给上诉人赡养费30万元”，法院执行命令所载明的执行方法也是“前往执行处所召集两造即该管保长等到场，按照判决主文所载切实执行，办竣取结具报。如有违抗则带院究办”。[1]

## 三、新中国的执行员制度和执行程序的新变化

### （一）执行员及其与法官的角色混同

#### 1. 苏联经验与新中国成立初期执行员制度的困境

新中国成立后，根据《中国人民政治协商会议共同纲领》第17条的规定，国民党政府一切压迫人民的法律、法令和司法制度均被废除，故各地开始建设新型的人民法院。到1951年4月，全国已建立人民法院2458个，[2] 但直到1951年《人民法院暂行组织条例》（已失效）颁布，才进入“标准化”发展阶段。关于人民法院在新政权中的地位，《人民法院暂行组织条例》第10条规定，各级人民法院（包括最高人民法院及其分院、分庭）为同级人民政府的组成部分，受同级人民政府委员会的领导和监督。下级人民法院的审判工作受上级人民法院的领导和监督；司法行政工作由上级司法部领导。在职务设置上，《人民法院暂行组织条例》仅对审判人员有较为细致的规定；对于其他人员的规定则较为笼统，更缺乏关于执行人员的具体规定。这使各地的执行工作颇为混乱，“有裁无执”现象较为突出。东北人民政府司法部1951年6月5日《关于加强民事强制执行的指示》曾指出，东北绝大多数法院尚未开展民事强制执行工作，亦未建立相应制度，存在重视裁判而忽视执行的情况，甚至有不知强制执行为何事因而根本未曾执行者，故明确指示，各地法院应根据申请执行案件的多

[1] 参见侯欣一：《创制、运行及变异：民国时期西安地方法院研究》，商务印书馆2017年版，第483页。

[2] 参见何兰阶、鲁明健主编：《当代中国的审判工作》（上），当代中国出版社1993年版，第31页。当然，考虑到后来行政区划的调整，该数量仅具参考意义。

少，设立执行机构或由专人办理执行事务，但对于执行机构的名称用股、室还是其他，以及执行人员是审判员还是书记员，则不作统一要求。[1] 最高人民法院华北分院1953年8月1日《关于各级人民法院执行判决的指示》也指出过类似问题：各地初审法院存在很多积压的执行案件，有些甚至两三年都未执行，已引起群众很大不满。不过，华北分院解决问题的思路与东北人民政府司法部有所不同，只是要求各级人民法院（特别是初审法院）指定专人负责执行工作，或由审判人员负责执行。[2] 之所以出现这种差异，有学者指出，新中国成立初期，各地人民法院在执行组织上曾有两种不同的做法。全国大部分法院最初都设有讼事科、执行科、执行组等专门机构或专职执行人员，但在司法改造运动中，有人批判这种审执分开是“旧法观点”，所以多数法院转而实行审执合一，即审判人员自审自执。[3]

1954年《人民法院组织法》实施后，执行员制度正式建立。该法第38条规定：“地方各级人民法院设执行员，办理民事案件判决和裁定的执行事项，办理刑事案件判决和裁定中关于财产部分的执行事项。”如名称所示，执行员的职责与民国时期的承发吏和执达员都有不同，仅负责民事判决和裁定的执行，不负责诉讼文书的送达。在法律地位方面，《人民法院组织法》虽然将执行员与书记员和法警一起作为人民法院的“其他人员”，但并没有明确其与审判员的关系及其隶属和任命。在理论上，可以有两种解释。一种是苏联对执行员的定位，即执行员虽然设在法院，但人事关系隶属于司法行政机关。《苏联盟员及自治共和国法院组织法》第79条曾规定，法院执行员设置于人民法院，州、边区、省法院，自治省法院，自治及盟员共和国最高法院，由盟员共和国司法人民委员会任命，于

[1] 参见中国社会科学院法学研究所民法研究室民诉组、北京政法学院民事诉讼法教研室编：《民事诉讼法参考资料》（第2辑·第2分册），法律出版社1981年版，第714页。
[2] 参见中国社会科学院法学研究所民法研究室民诉组、北京政法学院民事诉讼法教研室编：《民事诉讼法参考资料》（第2辑·第2分册），法律出版社1981年版，第721页。
[3] 参见江浩：《民事执行中几个问题的研究》，载《法学研究》1957年第1期。

自治共和国——由自治共和国司法人民委员会任命。[1] 此种理解下，执行员是法院的特殊“模块”，较审判员有一定的独立性，后者仅在业务上有指导和监督权。[2] 另一种理解是将执行员作为法院的任命和管理的人员，但因达不到机关组成人员的层次，故排除在组成人员之外。这一逻辑在新中国成立初期的政府机构设置中较为常见。比如 1949 年《中央人民政府组织法》（已失效）第 13 条规定：政务院由中央人民政府委员会任命总理一人，副总理若干人，秘书长一人，政务委员若干人组成之。各部部长虽隶属于政务院，但并不像现在这样都是国务院的组成人员。相较而言，第一种理解更符合《人民法院组织法》的制度逻辑，理由如下。

其一，相较于《人民法院暂行组织条例》，1954 年《宪法》和《人民法院组织法》对人民法院的地位和权限有重大调整。一方面，人民法院不再是各级人民政府的组成部分，不再接受各级人民政府的领导，成为独立负责审判权行使的国家机关。另一方面，法院的职权也有明显调整，除了“刑事、民事执行事项”由执行员办理外，地方人民法院的司法行政事务也明确交给司法行政机关负责。具体到人事任命，1951 年《人民法院暂行组织条例》第 10 条虽曾规定下级人民法院的司法行政事务由上级司法部领导，但因司法部只延伸到大区一级，省级以下法院的司法行政工作实际上是由各级法院自行管理。根据 1949 年《中央人民政府司法部试行组织条例》第 2 条的规定，这里的司法行政工作应当包含“司法干部之登记、分配、任免事项”。[3] 但 1954 年《人民法院组织法》则将法院的人事任命分成两部分：审判员以上的组成人员由人民代表大会选举或其常委会任免，非组成人员的任命及管理则由司法行政机关负责——该法第 34 条第 2 款规定，地方各级人民法院的助理审判员由上一级司法行政机关任免。

---

〔1〕 参见《苏联・盟员及自治共和国法院组织法》，徐步衡译，大众法学出版社 1951 年版，第 22 页。后续关于该法的引用若无特殊说明，也源自该书。

〔2〕 参见［苏］阿布拉莫夫：《苏维埃民事诉讼》（下），中国人民大学审判法教研室译，法律出版社 1957 年版，第 178、179 页。

〔3〕 参见熊先觉等编选：《中国司法制度资料选编》，人民法院出版社 1987 年版，第 167 页。

其二，1954 年《人民法院组织法》对审判员和执行员的地位进行了区分，前者是法院的组成人员，后者是法院的“其他人员”。同时，由于该法没有像民国时期那样将办理执行事务作为法官、承发吏或执达员的共享权力，而将其作为执行员的专属权力，故执行员在一定程度上应为办理执行事项的唯一合法主体。

其三，1954 年《人民法院组织法》对苏联立法有明显借鉴，尤其是第 38 条关于执行员制度的规定，与《苏联盟员及自治共和国法院组织法》第 78 条如出一辙。后者规定：“民事案件判决及裁定之执行，以及刑事案件判决之财产处分部分之执行，由法院执行员办理。”考虑到《人民法院组织法》在其他方面也与《苏联盟员及自治共和国法院组织法》多有相似，尤其是将执行员设于法院但不作为组成人员，同时取消人民法院办理执行事项的职权，不排除其有移植苏联执行员制度的可能。对此，曾任中央人民政府司法部副部长（后任部长）的魏文伯曾明确指出，判决执行属于司法行政事务。[1]

不过，上述逻辑要在我国真正落实，还面临诸多障碍。

第一，我国法院自创建以来即负责生效裁判的执行，1951 年《人民法院暂行组织条例》也坚持这一点。虽然 1954 年《人民法院组织法》不再将办理执行事项作为法院的职责，但要改变历史的惯性，需要时间和诸多主客观条件。由于人民法院组织法依然将执行员设在法院，要切割法院与强制执行的关系，除非像苏联那样在身份上改变执行员的隶属，否则殊为不易。遗憾的是，1954 年及后来的《人民法院组织法》均未做到这一点。

第二，执行员在身份上很难独立于法院。一方面，我国从 1953 年开始，就借鉴苏联经验，引入了党政干部分部、分级管理制度。从最初级到最高级的每一个干部，包括非党员干部在内，都有一定的机关管理。[2] 在

---

〔1〕 参见魏文伯：《对于“中华人民共和国人民法院组织法”基本问题的认识》，载《法学研究》1955 年第 1 期。

〔2〕 参见王懂棋：《新中国干部队伍建设制度史》，江苏人民出版社 2019 年版，第 31 ~ 38 页。

《人民法院组织法》明确将执行员设在法院的情况下，无论其人事管理权是否外移，都不可能忽视法院作为“用人单位”的发言权。另一方面，地方法院的司法行政工作在新中国成立后一直由法院负责。即便《人民法院组织法》已赋予上级司法行政机关对下级人民法院司法行政工作的管理权，但由于之前地方司法行政机关和人民法院已有较好的分工合作，司法行政机关并未过多声索自己的权力。尤其在执行员等“其他人员”的人事方面，1956 年司法部与最高人民法院联合下发的《关于目前省、市、自治区高级人民法院和司法厅（局）分工合作的暂行规定（草案)》规定，省级司法行政机关仅负责“研究和指导下级人民法院做好书记员、执行员和法警的管理工作”，至于领导工作的具体实施，则交由“本级人民法院直接负责”。[1]

第三，执行员“内无依托，外无强援”，难以形成独立的人员体系。由于 1954 年《人民法院组织法》仅规定了刑民事审判庭的设置，而设置专门的执行机构又被视为“旧法”观点，故执行员在很多法院没有对应的业务机构，不得不“挂靠”在刑民事审判庭或其他非业务部门。这使其在法院的内部竞争中处于不利地位，并逐渐沦为边缘性职位，队伍建设受到严重影响。与此同时，新中国成立初期的司法行政机关也命运多舛，客观上难以承担执行员队伍建设的重任：司法行政机关一度“有上无下”，只有中央和大区的司法部，没有省级以下的分支。1954 年六大行政区被撤销以后，甚至仅有中央人民政府司法部一级。《人民法院组织法》通过后，虽然司法部很快推动建立了省级司法行政机关，但各地的进度并不一致。1957 年反右斗争扩大化，司法部党组全体成员被打成“反党集团”以后，[2] 司法行政机关的发展很快又陷入曲折，并在 1959 年被撤销建制。

---

〔1〕 参见《当代中国》丛书编辑委员会编：《当代中国的司法行政工作》，当代中国出版社 1995 年版，第 48、49 页。

〔2〕 参见刘敏：《当代中国法制现代化进程的中断——50 年代末政法界反右派运动及其后果述论》，载南京师范大学法制现代化研究中心编：《法制现代化研究》第 6 卷，南京师范大学出版社 2000 年版，第 289、290 页。

在此背景下，司法行政机关自然无法像苏联的司法行政机关那样履行职责。

综合以上原因，执行员制度在实践中的走向逐渐与《人民法院组织法》的规定发生偏离，与苏联模式更是渐行渐远——执行员不仅在身份上无法独立于法院和审判员，其所享有的执行权也被收归人民法院。在1955年《关于北京、天津、上海等十三个大城市高、中级人民法院民事案件审理程序的初步总结》中，最高人民法院明确指出“执行事项一般应由第一审人民法院负责进行”。[1] 加之各地法院没有配备足够数量的执行员，由法院其他人员“代行”执行员职责的现象也非常普遍。有学者发现，1954年《人民法院组织法》颁布实施后，不少法院并未按规定设立专职的执行员，有的由审判人员兼办执行工作，有的由书记员甚至法警办理执行工作。[2] 在1955年某县人民法院羁押被执行人致死的事件中，实施执行的即为法院秘书，而非执行员。[3]

虽然1979年《人民法院组织法》第41条重申了1954年《人民法院组织法》的执行员制度，但由于新中国成立初期的各种问题并未解决，制度与实践的分离并没有消失。相反，由于司法行政机关在1982年主动放弃了对法院司法行政事务的管理权，[4] 执行员逐渐沦为法院内部的辅助人员——中共中央组织部与最高人民法院2013年印发的《人民法院工作人员分类管理制度改革意见》明确将人民陪审员以外的“其他人员”作为审判辅助人员。[5]

---

〔1〕 参见《董必武政治法律文集》，法律出版社1986年版，第428页。

〔2〕 参见胡其泰：《关于执行工作中的几个问题》，载《法学研究》1957年第4期。

〔3〕 参见中国社会科学院法学研究所民法研究室民诉组、北京政法学院民事诉讼法教研室编：《民事诉讼法参考资料》（第2辑·第2分册），法律出版社1981年版，第735页。

〔4〕 1982年5月，司法部党组向中央报送《关于司法部的任务和工作机构改革的请示报告》，建议了司法部的8项任务，并提出将法院的司法行政工作交法院自行管理。参见王公义：《我国司法行政体制的历史沿革》，载《中国司法》2004年第1期；李志明：《司法行政事务管理权配置：历史沿革、现实困境与发展趋势》，载《甘肃行政学院学报》2017年第1期。

〔5〕 参见方斯远：《论〈人民法院组织法〉的修订原则、重点与限度》，载《中国应用法学》2017年第1期。

2. 民事诉讼法的制定与法官“代行”执行权

执行员沦为辅助人员只是执行员制度异化的一个侧面，与其同时发生的，还有法官充任执行员和“代行”执行权。有数据显示，20 世纪 80 年代中期，全国 3200 多个法院约有 1000 名执行员，3 个法院摊不到 1 个。[1] 到了 2011 年，虽然全国法院的执行人员增加到了 4 万余人，但执行员只有 2000 多人，其余均为法官。[2] 办理执行事务的权力全面转移到了法官手中。个中原因，与民事诉讼法带来的诸多变化有关。

首先，《民事诉讼法》明确将生效法律文书的执行纳入法院的管辖范围，使执行事项重新成为人民法院尤其是第一审人民法院的职责。对此，1982 年《民事诉讼法（试行）》第 161 条规定，生效民事判决、裁定和调解协议，以及刑事判决、裁定中的财产部分，由原第一审人民法院执行。法律规定由人民法院执行的其他法律文书，由有管辖权的人民法院执行。1991 年《民事诉讼法》基本沿用该规定，但将其他法律文书的管辖法院明确为被执行人住所地或者被执行的财产所在地的人民法院。由于该法第 209 条（现第 239 条）同时规定“执行工作由执行员进行”，所以，规定人民法院管辖生效法律文书的执行事务，实际是把执行员的权力作为人民法院管辖权的下位权力，将执行权收归法院。这与人民法院组织法的规定存在较大区别。正因如此，立法机关才在 2018 年明确指出：人民法院的执行权主要规定在《民事诉讼法》中，《人民法院组织法》并未规定，所以删除《人民法院组织法》关于执行员的规定，不影响法院的执行工作。[3]

至于《民事诉讼法》为何不规定向执行员申请执行，从而与《人民法

---

〔1〕 参见《郑天翔司法文存》，人民法院出版社 2012 年版，第 224 页。

〔2〕 参见卫彦明、范向阳：《〈关于执行权合理配置和科学运行的若干意见〉的理解与适用》，《人民司法·应用》2011 年第 23 期。

〔3〕 参见王胜明：《关于〈中华人民共和国人民法院组织法（修订草案）〉的说明——2017 年 8 月 28 日在第十二届全国人民代表大会常务委员会第二十九次会议上》，载《全国人民代表大会常务委员会公报》2018 年第 6 期。

院组织法》和《苏俄民事诉讼法典》的规定保持一致,[1] 据西北政法大学参与《民事诉讼法(试行)》起草的吴明童教授介绍，在起草《民事诉讼法(试行)》的过程中，最初的文本曾经规定向第一审人民法院的执行员申请执行，但在征求意见的过程中，很多地方提出，直接规定由执行员执行并不现实，因为各地的执行员数量太少，或者根本就没有执行员，人员编制和待遇也不好解决。所以，最终文本只是笼统规定由第一审人民法院管辖。同时,《民事诉讼法》也对执行工作的参加主体进行了扩充，吸收了书记员和法警。由此来看,《民事诉讼法》从一开始就没有将执行员作为独立执行主体的意图。

其次,《民事诉讼法》允许人民法院设立执行机构。1991 年《民事诉讼法》第 209 条规定，基层人民法院和中级人民法院根据需要，可以设立执行机构。但实际上，到 1996 年前后，不少高级人民法院就已设立执行机构，最高人民法院也设立了执行工作办公室。从严格意义上讲，法院增减内设机构和编制属于司法行政事务，在 1954 年和 1979 年《人民法院组织法》中，本属司法行政机关的职权，法院不能自行决定。改革开放后，由于司法行政机关主动放弃了对法院司法行政事务的管理权，1983 年《人民法院组织法》遂删除先前的规定（但也没有作出新的规定)，法院的司法行政事务实际上由法院自行管理。即便如此，1983 年《人民法院组织法》也只是允许中级、高级和最高人民法院在民事、刑事、经济审判庭之外设立其他审判庭，并没有赋予其设立执行机构的权力，更没有把增设机构的权力授予基层人民法院。在此意义上，1991 年《民事诉讼法》允许中级和基层人民法院设立执行机构，是对人民法院组织法的又一突破，尽管这种

---

[1] 《苏俄民事诉讼法》第 255 条之 2 规定，执行行为应由法院执行员为之，在乡村地区由村苏维埃为之。参见《苏俄民事诉讼法典》，张文蕴译，人民出版社 1951 年版，第 80 页。后来，该规定又为《执行训令》第 3 条所取代，执行事务由债务人居住地、工作地或其财产所在地法院之执行员为之。在特别情形，经审判员许可，执行员得在其管辖区域以外实施执行，但以在同一城市或乡间之同一区为限。参见《苏俄民事诉讼法典》，徐福基、艾国藩译，大东书局 1951 年版，第 58 页。

突破在20世纪80年代的改革实践中已经发生——为了应对执行难，1988年以后，中级和基层人民法院即普遍设立执行庭或配备专职人员。[1]

由于执行机构要依托执行员办理执行事务，而执行机构又是法院的组成部分，所以人民法院设立执行机构实际上传递了两层含义：一是明确了执行员的身份归属，即执行员是法院的工作人员，而非独立于法院的执行权力主体；二是办理执行事项的权力不仅属于执行员，也属于法院，从而将执行员的执行权延伸至法院。其逻辑与让人民法院管辖生效裁判文书的执行事务是一致的，都是对执行员权力独立性的否定。

即便如此，若严格落实"执行工作由执行员进行"的规定，法院设立执行机构对执行员队伍建设也有利好，毕竟，执行机构不是由一个或两个执行员组成的，客观上会刺激对执行员数量的需求。[2] 此时，执行员虽然无法独立于法院，但也可能自成体系，在法院内与审判员形成合理分工。但遗憾的是，由于立法对执行机构的人员配置、执行员的法律地位和产生方式缺乏规定，加上经费和编制等现实困难，各地普遍选择以成本更低的方式，也即利用"非一线"的审判员、书记员和法警等"存量人员"组建执行机构。这不但没有使执行员队伍建设提速，反而使执行队伍的构成更加复杂。[3]

不过，执行权最终"旁落"法官，更多与《民事诉讼法》的第三个突破即执行措施的司法化有关。尽管1982年《民事诉讼法（试行）》突破人

---

〔1〕 参见何兰阶、鲁明健主编：《当代中国的审判工作》（上），当代中国出版社1993年版，第183页。

〔2〕 当时曾有文章明确主张，执行庭应由庭长、副庭长、执行员和助理执行员组成，且这些人员的任免程序、职级待遇和法律地位应与审判庭保持一致。参见陈学晏：《试论建立执行庭》，载《政法学刊》1986年第4期。

〔3〕 改革开放以后，法院的编制和规模实际上已经有了很大提升，但无奈案件数量上升太快。1986年，最高人民法院根据当时的情形估算，法院需要在18万干警的基础上再增加19万的编制，并以"七折"（13万）向中央提交报告（参见《郑天翔司法文存》，人民法院出版社2012年版，第225页）。但直到1995年，法院增加的编制才11万（参见刘忠：《规模与内部治理——中国法院编制变迁三十年（1978—2008）》，载《法制与社会发展》2012年第5期）。即便如此，由于法院的工作重心仍在审判之上，增加的编制也没有用于执行员队伍建设。

民法院组织法的规定，允许书记员和法警参加执行工作，但并未将执行措施上升为司法措施。1991 年《民事诉讼法》则刚好相反，它虽然在形式上与《人民法院组织法》保持一致，重新将执行员作为执行工作的唯一主体，但同时要求人民法院在决定冻结和划拨存款，扣留和提取被执行人收入，查封、扣押、冻结、拍卖和变卖被执行人的财产时，应当作出裁定。由于该法第 140 条（现第 157 条）第 3 款同时规定，裁定书须由审判人员作出（由审判人员和书记员署名），加盖人民法院印章，故要求法院以裁定的形式采取执行措施，实际是将执行措施司法化，对执行员采取执行措施的权力进行剥夺或限制。这与《人民法院组织法》将执行员作为办理执行事项的唯一主体，以及《民事诉讼法》关于“执行工作由执行员进行”的规定都是不相符的，是执行权“旁落”法官及执行程序司法化的制度源头。

总体来看，执行员制度经过《民事诉讼法》40 余年的重塑，已几乎完全被“虚置”。虽然“执行工作由执行员进行”的规定被保留至今，但实际上，执行工作已完全被法官接管，执行员的权力也已全面“旁落”。由此导致的后果是，原本界限分明的执行员和审判员、执行权和审判权出现严重混同，并在 20、21 世纪之交的执行体制改革中催生了至今仍较为流行的执行权“一体双元”理论。该理论认为，执行权是一种复合的、相对独立的国家权力，包含执行实施权和执行裁判权两项权能，兼具行政权和司法权双重属性。[1]

从某种程度上讲，执行权“一体双元”理论及其指引下的执行体制改革，是对 1991 年《民事诉讼法》将执行措施司法化的矫正，具有明显的进步意义。其核心追求在于分离强制执行中的裁判事务和实施事务、法官的权力和执行员的权力，使其分别按照司法权和行政权的规律运行。所谓

〔1〕 参见高执办：《论执行局设置的理论基础》，载《人民司法》2001 年第 2 期。

执行实施权，主要指向那些本应由执行员负责的各种事务性工作，[1] 尤其是采取执行措施；将其归入行政权的范畴，无疑是对执行措施司法化的直接否定。若执行员行使执行实施权、法官行使执行裁判权的改革预期能够实现，则法官与执行员的分工也将得以确定。这与人民法院组织法对两者的职能定位也是一致的。但遗憾的是，随后的执行改革并没有将执行员队伍建设提上议事日程，执行实施权由法官行使依然是一种常态，法官总揽执行实施权和执行裁判权的局面也没有任何改变。与此同时，由于执行裁判权被作为执行权的下位概念，执行裁判权的司法性还受到统一管理体制等行政因素的侵蚀。尽管有权威人士指出，"统一管理"在执行裁判权的运行中是"监督关系"，在执行实施权的运行中是"领导关系"，[2] 但由于执行裁判部门是执行局的下属机构，而且统一管理体制以执行局为基本单位，既包括执行局长对执行工作的全面领导，也包括上级法院对下级法院的管理和协调，故在实际运行过程中，执行裁判权很难避免行政因素的干扰。这种审执不分的混沌状态给后来的司法实践带来诸多不必要的困扰。

### （二）职权主义、流程化与"分散型"程序的再弱化

新中国成立初期，我国借鉴苏联经验，建立了社会主义法院体系和执行员制度，但并没有同步引入其诉讼程序和执行程序。所以，在相当长的时期内，我国的执行工作处于无法可依的境地，只有最高人民法院 1955～1956 年《关于北京、天津、上海等十三个大城市高、中级人民法院审判经验的总结》对执行程序略有规定。[3] 改革开放后，虽然 1982 年《民事诉

[1] 参见卫彦明、范向阳：《〈关于执行权合理配置和科学运行的若干意见〉的理解与适用》，载《人民司法·应用》2011 年第 23 期。

[2] 参见张根大等：《中国强制执行制度改革：理论研究与实践总结》，法律出版社 2003 年版，第 125 页。

[3] 参见《董必武政治法律文集》，法律出版社 1986 年版，第 430 页及以下。该总结经最高人民法院修改，于 1956 年 10 月以《关于各级人民法院民事案件审判程序总结》的名称印发各地。

讼法（试行）》和1991年《民事诉讼法》的出台解决了执行程序无法可依的问题，但其关于执行程序的规定非常有限：前者有24个条文，后者有30个条文（至今不过35个条文），分布于四个章节，即“一般规定”（1982年为“一般原则”）、“执行的申请和移送”（1982年为“执行的移送和申请”）、“执行措施”、“执行中止和终结”。这与其说是执行程序规范，不如说是执行程序的“立法纲要”，对实践的约束意义较为有限。实际上，从比较法的角度来看——无论是苏联法还是欧美法，各国关于执行程序的规定，都很少将“一般规定”“执行的申请和移送”“执行中止和终结”所涉内容分散于不同的章节，更多是在“总则”部分统一加以规定，进而将执行程序的重心置于“执行措施”的展开之上，形成所谓的执行方法。而我国《民事诉讼法》则刚好相反，仅在“执行措施”一章，用15个条文对查询、冻结、划拨债务人的存款，扣留、提取债务人的收入，查封、扣押、冻结、拍卖、变卖债务人的财产，强制交付特定财物或票证，强制迁出土地或腾退房屋，强制债务人为或不为一定行为等执行措施予以规定。表面来看，这些执行措施与“分散型”民事执行程序中的执行方法非常接近，但实际上，受苏联职权主义理念的影响，这些执行措施之间的区分已趋于淡化，尤其是在财产的执行方面。

1. 苏联职权主义理念对我国执行程序的影响

从1955年《关于北京、天津、上海等十三个大城市高、中级人民法院民事案件审理程序的初步总结》、1982年《民事诉讼法（试行）》和现行《民事诉讼法》对于执行程序的规定来看，我国的执行制度具有明显的本土性。1964年《苏俄民事诉讼法典》对我国执行程序的影响较为有限。以《民事诉讼法》在1991年的最初条文为例，[1] 其关于执行程序的30个条文中，只有少量条文对《苏俄民事诉讼法典》的借鉴比较明显（见表

〔1〕之所以选择最初的规定，是因为其仍保留着较为浓厚的苏联法色彩，而后来的修正则引入了大陆法系的相关制度，比如执行救济和被执行人报告财产制度等。

4－5）。[1]其他绝大部分内容，都应当来自本土的司法实践。其中，关于法院的生效裁判由第一审人民法院负责执行的规定，以及“基层人民法院、中级人民法院根据需要，可以设立执行机构”的规定，更是与民国时期第一审法院民事执行处负责执行的做法如出一辙。

**表4－5 1991年《民事诉讼法》和1964年《苏俄民事诉讼法典》内容比较**

| | 1991年《民事诉讼法》 | 1964年《苏俄民事诉讼法典》 |
|---|---|---|
| 执行员 | 第209条第1款规定，执行工作由执行员进行。 | 第348条规定，该法典第338条列举的法院决定和其他机关的决定，由区（市）人民法院司法执行员执行。 |
| 移送执行 | 第216条第1款第2句规定，一方拒绝履行生效裁判的，对方当事人可以向人民法院申请执行，也可以由审判员移送执行员执行。 | 第351条规定，司法执行员依申请开始执行判决。有该法典第340条规定情形的，根据审判员的提议开始执行。 |
| 执行回转 | 第214条规定，执行完毕后，据以执行的判决、裁定和其他法律文书确有错误，被人民法院依法撤销的，对已执行的财产，人民法院应作出裁定，责令取得财产的人返还；拒不返还的，强制执行。 | 第430条规定，若据以执行的判决被撤销，且法院判决驳回全部或部分请求，或作出终止审理或不予审理的裁定，必须把已执行的一切财产退还给被告人。 |
| 执行中止 | 第234条规定，有下列情形之一的，人民法院裁定中止执行：（1）申请人表示可以延期执行；（2）案外人对执行标的提出确有理由的异议；（3）作为一方当事人的公民死亡，需等待继承人继承其权利或义务；（4）作为一方当事人的法人或其他组织终止，尚未确定权利义务承受人；（5）应当中止执行的其他情形。<br>中止的情形消失后，恢复执行。 | 第362条规定，遇有下列情形，审判员可以中止执行：（1）作为债务人的法人不复存在；（2）债务人正在苏联武装力量中服定期现役或奉命执行国家任务；（3）债务人正在长期出公差；（4）债务人正在医疗机构就医；（5）对司法执行员的行为提出了申诉；（6）正在依法寻找债务人。 |

[1] 参见《苏俄民事诉讼法典》，梁启明、邓曙光译，法律出版社1982年版，第115～147页。

续表

| | 1991年《民事诉讼法》 | 1964年《苏俄民事诉讼法典》 |
|---|---|---|
| 执行终结 | 第235条规定，有下列情形之一的，人民法院裁定终结执行：（1）申请人撤销申请；（2）据以执行的法律文书被撤销；（3）作为债务人的公民死亡，无遗产可供执行，又无义务承担人；（4）追索赡养费、扶养费、抚育费的权利人死亡；（5）作为债务人的公民因生活困难无力偿还借款，无收入来源，又丧失劳动能力；（6）应当终结的其他情形。 | 第364条规定，遇有下列情形，应终止执行：（1）追索人放弃追索；（2）追索人和债务人达成和解协议；（3）作为追索人或债务人的公民死亡后，判决确定的请求或义务不能转移给死者的继承人；（4）已过法定追索时效期间；（5）据以执行的判决已被撤销。 |

即便如此，苏联的民事诉讼理念还是对我国的执行程序产生了根深蒂固的影响，尤其是其职权主义倾向。有学者指出，苏联的民事诉讼理论以批判大陆法系国家普遍遵守的处分权原则和辩论原则为基本出发点，〔1〕执行程序自然也不例外。苏联学者克列曼教授曾指出，试图从处分主义出发，建立一种独立于审判程序的执行程序，与苏维埃民事诉讼制度是不相容的。执行程序是诉讼程序的组成部分，应当经常置于法院的监督之下。执行过程中，也应保障双方当事人、司法执行员、法院、国家机关和社会团体的主动性、积极性。〔2〕阿布拉莫夫教授的观点虽然较为平和，认为执行程序也应遵守处分原则，由当事人申请启动，但也同时指出，在特定情形下，执行程序可由法院或检察机关依职权启动；在执行过程中，法院和检察院作为监督者，应设法使判决得到真正的执行，帮助债权人查明那些可以追索的财产，并向他们告知应有的权利。当执行债权是国家和公共的机关、企业和组织的收入，或涉及子女生活费时，执行机关应当特别

〔1〕参见张卫平：《绝对职权主义的理性认知——原苏联民事诉讼基本模式评析》，载《现代法学》1996年第4期。

〔2〕参见［苏］克列曼：《苏维埃民事诉讼》，王之相、王增润译，法律出版社1957年版，第435、436页。

主动。[1]

受此影响，我国从1955年《关于北京、天津、上海等十三个大城市高、中级人民法院民事案件审理程序的初步总结》开始，也非常注意法院在执行过程中的主动性和积极性。比如该总结指出，生效裁判的执行可以由当事人申请，也可由审判人员主动提出。法院应及时了解债务人不履行判决的原因及其经济情况，确无履行能力的，经批准后可裁定中止执行。对于执行抚养费或生活费的案件，法院可通知债务人所属单位从其工资中定期扣除。查封、扣押或拍卖私营企业的财产的，应与工商、税务、工会等部门联系，尽可能确保有利于国计民生的企业不停止生产。

《民事诉讼法（试行）》和现行《民事诉讼法》虽然没有太多关于法院应主动或积极作为的规定，但受计划经济体制影响，苏联的职权主义理念依然在实务中贯穿执行程序的整个过程，较具代表性的有以下几个方面。其一，执行程序可以依职权启动。《民事诉讼法（试行）》第166条曾将审判员移送执行作为执行程序启动的原则，将当事人申请执行作为例外。现行《民事诉讼法》修改了这一规定，但依然保留了特定案件由审判员移送执行的规定。其二，债权人未提供财产线索的，法院会主动调查债务人的财产状况。《民事诉讼法》对此没有明确规定，但实务界一直认为，法院依职权调查是查明债务人财产的主要方式。[2] 其三，法院可以依职权"切换"执行措施（参见后文关于"概括裁定"的论述）。其四，法院会在执行过程中主动促成双方当事人达成和解。有数据显示，在一些地方，80%以上的执行和解都因法院主动斡旋而达成。[3] 其五，法院可以依职权暂缓、中止或终结执行程序，对于仲裁裁决和公证债权文书，还可以依职权裁定不予执行。总而言之，只要当事人将案件提交法院，执行人员

---

[1] 参见［苏］阿布拉莫夫：《苏维埃民事诉讼》（下），中国人民大学审判法教研室译，法律出版社1957年版，第176、177页。

[2] 参见黄金龙：《〈关于人民法院执行工作若干问题的规定（试行）〉实用解析》，中国法制出版社2000年版，第79～83页。

[3] 参见徐小飞：《执行和解中法院的职能和角色》，载《法律适用》2012年第10期。

就可以依职权将程序推进下去，直至执行债权完全实现或出现足以结束执行程序的事由。

2. “概括裁定”与执行程序的流程化

在职权主义的支配下，我国的执行程序结构与“分散型”民事执行程序有很大不同。在“分散型”体制下，因执行机关恪守处分权主义和提出原则，执行程序得以按照当事人的给付诉求和财产类型分解为不同的执行方法。当事人提出什么样的给付诉求，就启动适应该诉求的执行方法。在以金钱给付为目的的执行案件中，当事人提供什么样的财产，就按照对应的执行方法执行该财产；没有财产的，就退出执行程序。但在我国，受职权主义影响，执行程序的运行并不取决于当事人的选择或指示。这使执行程序的结构发生了非常明显的变化。其主要标志是执行方法退化为执行措施。

《民事诉讼法（试行)》和《民事诉讼法》规定的执行措施主要有6种：（1）冻结、划拨债务人的存款；（2）扣留、提取债务人的收入；（3）查封、扣押、冻结、拍卖、变卖债务人的财产；（4）强制交付法律文书指定的财物或票证；（5）强制迁出房屋或退出土地；（6）强制履行法律文书指定的行为。除此以外，其还规定了搜查、迟延履行金、限制出境、纳入征信系统等保障性或辅助措施。如果只看6种主要措施，其分类和体系其实与执行方法相差无几。若再考虑到最高人民法院关于执行银行存款的司法解释，以及《查封扣押冻结规定》、《拍卖变卖规定》和《网络拍卖规定》关于查封、扣押、冻结、拍卖、变卖债务人财产的补充规定，将其等同于执行方法似乎也未尝不可。但问题是，这种相似只是表面上的。

在司法实践中，我国的执行措施并不像英国、法国、德国等国的执行方法那样独立于彼此，因为它们经常以“概括裁定”的形式被混合使用。所谓概括裁定，又称“万能裁定”，是实务界对综合性查封、扣押、冻结裁定的形象称呼，主要应用于实现金钱债权的执行案件。其突出特点是没有明确的财产指向，而是笼统地对债务人的财产采取查封、扣押、冻结措施。其一般表述为：查封、冻结、扣押、划拨、提取被执行人×××名下的动产、不动产、银行存款及其他财产权益，所查封、冻结、扣押、划拨、提取的财产以人民币×××元为限（不含利息）。根据相关法律规定，银行存款冻结期限为1年，动产的查封期限为2年，不动产及其他财产权的查封期限为3年。对无法分割的不动产以及其他无法直接体现资产价值的财产可全部查封、冻结。需继续查封的，申请执行人需在查封期限届满前30日内向法院提出书面的继续查封、冻结申请。逾期提出申请的法律后果由申请执行人自行承担。裁定立即执行。[1] 相对简化的表述例如：冻结、扣划被执行人×××名下的存款×××元，或查封、扣押其相应价值的财产；其中银行存款冻结期限为1年，动产查封、扣押期限为2年，不动产等其他财产性权益冻结、扣押、查封期限为3年。裁定立即执行。[2]

法院之所以使用"概括裁定"，主要有两个方面的原因：一是职权主义改变了债务人财产的查明方式，当事人在启动执行程序时，无须提供准确的债务人财产信息；法院需要经过调查确认，才能有针对性地作出相关裁定。二是实践中规避执行的现象较为普遍。虽然从理论上讲，法院可以在查明债务人的财产之后再作出裁定，采取执行措施；但实际上很多债务人在法院调查时就会知晓相关信息，从而提前将财产转移。为了避免不必要的争议，很多法院选择在外出调查之前就作好"概括裁定"，待找到债务人的财产，再通过协助执行通知书将执行对象具体化，并同步采取执行措施。以不动产的查封为例，2004年最高人民法院、原国土资源部、原建设部《关于依法规范人民法院执行和国土资源房地产管理部门协助执行若干问题的通知》规定，法院对土地使用权、房屋实施查封或进行实体处理前，应向国土资源、房地产管理部门查询该土地、房屋的权属。执行人员

---

〔1〕 参见广东省珠海市中级人民法院执行裁定书，(2020) 粤04执438号；江西省上饶市中级人民法院执行裁定书，(2021) 赣11执52号；青海省海东市中级人民法院执行裁定书，(2022) 青02执78号。

〔2〕 参见山西省临汾市中级人民法院执行裁定书，(2021) 晋10执38号。

查询土地、房屋权属情况时，应出示工作证和执行公务证，并出具协助查询通知书；办理土地使用权或房屋查封、预查封登记手续的，应出示工作证和执行公务证，并出具查封、预查封裁定书和协助执行通知书。如果法院不事先准备好查封裁定，而是查询完毕之后再行制作，一来手续烦琐，二来容易出现财产被转移的不利后果。若执行人员需辗转数个财产管理部门，或到其他省市异地执行，手续的烦琐程度或财产被转移的风险还会进一步提升。

尽管“概括裁定”在现实层面有其合理性和必要性，但也应看到，它是对《民事诉讼法》相关规定的变通和“打折”，是否符合立法者的初衷，有待进一步讨论。其对执行程序的影响主要有以下几个方面。其一，修正了《民事诉讼法》按照当事人给付诉求和财产类型对执行措施的划分。“概括裁定”实现了两个层面的整合：一是对银行存款和劳动收入两种财产类型的全面整合，不仅包含冻结和扣留等控制性措施，也包含划拨和提取等处分性措施；二是将针对银行存款和劳动收入的全部执行措施，与针对动产和不动产的查封、扣押、冻结等控制性措施整合。其二，影响了当事人的法律救济。因“概括裁定”不针对具体的财产，当事人在寻求法律救济时，很难对“概括裁定”本身提出异议，而只能对协助执行通知书提出异议。其三，也是最为重要的一个方面，由于“概括裁定”将动产和不动产的拍卖、变卖排除在外，而拍卖、变卖又是社会各界最为关注的执行领域，这在无形中强化了控制措施和处分性措施的区分。在最高人民法院关于执行流程管理改革的规定中，控制性措施和处分性措施的区分，已经压倒了《民事诉讼法》和学理按照当事人给付诉求和财产类型对执行措施的分类。[1] 比如，最高人民法院 2009 年《关于进一步加强和规范执行工

---

〔1〕 除了《民事诉讼法》的规定，我国教科书也一般按照该标准对执行措施进行分类。近些年来，受大陆法系国家民事强制执行理论的影响，学界对执行措施的分类已越来越趋向于英国、法国、德国关于执行方法的分类。参见周道鸾主编：《民事诉讼法教程》，法律出版社 1988 年版，第 354～363 页；常怡主编：《强制执行的理论与实务》，重庆出版社 1992 年版，第 147～160 页；张卫平：《民事诉讼法》（第 4 版），法律出版社 2016 年版，第 510～519 页。

作的若干意见》明确提出，要“实行科学的执行案件流程管理，打破一个人负责到底的传统执行模式，积极探索建立分段集约执行的工作机制”，将执行程序分为“调查、控制和处分”三个阶段并指派专人负责，以提高执行效率。随后，2011年《关于执行权合理配置和科学运行的若干意见》也在区分执行实施权和执行裁判权的基础上，提出将执行实施程序分为财产查控（查询和控制合并）、财产处置、款物发放等不同阶段，并由不同人员集中办理的改革要求。

## 四、新时代的司法改革与“分散型”民事执行程序

进入新时代以来，执行工作出现了两个较为明显的变化，一是以法官员额制为中心的司法人员的分类管理改革，二是执行工作的信息化。其中，前者使法官充任执行员、代行执行权的现象戛然而止，并在审执分离改革的大背景下提出了“谁来行使执行权”的新问题；后者则对传统以线下执行为中心的执行程序发起了诸多挑战。

### （一）法官员额制与十字路口的执行员制度

进入新时代以来，随着党的十八届三中全会提出“完善司法人员分类管理”的改革要求，以及原中央全面深化改革领导小组《关于司法体制改革试点若干问题的框架意见》提出法官员额制（尤其是将法官员额控制在中央政法编39%以内）的改革方案，之前实践中法官充任执行员、代行执行权的做法难以为继。党的十八届四中全会决定“推动实行审判权和执行权相分离的体制改革试点”之后，谁来填补法官退出后留下的空白，尤其是执行员能否真正成为执行权的唯一合法主体，更是成为各方关注的重点。

从新近的改革动向来看，执行员制度已到了关键的十字路口。在执行权“内分”和“外分”争议激烈的背景下，2018年《人民法院组织法》首次删除了各级地方人民法院设立执行员，办理执行事项的规定。对此，

全国人大给出的解释是：“审判权和执行权如何分离，尚未达成共识，还在调研论证。人民法院的执行权主要规定在民事诉讼法中，现行人民法院组织法对法院的执行权也未作规定，草案维持现行人民法院组织法的规定，不影响法院的执行工作。”[1] 尽管从字面来看，《人民法院组织法》删除关于执行员的规定并非直接针对执行员，而是基于法院依据何种法律行使执行权的总体考虑，执行员仍可基于《民事诉讼法》的规定办理执行事项，但由于《人民法院组织法》是法院行使职权的基础性法律，而《民事诉讼法》关于“执行工作由执行员进行”的规定也基本是对《人民法院组织法》原有规定的延续，所以，《人民法院组织法》的修改依然使执行员制度的前景蒙上一丝阴影。[2]

此后，《人民法院执行工作纲要（2019—2023）》提出，要全面推行以法官为主导的“法官＋法官助理（执行员）＋法警＋书记员”团队办案模式，并推进司法警察参与执行，赋予其在执行警务保障中体现执行工作要求的执法权限，发挥其在采取强制措施、打击拒执行为、收集证据等方面的作用。这在一定程度上传递出在法院内部“遗弃”执行员制度的信号，因为在团队模式下，法官依然是执行事务的主导，而法官助理、书记员和法警则成为法官的主要助手；执行员不但无法从法官手中收回“旁落”的执行权，反而可能因为数量上的劣势而被法官助理、书记员和法警全面取代。

在起草《民事强制执行法（草案）》的过程中，新法是否保留《民事诉讼法》关于执行员的规定，也一度有所反复，所幸最终向社会公布的征求意见稿保留了关于执行员的规定，仅对执行员的权限有所调整。根据该

---

〔1〕 王胜明：《关于〈中华人民共和国人民法院组织法（修订草案）〉的说明——2017 年 8 月 28 日在第十二届全国人民代表大会常务委员会第二十九次会议上》，载《全国人民代表大会常务委员会公报》2018 年第 6 期。

〔2〕 有学者认为，法院组织法删除关于执行员的规定以后，“执行员”就不再专指法院内具有“执行员”身份的特定人员，而转变为非法官执行人员的统称。参见雷彤：《执行体制改革背景下“执行员”的再解读》，载《当代法学》2019 年第 1 期。

草案第10条的规定，人民法院的执行机构由法官、执行员和司法警察等人员组成。其中，法官可以办理各类执行案件，而执行员则仅能办理执行实施案件，且不得处理拘留、罚款等重大事项。司法警察是执行机构的辅助人员，在法官、执行员的指挥下参与执行实施工作。但考虑到此前关于审执分离改革种种争议，该规定能否被最终保留，尚有待观察。

### （二）执行工作信息化与执行程序面临的挑战

执行工作信息化大致起步于2004年。2004年12月，中央政法委组织有关部门召开座谈会，确定了构建全国法院执行案件信息管理系统，并将其与银行、工商管理、房地产管理、工程招投标管理、出入境管理、车辆管理等数据库链接，从而形成执行信息联动机制的全国执行信息化建设总体规划。2007年，执行案件信息管理系统基本建成并投入运行。2012～2013年，最高人民法院将该系统升级，并陆续与其他管理机构的数据库联通，先后建成联合信用惩戒系统、网络执行查控系统、询价评估系统和执行案款发放系统。[1] 在此期间，经浙江法院试水，全国法院还陆续开放了网络司法拍卖平台，[2] 形成了网络司法拍卖系统。

执行工作信息化不仅使执行工作的方式发生了重大变化，将“登门临柜”的线下执行变为“轻击鼠标”的线上执行，也使执行工作的内容发生明显改变。以前，法院的大部分时间和精力用在“登门临柜”式的“查人找物”之上，且效果不佳。在当时的执行“四难”中，“三难”都与“查人找物”有关，即所谓的“被执行人难找”、“被执行财产难寻”和“协助执行人难求”。进入信息化阶段以后，法院在“查人找物”上的投入明显下降。一般情况下，法院会首先通过网络执行查控系统初查，只有初查

---

〔1〕 参见张先明：《全国法院执行案件信息系统升级版正式开通》，载《人民法院报》2013年1月6日，第1、4版；陈永辉、黄年：《最高人民法院召开座谈会 建立执行威慑机制 构筑社会信用体系》，载《人民法院报》2004年12月15日。

〔2〕 参见孟焕良：《司法拍卖回归自主模式——浙江法院网络司法拍卖调查》，载《人民法院报》2015年2月12日，第5版。

没有找到可供执行的财产或财产不足以清偿全部债务时，才启动线下调查程序。而且，即便是线下调查，因网络执行查控系统已覆盖债务人的主要财产形式，所以后续调查也不再是传统的“登门临柜”，而强调多种方法的并用，包括但不限于：（1）责令债务人报告财产；（2）对债务人的住所或可能隐匿、转移财产的地点进行调查，必要时还可采取搜查措施；（3）经当事人申请，采取审计调查、公告悬赏等调查措施；（4）依申请向当事人的代理律师签发调查令。同时，法院也可以对债务人采取限制高消费、纳入失信被执行人名单等间接强制措施或制裁，以迫使其主动履行债务。若穷尽上述手段，仍然执行无果，法院就会裁定终结本次执行程序。

与上述变化相关，“分段集约”“繁简分流”正在成为执行流程改革的主流态势。在21世纪初，执行工作大多由一名或数名承办人统一负责。随着执行流程管理改革的深入，“分段集约”开始成为最高人民法院和一些地方法院的共同选择。执行工作信息化以后，由于网络查控和网络拍卖被归入不同的信息系统，在技术手段的影响下，“分段集约”很快成为各地法院的共识。目前，越来越多的法院成立了分别负责文书送达、网络查控和资产处置（网络拍卖）的专业团队。与此同时，由于相当一部分常规工作被智能系统替代或整合，“繁简分流”也逐渐成为各地法院的一致需求。这与21世纪初的执行改革强调程序的规范和统一明显不同。《人民法院执行工作纲要（2019—2023）》明确提出，要“健全繁简分流、事务集约的执行权运行机制”：由执行指挥中心对案件进行类型化处理，实现“简案快执，难案精执”，同时将财产查控、文书制作和送达、终结本次执行程序案件的管理、涉执行信访等事务性较强的工作，交由专门团队集中处理。

无论是“分段集约”还是“繁简分流”，客观上都提出了优化执行程序，重组执行“模块”的改革诉求。尽管《民事诉讼法》关于执行程序的规定较为粗略，但其中的一些刚性约束已成为执行程序优化重组的障碍，比如在执行前送达执行通知书、采取执行措施必须作出相应裁定等，需要在今后的立法过程中予以重视。

### (三)《民事强制执行法（草案)》的“分散型”程序结构

因应执行工作的重大变化，党的十八届四中全会提出了制定强制执行法的要求。2018 年 9 月，“民事强制执行法”纳入十三届全国人大常委会立法规划二类项目，确定最高人民法院为牵头起草单位。2019 年 12 月，最高人民法院将《民事强制执行法（草案)》的征求意见稿报送全国人大监察和司法委员会、全国人大常委会法制工作委员会。次年 6 月，《民事强制执行法（草案)》被全国人大常委会确定为预备审议项目。经修改完善，《民事强制执行法（草案)》的征求意见稿于 2022 年 6 月提请十三届全国人大常委会第三十五次会议审议，[1] 并向社会公开征求意见。

从内容来看，《民事强制执行法（草案)》紧跟新时代执行实践的变化，吸收了网络执行查控、网络司法拍卖和执行流程管理等新内容，并对《民事诉讼法》的规定进行了补充或调整，包括但不限于：(1）不再要求事先向债务人送达执行通知书。该草案第 43 条规定，立案执行的，法院可立即采取执行行为，并在立案之日起 7 日内向债务人发送执行通知。(2）强化了当事人提供财产线索的责任和手段。该草案第 44 条规定，债权人应提供债务人的财产、身份等信息；确出于客观原因无法提供的，可以申请人民法院调查。作为配套规定，该草案第 52 条、第 54 条、第 55 条分别规定了申请律师调查令、审计调查、公告悬赏等制度。(3）强化了网络查控平台的建设和应用。该草案第 51 条规定，人民法院应当与持有主要财产、身份信息的组织建立信息网络平台，通过在线方式进行财产调查。

---

[1] 参见周强：《关于〈中华人民共和国民事强制执行法（草案)〉的说明》，载《人民法院报》2022 年 6 月 26 日，第 1 版；《全国人大常委会 2020 年度立法工作计划》，载全国人民代表大会官方网站，http：// www. npc. gov. cn/c2/c308341202006/t20200620_306624. html，2020 年 12 月 10 日最后访问。在此之前，最高人民法院曾在 1999 年提交中共中央的《关于解决人民法院“执行难”问题的报告》中首次提及制定强制执行法。该报告经中共中央转发后，1999 年《人民法院五年改革纲要》随即提出：“在总结执行工作经验的基础上，起草强制执行法，尽早提交全国人大常委会审议。”2000 ~ 2011 年间，最高人民曾主持起草过 6 个版本的强制执行法草案，但出于种种原因，这些草案未能进入立法程序。

(4)优化了采取执行措施的程序，取消了查询财产，查封、拍卖、变卖动产和不动产须作出裁定的规定，仅规定了确认拍卖或变卖成交、以物抵债或强制管理时作出裁定；对于银行存款，用止付通知代替了冻结裁定，并允许法院不经查封直接扣划；对于劳动收入和一般债权，则用查封令代替了原来的扣留和冻结裁定；对于股权、知识产权等其他财产，也以通知登记机关作查封登记代替了冻结裁定。(5)增设了终结本次执行程序制度。该草案第80条、第81条规定：经穷尽财产调查措施，未发现债务人有可供执行的财产，或已发现的财产不能处置的，经附加限制高消费措施，并将符合条件的债务人纳入失信名单，可以裁定终结本次执行程序。终结本次执行程序后，应将案件信息录入网络信息平台进行统一管理并向社会公布，同时应定期通过网络查询等方式调查债务人的财产，一旦发现有可供执行的财产，及时恢复执行。

从《民事强制执行法（草案)》的立法体例来看，其第二编和第三编关于执行措施实施程序的规定明显受到“分散型”民事执行程序结构的影响。其中，第二编为“实现金钱债权的终局执行”，其中第九至十二章4个章节分别规定了“对不动产的执行”“对动产的执行”“对债权的执行”“对股权等其他财产权的执行”；第三编为“实现非金钱债权的终局执行”，包括第十五章“物之交付请求权的执行”和第十六章“行为请求权的执行”。很明显，这样的编章结构已经与“分散型”民事执行程序中的执行方法非常接近。不过，考虑到该草案“总则”部分关于第一审诉讼法院执行机构负责执行，以及第56条“人民法院可以根据不同情形采取查封、划拨、变价、强制管理、强制交付、替代履行、限制消费、限制出境、拘传等执行措施”的规定，只能说其第二编和第三编类似于“分散型”民事执行程序的规定虽有其形而无其实。

目前，草案虽因审执分离改革的争议被终止审议，但其对流程化执行程序的完善和对执行措施的分散化改造无疑是具有启发性的，可以为审判权和执行权的区分、法官与执行人员的分权提供新的思路和方案。

# 第五章
# “分散型”民事执行程序的启示与借鉴

从我国执行制度的发展史可以看出，“分散型”民事执行程序是个绕不开的话题。若将其分成执行机关和程序结构两个部分，可以看出“分散型”执行方法对我国的执行程序结构影响至深：至少在制度层面，无论是北洋政府《民事诉讼执行规则》、南京国民政府《强制执行法》，还是新近征求意见的《民事强制执行法（草案)》，基本上都接受了“分散型”民事执行程序中的执行方法体系。但在执行机关的设置方面，从清末新政至今，均未采取“分散型”的权力格局，反而是第一审法院作为执行机构，一直垄断着执行案件的管辖。这不仅改变了“分散型”民事执行程序中各种执行方法之间的关系——从独立的、当事人可以自由选择的“子程序”变成了执行程序的一个环节或一种措施，也改变了执行机构的地位和作用，以及执行程序的运作逻辑。尤其在目前将财产调查内嵌于执行程序的情况下，执行机关不仅可以依职权查找债务人的全部财产，也可以依职权采取各种被拆解和改造后的执行方法，即执行措施。于是，执行程序几乎成为一套无须债权人参与的封闭性流程。从改革开放后的情形来看，这种封闭性的、高度职权化的程序结构曾因为执行机构和执行员队伍的不健全而陷入困境。但在20世纪90年代中期中级、基层法院普遍设立执行机构，充实执行人员之后，这种程序结构的“天花板”问题逐渐显现：一是权力集中可能带来司法腐败和审执关系不清；二是法院职权的强化难以使“执行不能”也即无财产可供执行问题有实质性改观，即便2013年以来已建立了信息全面、功能强大的网络执行查控系统。坦率而言，第二个问题并不全是执行机关或执行程序的问题，而更多取决于债务人的经济状况及其诚信意识。对于“切实解决执行难”而言，执行程序能做什么，应该做什么，以及通过何种程序将“诚实而不幸”的债务人甄别出来，或许才是真正需要解决的问题。至于第一个问题，党的十八届三中全会、四中全会和二十届三中全会已经指明了方向，即司法人员分类管理、“推动实行审判权和执行权相分离的体制改革试点”、深化审判权和执行权分离改革，健全国家执行体制，只不过在如何推进审判权和执行权相分离的问题上，各方依然有较大的分歧。但无论是哪个“天花板”问题，作为中国执行制度现代化起点，“分散型”民事执行程序都可以提供重要的参考和借鉴。

## 一、“分散型”执行机关对审执分离改革的启示

从英国、法国、德国的历史经验可以看出，审执分离的核心是执行员与法官的关系。在中世纪前期，除英国从一开始就实行（中央）王室法院和（地方）郡长的分权之外，法国和德国都经历过封建领主集司法权和行政权于一身的情况。此时，裁判的执行自然由领主统一负责，而负责具体执行事务的官吏也不可能独立于这些权势人物而存在。后来，虽然法国王室法院的执达吏因“捐官制”的实行获得了一定的独立性——毕竟都是从国王那里买来的官职且可继承（世袭），但其社会地位与作为高级贵族的法官依然有难以逾越的差距，所以也很难寄望其独立于法官的指挥办理执行事务。真正的转变是从法国大革命开始的。由于司法权被限定为狭义的裁判权，且旧制度时期的执达员因官职未获补偿而得以存续，执达员与作为职业技术官僚的法官首次实现了身份上的分离，前者不再依附于后者。于是，法国的执达员出现了与英国的郡长相同的特征，即两者都独立于以法官为中心的法院。德国在引入了法国的执达员制度之后也是如此——1877 年《德国法院组织法》规定，执达员事务由宰相和各邦司法行政机关负责。这是当前英国、法国、德国均将执达员的任命和管理交由司法行政机关负责的历史背景。其总体路径是将本属于司法体系的执达员从法院剥

离，划归行政机关。

我国法院的发展历程则刚好相反。中国从秦朝开始就形成了全面的中央集权，行政与司法长期合一，司法权并不是一种独立的权力。尤其是在地方，行政兼理司法，可谓由来已久。[1] 清末新政以后，虽然效法西方，逐步建立了现代法院体系，但过程却异常曲折。在整个20世纪的上半叶，法院建设都因战乱和资金不足而深陷困境，法院与司法行政机关之间的关系也时常纠缠不清，有所谓的“（法）部（大理）院之争”。在此过程中，执行人员与法院的关系也一直没有厘清。清末时期，虽然《法院编制法》规定“承发吏由法部及提法司派充”，职务章程“由法部定之”，但实际上由于地方法院建设滞后，都是按照“得委任地方审判厅厅丞或厅长派充之”的例外规定办理。民国时期也是如此。这在很大程度上延续了“吏”附属于“官”的封建传统，执行人员也习惯性地被视为法院自行管理的人员，并须听命于法官。直至新中国成立，由于苏联经验的影响和新时期平等观念的引入，执行员对法官的隐性依附关系才被打破——都是法院的“干部”。但随之而来的问题是，由于《人民法院组织法》没有对执行员的法律地位和产生方式作出明确规定，执行员队伍建设相当滞后，加上审执合一等粗放观念的影响，法官和执行员的身份在改革开放后出现了高度混同。党的十八届三中全会确定司法人员分类管理的改革目标并实行法官员额制以后，法官充任执行员并代行执行权的现象才有了明显改观。

从以上分析可以看出，无论是基于英国、法国、德国的历史经验，还是基于我国法院建设的历史性“短板”和新时代司法人员分类管理的改革要求，明确执行员的法律地位及其与法官之间的关系，都是新时代司法体制改革无法回避的问题。对此，本书的基本观点是，应当保留现行的执行员制度，并使其与代表国家行使审判权的法官形成合理的分工，分述

[1] 参见林乾：《论中国古代司法与行政权的分、合嬗变》，载张中秋编：《2007中华法系国际学术研讨会文集》，中国政法大学出版社2007年版，第266页。当然，与传统认识不同，作者认为在中央层面，我国在元代之前曾存在（刑事）司法权与行政权的分立。

如下。

## （一）执行员的法律地位

### 1. 应当保留现行的执行员制度

由执行员而非司法警察负责执行工作，是新中国借鉴苏联经验的成果，也与清末民国时期承发吏和执达员制度接近，可以说该制度贯穿了我国法院的百年建设史。加之英国、法国、德国等诸多发达国家同样将执行工作交给执行员负责，似不宜将该制度轻易地废弃。

实际上，相较于法官助理、法警和书记员，执行员更适于办理执行案件。我国的法官助理虽然使用了英美法系的称呼，但实际扮演着大陆法系司法辅助官或司法事务官的角色，旨在辅助法官办理裁判事务。如果将其作为专门的执行权力主体，容易引起法官助理队伍的“分裂”，即一部分法官助理在审判程序中辅助法官，另一部分在执行程序中独当一面，这不利于队伍的统一发展。司法警察虽然在很多国家都参与执行工作，但一般在执行人员遇到紧急情况，或需以强制手段维持执行秩序时才会介入。美国和俄罗斯虽将司法警察作为专门的执行权力主体，但与执行员没有实质区别，更多是称呼的不同。在俄罗斯，这类司法警察甚至使用复合性的称呼——“司法警察—执行员”，以区别于保卫系统的司法警察。[1] 考虑到《人民法院组织法》第50条已明确将司法警察归入警察序列管理，且《民事诉讼法》长期将执行员作为专门的执行权力主体，再创设专司执行事务的司法警察似无必要。至于书记员，因其更多是作为辅助人员存在，很少独立承担记录以外的其他职责，同样不宜作为专门的执行权力主体。

近些年的实务之所以倾向使用法官助理、书记员和法警办理执行工作，在很大程度上是因为其用人机制较为灵活。在2015年《关于全面深化人民法院改革的意见》[修订后的《人民法院第四个五年改革纲要

---

[1] 参见程丽庄：《俄罗斯联邦司法权研究》，重庆大学2008年博士学位论文，第90、91页。

(2014—2018)》] 中，最高人民法院曾明确提出，要“拓宽审判辅助人员的来源渠道，探索以购买社会化服务的方式，优化审判辅助人员结构”。因此，很多地方的法官助理、书记员和法警在人事上均采取了“双轨制”。除了少量在编人员外，大量的法官助理、书记员和法警是“合同工”，甚至劳务派遣人员。这虽然有利于法院在短期内扩充人手，但弊端同样明显，比如法官助理专政，临聘人员成为避雷针或防空洞，以及法官与临聘人员的非预期通谋等，[1] 不宜作为长久之计。

另外，法官助理、书记员和司法警察多为法院特有的职位，在执行权内分、外分争议颇大的情况下，不利于改革的持续性。而执行员在比较法上的地位则相对多样：一是法院内部的执行员（比如奥地利）作为司法辅助人员，根据法官的指令采取执行措施；[2] 二是法院外部的执行员作为独立于法院的司法行政人员（德国），[3] 或具有公职身份的半自由职业人员（法国），[4] 负责部分的执行方法；三是设于法院但独立于审判员、专司执行事务的执行员（苏联）；四是混合体制的执行员（英国）——郡法院的执行员是法院事务管理局的司法行政人员，高等法院的执行员是领有执照并受“执行执照”约束的职业法律人，名为国家公职人员，但不领俸禄，实行市场化运作。[5] 这种比较法上的多样性更利于采取灵活的改革策略，即在保留执行员职务的同时，适时调整其法律地位，从而最大限度地降低权力主体变动对执行程序稳定性的影响。

---

[1] 参见刘忠：《员额制之后：法院人员分类构成评析》，载《华东政法大学学报》2020 年第 6 期。

[2] See Paul Oberhammer, *National Report of Austria*, in Mads Andenas et al., eds., Enforcement Agency Practice in Europe, British Institute of International and Comparative Law, 2005, p. 120 – 121.

[3] 参见［德］弗里茨·鲍尔等：《德国强制执行法》（上册），王洪亮等译，法律出版社 2019 年版，第 16、17、163～165 页。

[4] 参见［法］洛耶克·卡迪耶：《法国民事司法法》，中国政法大学出版社 2010 年版，第 155、157 页。

[5] 参见宫雪：《英国民事执行权的运行与控制》，华东政法大学 2015 年博士学位论文，第 87 页；张永红：《英国欠租扣押财物法及启示——兼论现代民事强制执行法的理论基础》，载《法律适用》2020 年第 3 期。

2. 执行员的法律地位和产生方式

执行员不同于法官，其产生方式和管理应与法官有所区别。不过，在司法人员分类管理的背景下，如何确定其法律地位和产生方式，仍有待进一步讨论。毕竟《人民法院组织法》已删除了关于执行员的规定，且该法第45条仅将法院的人员分类限定于法官、审判辅助人员和司法行政人员3种，第46~51条也只规定了法官、法官助理、书记员、司法警察和司法技术人员5种法院职位。

在此，本书的初步考虑是将执行员作为特殊的审判辅助人员单独管理。之所以如此而不是将执行员归入司法行政人员，一方面是因为我国当前对司法行政人员的理解与其他国家和地区有很大不同——我国的司法行政人员主要是在办公室、政治部、机关党委和后勤保障等部门工作的人员，[1] 中共中央组织部和最高人民法院2013年联合印发的《人民法院工作人员分类管理制度改革意见》明确将人民陪审员以外的法院其他人员作为审判辅助人员；[2] 另一方面是因为在比较法上确实有国家将执行员置于法院辅助人员的地位，比如奥地利。

将执行员界定为特殊的审判辅助人员并实行单独管理，只是应对司法人员分类"三分法"的无奈之举。从严格意义上讲，执行员并不是《人民法院组织法》所规定的审判辅助人员，因为其不仅享有较为广泛的权力，而且具有独立办案的资格，与法官助理、书记员和司法警察有明显不同。若非实务中法官以执行员的名义介入执行工作，执行员甚至是唯一有权办理执行案件的主体。

至于执行员如何实行特殊管理，初步的建议有以下几个方面：一是执行员的任职资格不宜过低，应有通过法律职业资格考试的要求。二是执行

---

〔1〕 参见卞建林、王天保：《司法人员分类管理再思考》，载《内蒙古社会科学》2021年第6期。

〔2〕 参见方斯远：《论〈人民法院组织法〉的修订原则、重点与限度》，载《中国应用法学》2017年第1期。

员的任免不宜由中级、基层人民法院自行决定，而应结合执行工作统一管理体制，以及省级以下人民法院人财物统一管理的改革动向，暂交由高级人民法院统一任命和管理。中级、基层人民法院仅保留推荐和建议的权力。三是在四级法院职能定位改革的大背景下，最高人民法院和高级人民法院因案件数量大幅度减少，没有必要再设立执行员职位。[1] 至于执行员的报酬或待遇，因涉及市场化改革的争议，下文将一并讨论，此处暂不展开。

3. 执行员与法院的关系

执行员与法院的关系，涉及审执分离是"内分"还是"外分"的争议，以及法院和司法行政机关的权力划分，较为微妙。本书的基本立场是，可以暂时淡化这一问题，而先考虑执行员的队伍建设。原因如下。

其一，中外法院的发展历程不同。英国、法国、德国等欧洲国家先有法院，后有司法权和行政权的分权以及执行员的独立；我国则先有行政机关、后有法院。此外，法官和执行员的职位是在建设现代法院的过程中同时设置的。在执行员等法院职位的人事任命方面，清末和民国初期均发生过所谓的"部院之争"。作为妥协的结果，在制度层面，执行员等法院内的低级职位一般由地方法院负责任命，但在实践中由于"县知事兼理司法"盛行，后来的县司法处也没有摆脱县长的影响，所以执行员的任命主要掌握在地方行政官员手中。新中国成立后，在苏联经验的影响下，"法院组成人员"（审判员以上的职位）通常由同级人民代表大会选举（院长）或由同级人民代表大会的常务委员会任命。至于组成人员以外的"其他人员"的产生，因省级以下的司法行政机关曾长期不健全，且司法部于1982年明确放弃了对法院司法行政事务的管理权，故一直由地方人民法院自行负责。

其二，对于我国而言，当务之急是没有足够数量的执行员，而非执行

[1] 但可以设立执行裁判庭和执行指挥中心。前者按审判庭的规定组成，办理执行救济和执行监督事务；后者由法官或司法行政人员组成，办理救济和监督以外的综合性事务。

员的隶属。更何况执行员的法律地位在比较法上较为多样，隶属关系实际上可以灵活处理，比如采取“两步走”或“多步走”的策略，即先充实执行员队伍，待时机成熟，再视情况决定其是否外分。

4. 执行员的市场化问题

近些年来，随着欧洲一体化的推进和债务困局的出现，执行员的市场化逐渐成为比较法研究中的热点问题。不仅法国的执达员越来越接近于自由职业，英国的高等法院执行员也采取了市场化的运作模式。所以，我国学界和实务界也有相关讨论。有实务人士建议，可以将较为简单的执行案件（动产的执行）交给私人性质的执行员负责。[1] 也有学者认为，我国很难像英国那样将执行程序按照财产的类型进行细分。在执行程序统一由法院负责的情况下，可以将执行程序分成不同的阶段，并在此基础上推进执行工作的市场化，具体而言，即以终结本次执行程序为界，“先公后私”，将执行不能的案件交给市场化主体负责。[2] 本书对此持谨慎态度，理由如下。

其一，从历史来看，强制执行是人类从私力救济转向国家救济的产物，而市场化则是国家权力的反向让渡。国家对强制执行的垄断之所以能获得正当性，一个很重要的原因是杜绝了私力救济中的野蛮和暴力。这在近现代又发展成对人权和其他正当权利的保护。市场化的目标主要是提高执行效率。国家虽然可以对其建立相应的监督和指导机制，但在高额报酬的激励和他人竞争的压力之下，私人执行很容易使用介于合规和不合规之间的“灰色”方法，从而侵害债务人乃至第三人的合法权益。这在英国执行体制的市场化改革中并不鲜见，而且没有很好的解决方法。[3] 同时，市

---

〔1〕 参见张永红：《审判权和执行权相分离体制改革中应当注意的问题——基于英国模式的思考》，载《法律适用》2015年第5期。

〔2〕 参见陈杭平：《比较法视野下的执行权配置模式研究——以解决“执行难”问题为中心》，载《法学家》2018年第2期。

〔3〕 参见宫雪：《英国民事执行权的运行与控制》，华东政法大学2015年博士学位论文，第197~199页；金殿军：《民事执行机制研究》，复旦大学2010年博士学位论文，第74页。

场化的效率导向也意味着其很难适用于标的额较小、不具备商业价值或当事人实力悬殊、需要公权力进行平衡的案件。英国之所以迟迟不将市场化改革方案推广至郡法院的执行员，原因也正在于此。[1]

其二，执行员市场化的目标主要是提高执行效率，但两者之间并没有必然联系，而且提高执行效率的方法也不只有把执行员职位市场化一种。有欧洲学者指出，影响执行效率的主要因素是债务人财产的透明度，而非执行机构是“公”还是“私”。[2] 实际上对于国家而言，执行员市场化更现实的意义在于以商业方式分散国家对于实现生效法律文书确定的债权的责任，转嫁执行不能的风险，并减轻其财政负担，并不必然提升执行效率。更何况，执行员市场化只是执行工作社会化的一个侧面。除此之外，还有很多相对分散的社会化或市场化方式，比如在财产调查、拍卖等特定环节引入社会化力量。这种分散的、局部的社会化方式与执行员的市场化孰优孰劣，有待进一步观察。

其三，尽管向私人开放收债市场和将执行员作为自由职业并不鲜见，但明确提出市场导向的国家仍是极少数，以英格兰为最。但英格兰之所以顺利走上市场化的道路，则与其原有的执行体制密切相关——英国从1887年《郡长法》和1888年《地方政府法》开始，虽然形式上将执行高等法院令状的权力交给郡长，但实际上郡长会再将其指派给律师。[3] 2007年的改革不过是取消了郡长这个残留的封建官职以及律师执业的地域限制，所以内在的变化并不是很大。与此不同的是，法国虽然将执行员这个封建

[1] 英国执行体制的市场化改革目前仅限于高等法院。参见张永红：《审判权和执行权相分离体制改革中应当注意的问题——基于英国模式的思考》，载《法律适用》2015年第5期。

[2] See Juan Pablo Correa Delcasso, *Efficiency in the Methods of Enforcement of Judgments: Public vs Private Systems*, in Mads Andeanas et al., Enforcement Agency Practice in Europe, British Institute of International and Comparative Law, 2005, p. 50.

[3] 参见张永红：《英国强制执行法》，复旦大学出版社2014年版，第226~229页。

官职职业化，[1] 但没有市场化；相反，还对执行员的数量有所控制，并将执行员之间的竞争局限在其所属的小审法院辖区之内。[2] 其他没有将执行员作为自由职业，而将其作为授薪公职人员的国家，对执行员市场化更是慎之又慎。尤其是曾经刮起市场化风暴的德国，[3] 至今仍没有将执行员职位推向市场化。更何况，我国自清末改制以来就没有建立起像样的执行员队伍，市场化的基础十分薄弱。

综上，对于近期的执行员队伍建设而言，宜首先将其作为公职人员，然后通过一定手段——比如德国的“基本工资加提成”、日本的手续费制等，提升其工作积极性，[4] 而非贸然地走向市场化。

### （二）执行员与法官的关系

#### 1. 法官应退出事务性执行工作

法官退出事务性执行工作是比较法上的一般趋势，是执行工作专业化和审执分离的内在要求。从世界范围来看，多数国家都像法国和德国一样，经历过审执合一向审执分离的转变。与我国将审执分离理解为法院内部机构（审判机构和执行机构）的分离不同，欧美国家的审执分离更多是法官和执行员的职权分离，即法官负责审判，执行员负责执行。后者在身份上是独立于法官的司法行政人员。只有那些较为重要或复杂的执行方

---

〔1〕 法国的执行员虽然名义上是自由职业，但实际上是封建捐官职的遗产。法国大革命期间，尽管新政府号称废除司法职位买卖，但实际要以支付赔偿为前提。由于时局持续动荡使资产阶级没有充裕的资金支付这笔费用，执行员等“小长袍”也无法像大贵族那样优先获取赔偿，加上法国不断在复辟与反复辟之间徘徊，执行员等未获赔偿的官职最终挺过了资产阶级革命的风暴，成为半官半商的别样存在。参见［英］威廉·多伊尔：《捐官制度——十八世纪法国的卖官鬻爵》，高毅、高煜译，中国方正出版社 2017 年版，第 3、553～556 页。

〔2〕 参见金邦贵主编：《法国司法制度》，法律出版社 2008 年版，第 336、337 页。据介绍，通过执达员资格考试的人要实际成为执达员，需等待职位的空缺，并向原来的职位保有人支付职位费。这与封建时期的官职买卖颇为类似。

〔3〕 关于德国执行员在 20、21 世纪之交的市场化改革动向，参见郑冲：《德国法院执行员制度改革之争》，载《比较法研究》2007 年第 6 期。

〔4〕 参见［日］山本和彦：《执行官制度的比较法研究——以日本、法国、德国的比较为中心》，史明洲译，载《人民司法·应用》2019 年第 10 期。

法，比如不动产和劳动收入的执行，才会纳入司法程序交由法官负责。

目前，仍将执行工作全面置于法官控制之下的主要是西班牙、奥地利和我国台湾地区。其中，西班牙因其宪法明确要求“裁判法院负责执行”，法官对执行程序的控制最为彻底，面临的批评也最为激烈。有西班牙学者指出，裁判的执行是西班牙诉讼制度中最为糟糕的领域之一。相关规定主要见于《西班牙民事诉讼法》，但该法制定于1881年，反映的是乡村社会的需求，无法满足现代社会和商业活动的需要。〔1〕奥地利已从20世纪90年代开始调整：其执行工作虽然在名义上仍由法官负责，但司法辅助官已分担了法官的大部分职责，且执行员的独立性也在不断增强（尤其在有形动产的执行方面），法官的作用已明显降低。2003年，奥地利共有222名法官参与地区法院的执行活动，但绝大部分是兼理执行事务，且主要处理裁判事项，投入执行工作的时间全部加起来，不过是47.28个全职执行法官的水平。〔2〕我国台湾地区的情形与奥地利相似。尽管其制度层面仍保留着法官命书记员督同执达员办理执行事项的规定，但21世纪初引入德国和奥地利的司法辅助官制度之后，〔3〕法官已很少介入执行工作——其在强制执行中的职责，除管收和拘提外，均得由司法事务官办理。

2. 执行员与法官的权限划分

我国目前对法官和执行员权限的划分，以执行实施权和执行审查权（执行裁判权）的区分为标准。最高人民法院2011年《关于执行权合理配置和科学运行的若干意见》第3条、第4条规定，执行实施权主要是财产调查、控制、处分、交付、分配和采取罚款、拘留措施等权力；执行审查

〔1〕 See Juan Pablo Correa Delcasso, *Efficiency in the Methods of Enforcement of Judgments: Public vs Private system*, in Mads Andenas et al., eds., Enforcement Agency Practice in Europe, British Institute of International and Comparative Law, 2005, p. 49.

〔2〕 See Paul Oberhammer, *National Report of Austria*, in Mads Andenas et al., eds., Enforcement Agency Practice in Europe, British Institute of International and Comparative Law, 2005, p. 116 - 121.

〔3〕 参见薛永慧：《从台湾法官与司法辅助人员的关系看大陆法官员额制改革》，载《台湾研究集刊》2015年第6期。

权主要是审查处理执行异议、复议、申诉以及决定执行管辖权的移转等权力；前者可以由执行员行使，也可以由法官行使，但后者只能由法官行使。根据起草者的解释，执行实施权本来应由执行员行使，但因为我国没有充足的执行员队伍，故规定由法官和执行员共同行使。[1]《民事强制执行法（草案)》第10条除了将罚款和拘留改为法官决定事项，基本坚持了这种划分。

应当说，这种权力分配思路在理论上是没有问题的。无论是执行审查权还是执行裁判权，解释上都一直将其作为司法权，与审判权并无二致，所以，用它们概括法官在执行程序中的权力，并没有太大的问题。在此基础上，将不应由法官行使的权力归入实施权的范畴，也未尝不可。

但问题是，执行实施权也好，执行审查权也罢，都只是我国实务界发明的抽象概念，既没有成熟的理论体系作为支撑，也缺少比较法上的参照，以致很难把握其具体内涵。事实上，对于哪些权力应归属执行实施权，哪些权力应归属于执行审查权，不仅学理上缺乏一致意见，最高人民法院的司法解释也从未给出明确的边界，甚至还在不断变化和调整。在此情况下，寄望其能指引纷繁复杂的审执分离改革，殊为困难。

本书认为，可以借鉴“分散型”民事执行程序区分司法程序和非司法性程序的经验，借助执行方法来划分法官和执行员的权力，具体如下。

其一，应将对普通动产的执行和“物之交付请求权的执行”作为执行员的权限，允许其不经法官裁定或命令，直接采取执行措施。

其二，对存款、金钱债权、股权证券的执行可以作为执行员的权限，由执行员通过线上或线下方式采取执行措施，包括查封、划拨债务人的存款，查封债务人对他人享有的金钱债权并发出履行令，查封和拍卖债务人的股权证券等。但其中的特定事项须经法官批准或由法官裁定，比如在执行债务人对他人享有的金钱债权的过程中，履行令发出后，次债务人提出

〔1〕 参见卫彦明、范向阳：《〈关于执行权合理配置和科学运行的若干意见〉的理解与适用》，载《人民司法·应用》2011年第23期。

了异议；在查封债务人股权的过程中，债权人请求禁止股权所属公司的股东会就增资、减资事项进行表决［《民事强制执行法（草案)》第 163 条］。另外，对于存款的执行，也可以考虑借鉴德国的账户扣押保护制度，由法官为债务人生活、经营必需的基本账户设置一定的保护额度。

对存款、金钱债权和股权证券的执行之所以可以作为执行员的权限，而不像英国和德国那样归入司法程序的范畴，是因为这些财产对应的执行措施或执行方法并不复杂，主要是作出查封、拍卖、划拨或发出履行令等。更何况，在比较法上，法国也将对存款和股权证券的执行归入执行员的权限，对劳动收入的执行虽然保留在法院，但也在“去司法化”的途中。

其三，对不动产的执行原则上应作为法官的权限。一方面，这是“分散型”民事执行程序的基本经验；另一方面，是因为不动产上的权利负担众多，法律关系较为复杂。在拍卖程序启动以后，查封、拍卖、变卖、强制管理等具体执行措施的实施，可以交由执行员或书记员完成。但执行过程中的重大事项，比如执行程序的启动、拍卖条件的设定、拍卖公告的发布、拍卖成交的许可等，需由法官决定。其中，法官决定对不动产启动执行程序（采取查封措施）的，应作出书面裁定。该裁定应明确查封的目的是拍卖不动产还是采取强制管理措施，抑或兼而有之。执行员实施拍卖后，拍卖成交或以物抵债的，也应由法官审查后作出裁定［《民事强制执行法（草案)》第 122 条、第 125 条］。

其四，行为给付案件即“行为给付请求权的执行”也应作为法官的权限，因为这类案件的执行措施不宜由执行员完成。一般情况下，行为给付案件有两种处理结果：一是行为给付可由他人代为履行，此时执行措施主要是让责令债务人支付代履行的费用。由于该措施涉及给付内容的转换（从行为给付变成了损害赔偿）和债务人实体责任的确定，故应由法官进行审查并作出裁定，以便采取后续的执行措施。二是行为给付无法由他人代为履行，或无须由他人代履行。此时需通过罚款、拘留、纳入失信被执行人名单等间接执行措施迫使债务人履行义务。这些措施通常涉及债务人的基本权利，故也应由法官进行审查并作出决定。

其五，对于我国特有的一些制度安排，比如追加和变更当事人、启动执行回转程序、不予执行仲裁裁决和公证债权文书等，也应作为法官的权限。

## 二、“分散型”执行措施与网络执行的衔接

除了执行事务分权以外，“分散型”体制的另一特点是以执行方法为中心的程序结构。在这方面，《民事强制执行法（草案）》已经作出了相关尝试，只不过，在如何处理“分散型”程序结构与传统“集中型”体制的关系方面，尚未形成清晰的思路。

从比较法的角度来看，同属“司法集中型”体制的奥地利的强制执行法也采用“分散型”的体例设计。其《强制执行与保全程序法》在第一部分“强制执行”中，从“一般规定”“因金钱债权的强制执行”“行为和不作为的执行”三个方面对执行程序作出规定。其中，“因金钱债权的强制执行”分为“对不动产的强制执行”和“对动产的强制执行”，后者又进一步分为“对有体物的执行”和“对债权的执行”。但与我国大陆不同的是，其并未将执行管辖权集中于第一审法院，而是按执行标的的不同分散于不同的地方法院：不动产原则上由不动产所在地的法院执行；债权由债务人住所地的法院执行；动产等其他标的物由执行程序启动时标的物所在地的法院执行。我国台湾地区与奥地利类似，也将执行案件的管辖权分散于不同的地方法院，即强制执行原则上由应执行至标的物所在地法院或应为执行行为地之法院管辖；应执行标的物所在地或应为执行行为地不明的，例外由债务人住所地等法院管辖。

但这种分散管辖有一个基本的前提，即当事人在启动执行程序时需明确待执行的财产。这对于习惯第一审人民法院集中管辖，将财产调查内嵌于执行程序并已开发出较为完善的网络执行查控系统的我国而言是一个较

大的挑战，可能意味着执行程序的系统变革。以下谨结合前文对英、法、德三国执行程序的分析，就“分散型”体制的程序结构与我国现有程序机制的衔接，以及未来我国执行程序的改良作具体分析。

### （一）集中管辖、分散管辖与网络执行

在“分散型”体制下，除了英国将全国法院整合为两个单一的法院（高等法院和郡法院）并允许执行员跨区执行以外，法国和德国对执行案件的管辖都采取分散管辖的模式。一方面，负责执行的法院之间有管辖权限的分工，比如对不动产的执行由不动产所在地的法院管辖，对劳动收入的执行由债务人住所地的法院管辖。另一方面，执行员之间也有管辖范围的区分——他们只能在所属的特定法院辖区内从事执行活动。但在我国，从清末新政开始，执行案件就由第一审法院集中管辖。2007 年修正《民事诉讼法》时虽然增加了“与第一审人民法院同级的被执行的财产所在地人民法院”共同管辖，但由于一个文书只能立一个案件，且“被执行的财产所在地人民法院”只能对该特定财产行使管辖权，绝大多数执行案件依然由第一审法院管辖。

对此，理论界和实务界一直有不同看法。早在 20 世纪 90 年代，常怡教授就曾提出，既然仲裁裁决和公证债权文书可以由债务人住所地或被执行的财产所在地法院管辖，为何法院的生效裁判只能由第一审诉讼法院管辖？为此常怡教授主张，对法院的生效裁判应借鉴比较法上的一般做法，确立新的执行管辖规则，具体如下：（1）在级别管辖方面，可以按照一定的标准，使不同级别的法院管辖不同的案件；（2）在地域管辖方面，应以执行标的物所在地法院和执行行为地法院管辖为原则；（3）执行标的物所在地或执行行为地不明的案件，由债务人住所地的法院管辖；（4）两个以上的法院都有管辖权的，由最先受理债权人执行申请的法院管辖。但同一债务人的执行标的物或执行行为不在同一法院辖区的，应由各标的物或执

行行为对应的法院分别管辖。[1] 在另一篇文章中，常怡教授进一步阐述了重构执行管辖规则的理由，即审执分立（离）。在他看来，审执分离有3个层次：一是立法分离，即制定单独的强制执行法；二是机构分离，法院应设置专门的执行机构；三是管辖分离，改变第一审法院负责执行的旧传统。[2] 21世纪初，由于最高人民法院曾强调跨区域案件要委托执行，而委托执行的效果并不理想，所以，实务界也一度出现重构执行管辖制度的主张。[3]

与此观点遥相呼应，我国台湾地区在修改“强制执行法”时已经改变了第一审法院负责执行的传统做法。其于“强制执行法”第7条规定，强制执行由执行标的物所在地或执行行为地法院管辖。执行标的物所在地或执行行为地不明的，由债务人之住所、居所、公务所、事务所、营业所所在地管辖。同一强制执行，数个法院都有管辖权的，债权人得向其中任何一个法院申请执行。受理强制执行的法院须在其他法院辖区为执行行为的，应嘱托该他法院为之（委托执行）。这实际上是借鉴奥地利的做法，在不改变“司法集中型”体制的前提下，将各种执行方法分散到不同的法院管辖。

不过，《民事强制执行法（草案）》并没有受到上述因素的影响，依然维持着《民事诉讼法》确立的执行管辖规则。该草案第36条规定，生效判决、调解书的执行，由第一审人民法院或与其同级的被执行的财产所在地人民法院负责。生效裁定、决定、支付令的执行，由作出裁定、决定、支付令的人民法院或与其同级的被执行的财产所在地人民法院负责。之所以没有改变，可能还是基于便利执行的考虑，即第一审法院和同级的被执行的财产所在地法院一般都与债务人有某种联系，较为熟悉情况，便于开

---

〔1〕 参见常怡：《关于执行管辖》，载《政治与法律》1998年第5期。
〔2〕 参见常怡：《完善民事执行管辖的立法建议》，载《法律适用》1998年第4期。
〔3〕 参见赵祥华：《民事执行管辖问题研究》，载《山东审判》2003年第2期。

展执行工作。[1] 但也可能有以下两个方面的因素：一是最高人民法院于2017年建立的事项委托制度。根据该制度，执行法院遇有需要异地执行的事项时，可以通过事项委托系统快速办理。一般情况下，受托法院需在10～20日内反馈结果，情况紧急的，经执行指挥中心联系，24小时内就要办理完毕。这在很大程度上解决了传统的“全案”委托执行效率低的问题。二是信息技术的运用，极大地方便了跨区域财产的执行。执行法院无须异地执行，就可以完成对异地财产的控制和处分。

但上述理由似乎不足以回答如下问题：“与第一审人民法院同级的被执行的财产所在地人民法院”既然在2007年就已经获得了执行管辖权，那么为何其在过去的十几年中没有撼动第一审人民法院的主导地位？既然其没有发挥太大的作用，《民事强制执行法（草案）》为何还要将其作为管辖法院？未来又该如何协调其与第一审人民法院的关系？

根据当时的解释，2007年之所以将“与第一审人民法院同级的被执行的财产所在地人民法院”作为管辖法院，主要是为了解决委托执行效率低，异地执行风险高的问题，即通过在制度层面赋予财产所在地的法院以管辖权，给当事人创造向财产所在地法院申请执行的条件，从而避免委托执行和异地执行的发生。[2] 但从事后的情形来看，这次修改并没有达到预期的目的。因此，《民事强制执行法（草案）》维持现有的管辖规则仍可能面临2007年修法所面临的困境。

尽管如此，由于《民事强制执行法（草案）》将各种执行措施都“升级”为相对独立的程序单元，所以不排除未来借鉴“分散型”民事执行程序，将特定执行措施作为独立案件予以立案的可能。具体而言，原执行法院通过穷尽执行措施，确定债务人无财产可供执行的，终结本次执行程序

[1] 参见全国人大常委会法制工作委员会民法室编：《中华人民共和国民事诉讼法条文说明、立法理由及相关规定》，北京大学出版社2007年版，第400页。

[2] 参见最高人民法院民事诉讼法修改研究小组编著：《〈中华人民共和国民事诉讼法〉修改的理解与适用》，人民法院出版社2007年版，第118、119页。

后，债权人可根据财产类型，向财产所在地法院申请启动单项执行措施。

考虑到信息化的发展趋势，甚至可以考虑依托网络执行机制，对现有的执行管辖制度作颠覆性改造。在这方面，英国将全国的郡法院整合为单一法院的做法无疑是个启迪，尽管它并没有止步于此——根据布里格斯法官2015年的报告，英国还在尝试设立单一的互联网法院，如果这项改革成真，其效果可能比设立单一的郡法院更具颠覆意义。届时，英国的现有法院实体都可能变成互联网法院的分支或补充，就像之前分布于英国各地的郡法院变成了单一郡法院的审判中心那样。

以信息化和网络执行机制为出发点，可以发现我国的网络执行查控系统实际也发挥着整合全国执行资源的作用。如果能以此为基础，建立专门负责网络执行的法院，至少在网络执行的范围内，执行管辖制度将失去其存在的意义——在理论上，所有的金钱给付案件都可以不再考虑管辖权的分配，而由当事人在网上直接申请，并由互联网法院统一执行；互联网法院执行无果的，可裁定终结本次执行程序，回到传统的线下执行。此时，由于债务人被认定为无财产可供执行，不具有直接启动执行程序的条件，所以更妥当的做法是像“分散型”民事执行程序那样，先让债权人通过一定的方式调查债务人的财产，再根据找到的财产，有针对性地启动相应的执行方法（执行措施）。

### （二）财产调查程序的独立

#### 1. 法院的财产调查权及其历史脉络

目前，人们习惯性的认识是财产调查是执行程序的一部分，是法院的一项义务或职责。但实际上，《民事诉讼法》从来没有这样的字面表达。1982年《民事诉讼法（试行）》没有对法院调查债务人的财产作出任何规定。1991年制定《民事诉讼法》时，立法者考虑到银行存款对债权人的重要地位，将原本合在一条的对存款和收入的执行分成了两个条文，即冻结、划拨存款，扣留、提取收入。在此过程中，为了保障冻结、划拨存款顺利进行，立法者增加了查询债务人存款的措施，并将查询、扣押、冻结一起作为法院的权力予以规定，即“人民法院有权向银行、信用合作社和其他有储蓄业务的单位查询被执行人的存款情况，有权冻结、划拨被执行人的存款”。之所以将此作为权力予以规定，目的是“强化人民法院的执行权，澄清对这项执行措施的合法性的模糊认识，排除实践中一些银行部门拒不协助执行的行为”。[1] 同样，1991 年《民事诉讼法》增加关于搜查的规定，也是为了保障执行活动顺利进行而赋予法院的一项权力。

在 1998 年《关于人民法院执行工作若干问题的规定（试行)》中，最高人民法院首次将财产调查作为与“执行前的准备”并列的活动。该规定不仅在第四部分使用了“执行前的准备和对被执行人财产状况的查明”的标题，而且在第 28 ~ 31 条规定了多种查明债务人财产的措施，包括：（1）债权人向法院提供财产线索；（2）债务人向法院报告财产；（3）法院向债务人及有关机关、社会团体、企事业单位或个人调查了解债务人的财产状况；（4）传唤债务人或其法定代表人、负责人到法院接受询问；（5）依法对隐匿财产的债务人采取搜查措施。此后，各地法院在推进执行案件流程管理的过程中，开始将财产调查作为执行工作的一个流程，财产调查遂成为执行程序的一部分。

与此同时，由于 1998 年《关于人民法院执行工作若干问题的规定（试行)》给法院设置的结案条件较为严格，仅有生效法律文书确定的内容全部执行完毕、终结执行、不予执行和达成执行和解协议并履行完毕 4 种情形，“无财产可供执行”只是中止执行的理由，“未执行完毕不得结案，除非裁定终结执行或不予执行”很快成为社会各界的普遍认识。这在无形中给法院提出了一种要求，即未执行完毕的，应加大财产调查力度，确保生效法律文书确定的内容全部实现。

但实际上在制度层面，除了查询债务人的存款，当时的《民事诉讼

[1] 参见马原主编：《民事诉讼法的修改与适用》，人民法院出版社 1991 年版，第 252、253 页。

法》并没有一般性地赋予法院调查债务人财产的权力，以致在随后的一段时间中，对隐匿财产的债务人，法院系统不得不通过执行联动机制，向财产管理机关寻求配合和支持，典型表现如2004年最高人民法院、原国土资源部和原建设部联合下发的《关于依法规范人民法院执行和国土资源房地产管理部门协助执行若干问题的通知》。该通知第2条规定了执行人员到国土资源、房地产管理部门查询土地、房屋权属情况的相关程序。最终，法院系统的努力在2012年形成了突破，2012年修正后的《民事诉讼法》赋予了法院全面调查债务人财产状况的权力，规定“人民法院有权向有关单位查询被执行人的存款、债券、股票、基金份额等财产情况”。即便如此，法院也未必有全面调查债务人财产状况的能力，因为传统的财产调查是登门临柜式的调查，在债务人财产较为隐蔽且分散于各个角落的情况下，即便在同一座城市，法院也很难在短期内了解债务人的全部财产状况。所以，2012年《民事诉讼法》的修改只是解决了法院调查债务人财产的法律依据问题。法院真正获得调查债务人财产状况的能力，应在网络执行查控系统建成之后。

2. 网络执行查控系统的局限

至于网络执行查控系统能否彻底查清债务人的财产状况，至少从目前的情况来看答案是否定的，原因如下。（1）债务人的财产状况不断地变化，网络执行查控系统只能查询其一时的财产状况；在查询结束之后，债务人的财产还会发生变化。（2）网络执行查控系统只能收录有登记的财产状况；对于没有纳入登记范围的财产，比如家用电器等普通动产、劳动收入和普通金钱债权等，网络执行查控系统均未收录。（3）网络执行查控系统的实际效果受到债务人规避执行的因素影响。由于执行工作须遵循形式化原则，执行机关只能查询登记在债务人名下的财产。对于不在债务人名下的财产，执行机关无权查询。实践中，不少债务人为了逃避网络执行查控系统，往往不在自己的账户中留有资金，而通过别人的账户进行资金周转。所以，即便有了网络执行查控系统，很多案件依然是无财产可供执行，从而不得不终结本次执行程序。

为了克服网络执行查控系统的局限，最高人民法院在2017年制定了《关于民事执行中财产调查若干问题的规定》，详细规定了债务人报告财产，债权人申请审计执行、悬赏执行的程序。但无财产可供执行的案件在实践中依然占有很大比例。这在一定程度上表明，即便我国的网络执行查控系统已在世界上处于领先地位，相关司法解释也为调查债务人的财产“绞尽脑汁”，但案件能否获得执行，依然要取决于法院外的诸多因素。在此情况下，是否还有必要维持现有的财产调查制度框架，值得思考。

其中，两个问题最为关键：一是法院和当事人在财产调查程序中的责任划分；二是财产调查程序与执行程序的关系。前者因涉及执行程序中当事人主义和职权主义的学理争论，留待下文详细讨论，此处仅讨论后者。

从英国、法国、德国的经验来看，财产调查并不属于执行程序的组成部分，而是当事人在启动执行方法之前需要自行完成的事务。近些年来，虽然这3个国家都对财产调查程序有所改革，但其共同的选择是将财产调查独立于执行方法之外。也就是说，负有调查义务的主体在启动执行方法之前就要完成财产调查。经调查债务人有财产的，启动相应的执行方法；没有财产的，将财产调查结果告知债权人即可，并不需要启动后续的执行程序。反观我国，财产调查程序则内嵌于执行程序当中。当事人只有获得法院立案，才能启动调查程序。同时，由于法院垄断了各种财产调查方法，当事人在财产调查中的参与度极低，所以一旦法院告知调查无果，当事人往往抱有怀疑的态度。由此导致的后果是，尽管债务人无财产可供执行是实际情况，但由于没有可供利用的调查途径，债权人并不愿意让自己的案件从执行程序中退出，而更愿意让其滞留于程序当中，再辅以信访的手段，迫使法院解决自己的问题。所谓的执行积案，有相当大一部分都在这种情况下产生。

要解决这个问题，除了后文讨论的责任界限外，也可以在程序结构上作出改变，即借鉴“分散型”民事执行程序的经验，将网络执行后的财产调查程序与执行程序切割，允许债权人通过专门的程序机制调查债务人的财产，而无须等待法院立案执行。目前，日本已经采取了这种制度设计。他们将财产调查程序定位为“准备执行之裁判上的程序”，既不附属于判决程序，也不附属于强制执行、担保执行和形式拍卖程序，而是与其并列的独立程序。[1]

3. 财产调查程序独立与执行文制度的引入

财产调查程序的内容构成并不复杂，核心是将现有的财产调查制度与执行程序切割，“打包”前移至案件再次立案执行前启动。复杂的是财产调查法律关系的构建，即谁来主持调查（法官还是执行员），哪些债权人在什么条件下可以实施调查，以及可以调查哪些人的财产，等等。

对于第一个问题，法国和德国的共同选择是将其交给执行员负责。《德国民事诉讼法》第802e条规定，作出财产答复以及代宣誓保证，由发放执行委托时债务人住所地初级法院的执达员负责；无住所地的，由居住地初级法院的执达员负责。[2] 《法国民事执行程序法》第L152－1条规定，除法律另有规定外，行政部门、由国家或各级地方政府委托经营或控制的企业、受行政机关监督的公共机构或组织，应向持有执行根据、负责执行的司法执达员传递其掌握的以下信息：债务人的地址、债务的雇主及其地址、持有债务人的现款或可追偿款项的任何第三人或受寄托人，以及债务人不动产财产的组成部分。[3] 英国相对特殊，将财产调查程序交给了法院负责。“获取债务人信息的命令”、“信息令”和“部门信息函”等，均须由法院签发。

比较而言，我国的财产程序交给执行员负责更为合适，因为经过第一轮的网络执行之后，后续的调查活动主要是责令债务人报告财产、发布悬赏执行公告、组织审计执行、搜查债务人隐匿财产的地点等事务性工作，

---

〔1〕 参见许仕宦：《家事审判与债务执行》，台北，新学林出版股份有限公司2013年版，第305页。
〔2〕 参见《德国民事诉讼法典》，赵秀举译，法律出版社2021年版，第263页。
〔3〕 参见《法国民事执行程序法典》，罗结珍译，载《执行工作指导》2013年第3期。

无须法官介入。当然，如果未来的民事强制执行立法能顺利引入律师调查令制度，可以例外地将其交由法官负责，毕竟调查令设定的财产信息范围涉及债权人利益和债务人信息保护（尤其涉及个人财务账簿）之间的平衡。

对于后两个问题，法国和德国均是通过执行文制度解决。其内在逻辑为：债权人要委托执行员执行，必须提供有执行力的正本，也即被付与执行文的生效法律文书。在付与执行文时，审判部门会对债权人和债务人的主体资格进行审查，必要时还会通过诉讼程序移交法官处理。英国的财产调查由法院自己负责，没有设置执行文制度，而由主持财产调查的法官自行判断当事人的主体资格是否合适。《英国民事诉讼规则》第 83.2 条第 3 款也明确规定，当事人在判决或命令作出后发生变化的，无论是死亡还是其他原因，也无论是债权人还是债务人，启动执行程序必须经法官批准。出于体系一致的考虑，既然我国要将财产调查交给执行员主持，那么引入执行文制度也就不可避免。

关于执行文制度的引入，学界在近十多年来时有讨论。肖建国教授经过深入求证，认为国外的执行文大多由第一审法院的书记官或司法辅助官根据当事人提交的书面材料决定是否发放。由于其获取信息的能力有限，只要债权人提供的材料使其有所犹疑，其往往会选择拒绝发放执行文。如此一来，执行文制度就在客观上提高了债权人启动执行程序的门槛，故未必是理想的制度安排。[1] 对此，刘颖博士认为，不设执行文制度并不会避免后续的诉讼，因为债务人也可以通过异议之诉的方式对法院启动执行程序，债权人的权利实现依然会受到阻碍。所以，在执行程序启动前引发诉讼还是在程序启动后引发诉讼，在结果上对债权人并没有太大的不同。与其程序启动后大费周章，不如提前解决相关争议更为妥当。[2] 张卫平教授

〔1〕 参见肖建国：《执行当事人变更与追加的程序研究——基于德、日、韩执行文制度的比较研究》，载《法律适用》2011 年第 9 期。

〔2〕 参见刘颖：《执行文的历史源流、制度模式与中国图景》，载《中外法学》2020 年第 1 期。

的观点相对折衷。他认为不设执行文制度，将判断执行主体是否适格的权力交给执行法官未尝不可。但相较于执行文制度而言，由执行法官审查缺乏规范的程序约束，而且其同样要从第一审法院书记官或公证人那里寻求信息，所以程序的客观性要弱于执行文制度。考虑到我国时有程序启动后，经债务人异议，执行依据失去执行力的情形，引入执行文制度实有必要。不过，域外的执行文制度有配套的现代书记官制度，缺少了该制度，执行文制度的实施就要大打折扣，在我国书记官制度的现代化还有很长的路要走的情况下，当前引入执行文制度并不现实。[1]

本书认为，不支持引入执行文制度的理由固然有很大的合理性，但任何制度的设计都无法尽善尽美，所以是否引入一项制度，更重要的是考虑其能解决什么问题。如果在财产调查程序独立前，将当事人适格问题交给执行法官审查尚有可行的路径，那么在财产调查程序独立后，由于再次执行的程序尚未启动，仍寄望于执行法官解决问题显然并不现实。也就是说，建立执行文制度已成为一种客观需求。在《民事强制执行法（草案)》中，起草者也曾传递出将当事人适格问题放在执行程序外解决的意图。根据草案第 37 条的规定，债权人在申请执行时，若实际申请人或被申请人不属于执行依据载明的权利人或义务人，须提交依该法第 20 条或第 21 条作出的生效法律文书，否则法院不予立案。其潜在含义是，如果生效法律文书所载明的权利人或义务人发生变更，债权人在启动执行程序前，必须另行启动一个变更或追加当事人的程序，并取得生效法律文书。这实际上是把判断当事人适格的“任务”交给了审判部门的法官。与其这样劳师动众，还不如引入执行文制度，给债权人提供更为便捷的通道。

### （三）“三阶式”执行模式与“分散型”执行措施

财产调查程序独立以后，我国的执行程序实际上变成了“三阶式”构

---

〔1〕 参见张卫平：《执行救济制度的体系化》，载《中外法学》2019 年第 4 期。

造，即“首次网络执行＋财产调查＋线下再次执行”。由于再次执行以当事人提供具体的财产对象为前提，所以客观上就产生了启动个别执行措施的需求。这对于我国执行程序的运行而言，无疑是一个非常大的改变，实际上已与英国、法国、德国等国的“分散型”程序结构非常接近。

在过去，由于《民事诉讼法》对执行措施的规定过于简单，且实践中绝大部分案件以金钱给付为目的，各方对执行程序的认知基本围绕金钱给付案件的执行而展开。加之《民事诉讼法》对金钱给付案件的执行仅规定了 3 种执行措施，且以第 255 条规定的“查封、扣押、冻结、拍卖、变卖被执行人应当履行义务部分的财产”适用范围最广，程序规则最为复杂，且最受人关注（暗箱操作屡见不鲜），故金钱给付案件的执行一直以存款和收入以外的其他财产的执行为中心。至于《民事诉讼法规定》的其他执行措施，尤其是特定标的物的交付和行为给付案件的执行，实际上并不为人们所关注——甚至对劳动收入的执行也是如此。

这使我国的司法实践与英国、法国、德国等国出现了很大的不同。后者一般将车辆等登记财产、不动产和股权证券等财产权归入不同的执行方法，适用不同的程序规则，而我国则一直将这些财产归为一种，使用相同或近似的执行方法——查封、变价。于是可以看到，无论是《关于人民法院民事执行中查封、扣押、冻结财产的规定》，还是《关于人民法院民事执行中拍卖、变卖财产的规定》，抑或后来的《关于人民法院网络司法拍卖若干问题的规定》，都没有对这些财产的执行规则作出区分。网络执行查控系统建成以后，该系统更是将存款和收入（仅限于工资卡中的部分）收入其中。由此导致的情形是，我国的司法实践很少像英国、法国、德国等国那样区分不同的财产类型。在《民事强制执行法（草案）》公布以后，也有不少观点认为，该草案将车辆、不动产、存款、股权等财产归入不同执行方法并没有太大的意义，因为它们所适用的执行措施非常接近，都是先查封，后处分，再分配价款，所以在实践中很容易就能被整合。

尽管如此，也应看到上述财产之所以能被轻易整合，与我国执行措施的精细化程度不足有关。比如，为何存放于工资卡的收入会被整合到网络执行查控系统中，进而可以被作为银行存款予以扣划？一个很重要的原因是我们很少考虑对债务人工资的特殊保护。如果今后能为债务人的工资设置一定的免扣押额度，即使债务人的工资以存款的形式出现于其银行卡当中，执行机关也不能将其作为银行存款予以执行。所以，无论是“三阶式”的执行模式，还是《民事强制执行法（草案)》恢复了执行措施在“分散型”民事执行程序中执行方法的外观，都在客观上提出了执行措施走向精细化的要求。

在此，仅以普通动产的执行为例作为说明。通过前文对英国、法国、德国动产执行方法的梳理不难发现，执行员到债务人的住所查找可供执行的财产是动产扣押的应有之义。但在我国，执行员到债务人的住所查找财产只能通过搜查程序进行。按照《民事诉讼法》设置的条件，搜查程序的启动必须以债务人有隐匿财产的行为为前提，而且必须经过院长批准并签发搜查令。有实务人士指出，所谓的债务人有隐匿财产的行为，必须有相应的证据支持。如果执行机关事先并不掌握债务人的财产情况，而只是臆测或估计，就不能进行搜查。[1] 这使我国执行机关发现债务人动产的方式出现了一个非常有意思的变化，即执行机关不事先到债务人的家中或营业场所查找，而是把债务人传唤到法院要求其申报。这似乎也太过迂回。如果未来能将“对动产的执行”作为一种独立的执行措施，我国也可以借鉴英国、法国、德国等国的经验，直接赋予执行员登门查找债务人动产的权力。

## 三、主义之争：当事人主义还是职权主义

### （一）我国的职权主义传统和法院的“抗争”

与英国、法国、德国等国不同，我国执行程序中的职权主义倾向根深

〔1〕 参见马原主编：《民事诉讼法的修改与适用》，人民法院出版社1991年版，第259、260页。

蒂固。早在清末新政时期，松冈义正博士起草的《强制执行律草案》就没有完全采纳当事人主义。该草案于第 1 条和第 2 条分别规定："债权人得依本律之规定请求强制执行。""执行机关应依职权实施执行程序，但法律有特别规定时不在此限。"[1] 据此，当事人主义仅限于当事人申请启动执行程序。至于执行程序的实施，则实行职权主义。所谓"依职权实施执行程序"，应指当事人申请启动有关执行方法以后，由执行机关主动完成后续程序的步骤，无须当事人另行申请。由于该草案"分则"所规定的执行方法——对动产之强制执行、对不动产之强制执行、对金钱债权之强制执行、关于交回人物及作为或不作为之强制执行等，分散于不同的执行机关，需要当事人分别申请才能启动，所以"依职权实施执行程序"应不包括执行机关对各种执行方法的"切换"。北洋政府时期，"依职权实施执行程序"的内涵有所扩大，开始延伸到执行程序的依职权启动。北洋政府《民事诉讼执行规则》第 4 条规定，强制执行事务，由民事执行处依申请或以职权行之。民事判决确定后，审判厅应将判决正本移付民事执行处；民事执行处接到判决正本或声请书后，应即实施强制执行。对此，学理上的解释是："惟依我国目前情形，人民法律知识既未普及，国家辅助机关亦不健全，自应兼采职权进行主义为当。"[2] 但到了南京国民政府时期，"依职权实施执行程序"又回到了《强制执行律草案》的框架。1929 年，南京国民政府司法部部令指出："强制执行以依债权人声请为原则，未经声请者无庸执行。"随后，《强制执行法》第 5 条规定，除"假扣押、假处分及假执行之裁判"外，"强制执行因债权人之声请为之"。[3] 至今，我国台湾地区的学理仍认为，强制执行之开始采当事人进行主义；强制执行之进行，采干涉（职权）主义。后者的内涵包括：一旦当事人合法申请执

[1] 关于《强制执行律草案》全文，参见曹杰：《强制执行法讲义》，上海法学编译社 1937 年版，第 163 ~ 254 页。下文不再注明。

[2] 曹杰：《强制执行法讲义》，上海法学编译社 1937 年版，第 7 页。

[3] 参见郑兢毅：《强制执行法释义》，商务印书馆 2014 年版，第 41、43 页。

行，执行机关即应依职权实施，无法定原因不得停止。为使执行更有效率，执行机关得依职权调查债务人之财产，查封、拍卖债务人之财产，并将所得分配于债权人。[1]

新中国成立后，受苏联诉讼理念的影响，职权主义全面占据主导地位。在1991年《民事诉讼法》制定之前，不仅执行程序进行由法院依职权推进，执行程序的启动也以移送执行为原则。而且，与民国时期不同，职权主义不再局限于单纯的程序推进，还延伸至实体债权的实现。北洋政府《民事诉讼执行规则》第7条和南京国民政府《强制执行法》第27条均曾规定，债务人无财产可供执行，或虽有财产但执行所得不足以清偿全部债权的，法院可征求债权人的意见，令债务人写立书据，待有财产时再行偿还。若债权人不同意，则须在一定时期（通常为2个月或3个月）内续行调查。经调查仍无财产可供执行，或债权人到期故意不报告调查情况的，法院可以直接向债权人发放债权凭证，待有财产时再予执行。但在新中国成立后，若债务人无财产可供执行，根据1955年《关于北京、天津、上海等十三个大城市高、中级人民法院民事案件审理程序的初步总结》、《民事诉讼法（试行）》第182条和1998年《关于人民法院执行工作若干问题的规定（试行）》第102条的规定，法院只能中止执行，而不能使案件退出执行程序。因中止执行的案件不属于结案，为了避免年终考核陷入不利，法院和执行人员通常会通过继续调查或其他手段（比如执行担保和执行和解）确保案件得到妥善处理。这在无形中使法院承担起了从实体上实现执行债权的责任，而债权人也经常以执行不力的名义，通过信访途径向法院施压。

为了摆脱这种尴尬的局面，在21世纪初起草强制执行法的过程中，最高人民法院提出了“贯彻当事人进行主义，以当事人主义重塑执行程序”的主张，具体包括：（1）执行程序的启动以当事人申请为原则，除财产刑

---

〔1〕 参见陈计男：《强制执行法释论》，台北，元照出版有限公司2012年版，第25、26页。

的执行以外，取消移送执行制度。(2) 债务人财产的查明以债权人查明为主，以法院查明为辅。案件进入执行程序以债权人提供债务人的财产或财产线索为前提，但可为其提供一些可资利用的官方调查程序。(3) 法院在执行过程中作出的、影响当事人程序和实体权利的重要决定，应充分听取当事人的意见，减少法院的职权主义色彩，并由当事人承担相应的后果。(4) 执行程序应尊重债权人的处分权。债权人可以与债务人和解或放弃权利。执行程序的中止和终结也要尽量体现债权人的意志。(5) 债务人无财产可供执行的，应由债权人承担执行不能的后果。[1]

上述主张一经提出，便立即遭到学界的反对。随后，实务界很快放弃了“以当事人主义重塑执行程序”或由当事人承担“执行举证责任”的提法，但同时也没有停止向当事人转移财产调查责任的脚步。在后来的十几年里，不少地方法院都推出过以限制法院财产调查责任为中心的改革举措——先是债权凭证制度，后是终结本次执行程序制度。在此期间，虽历经反复，但终结本次执行程序制度仍得到了相关司法解释的肯定，并写入新近公布的《民事强制执行法（草案)》。

从已有讨论来看，学界和实务界关于当事人主义和职权主义的分歧，主要在于财产调查方面的责任分配。学界倾向于实行职权主义，以最大限度地维护当事人的合法权益，理由是所有的财产调查手段都掌握在法院手中，若法院不继续调查，债权人就很难维护自己的合法权利。而实务界则认为，职权主义并不能改变债务人无财产可供执行的现实。若过度强调法院在无财产可供执行案件中的调查责任，不仅无助于维护当事人的合法权益，而且可能耗费不必要的司法资源，影响正常的执行秩序。

自 21 世纪初的争议之后，虽然学界和实务界很少再就当事人主义和职权主义进行交锋，但潜在的分歧并没有消失。作为折衷，最高人民法院在 2014~2016 年确立终结本次执行程序制度过程中，对法院和当事人的利益

---

〔1〕 参见黄金龙:《制定〈民事强制执行法〉的指导思想和主要课题》，载《强制执行法起草与论证》(第 1 册)，中国法制出版社 2002 年版，第 273 页。

进行了一定的平衡。一方面，该制度承认了法院关于无财产可供执行案件应退出执行程序的诉求，规定终结本次执行程序裁定送达债权人以后，“执行案件可以作结案处理”。另一方面，采取了一系列措施确保债权人的利益得到维护，包括：（1）将“穷尽财产调查措施”作为终结本次执行程序的基本条件；（2）明确了终结本次执行程序的法律效果，即已采取的执行措施和强制措施继续有效，且债权人可以申请延长查封、扣押、冻结的期限；（3）引入了限制高消费、纳入失信被执行人名单等间接措施，继续对债务人形成必要的履行压力；（4）建立了终结本次执行程序案件的特殊管理机制，将所有的终结本次执行程序案件都纳入专门的信息库统一管理，同时，要求执行法院利用网络执行查控系统，在程序终结后的5年内，每6个月线上查询一次债务人的财产，有财产的及时恢复执行。

上述措施的推出，使法院和当事人在“基本解决执行难”的活动中保持了一定的默契。但近年来这种默契日益面临挑战，因为即便从2016年10月最高人民法院下发《关于严格规范终结本次执行程序的规定（试行)》算起，终结本次执行程序的案件，5年内执行法院应定期网络查询债务人财产的期限也已经届满。此时，法院应继续调查还是另作安排，面临抉择。《民事强制执行法（草案)》第81条曾规定，“自终结本次执行程序之日起满五年且未发现被执行人可供执行的财产”的，应裁定终结执行；终结执行后，应解除已经采取的执行措施。在该条中，起草者有将此类案件彻底终结执行的打算。但可以预见，只要法院与当事人的财产调查责任边界没有最终确定，法院不可能从消极执行或执行不力的批评中解脱。

### （二）法院在财产调查中的“能动”与“被动”

从“分散型”民事执行程序的经验来看，在财产调查方面贯彻当事人主义应当没有理论上的障碍。事实上，由当事人及其律师承担调查责任也是各国通行的做法。那么，为何我国学界和实务界会有如此大的分歧？答案是不言而喻的：问题不在理论本身，而在背后的支撑条件。

欧美国家之所以能让当事人承担财产调查责任，与其一贯的自由主义理念及相应的制度配套密不可分。一般认为，民事强制执行与民事诉讼一样，都是以保护债权人的私人权利为中心的程序体系，所以私法上的基本原则，包括平等原则、意思自治原则、诚实信用原则等，都对诉讼程序和执行程序有重要影响。前述章节对“分散型”民事执行程序的考察也表明，英国、法国、德国等国的执行程序同样实行当事人主义：当事人有决定程序开始、停止和结束的处分权，有选择执行方法和执行客体的自由。待执行财产的确定原则上也由当事人负责，而非由执行机关依职权探知。至于债权人如何获取债务人的财产信息，国家通常不会干涉，提供的帮助也极为有限，最多是对债务人住所地采取搜查措施，或要求债务人出席听审，接受执行机关或债权人的询问。近些年来，虽然各国也在修改立法，尝试为债权人提供更多的获取债务人信息的渠道，但总体而言，提供的仍然是“有限帮助”——国家只保证提供程序机制，而不保证找得到财产。只不过在调查程序的推进方面，部分国家已转向职权进行主义，尤其是法国和德国，只要债权人和执行员建立了“委托”关系（在两国的内涵存在差异），执行员就可以依职权启动相关的调查程序。

当然，英国、法国、德国社会能接受这样的责任分配，也与多方面的因素有关。一是对于国家、债权人和债务人关系的认识。他们并不单纯站在债权人的立场看问题。英国将执行程序视为诉讼程序的组成部分，并将其纳入对抗制的调整范围，[1] 故法院对于介入两者之间的纠纷始终持一种消极态度。法国虽然将执行权视为债权人的私人权利，将自由职业的执行员视为债权人的代理人，但其隐含的意义是实现债权只是当事人之间的私事。债权人和执行员虽然可以利用国家提供的执行程序实现私人权利，但强制执行在本质上是一种公共秩序，并不屈从于债权人的私人意志。[2] 德国把三者的关系看成债权人向国家（法院）申请对债务人采取强制手段的

---

〔1〕 See Jack I. H. Jacob, *The Fabric of English Civil Justice*, Stevens & Sons Ltd., 1987, p. 185 – 188.

〔2〕 参见江必新主编：《比较强制执行法》，中国法制出版社 2014 年版，第 9 ~ 11 页。

单向关系，但同时认为国家的强制执行权并不源于债权人的私人权利地位，因此在实施强制执行时不能仅仅考虑债权人的利益，还应保障债务人的基本权利，并在法律的框架下顾及强制执行带来的社会和经济层面的影响。[1]

二是自由主义和社会观念的二元冲突和制衡。如卡尔·波兰尼在《大转型》一书中所描述，欧洲在19世纪的大发展中，受到一种双向运动的支配，即市场的不断扩张以及它所遭遇的反向运动。欧洲在享受着自由主义经济带来的大发展的同时，也在面临贫困和阶级斗争带来的社会问题。因此，在观念上一直存在自由主义和社会观念的相互作用。[2] 具体到强制执行，他们从来没有将其视为封闭的司法过程（self - contained judicial process），而认为其是涉及多种社会准则的、高度复杂的综合性问题。强制执行必须避免给社会带来伤害，并力争在巩固债权人的胜诉果实和避免伤害债务人之间取得某种平衡，以维护司法权威。[3] 温蒂·肯尼特教授以新自由主义和（新）公共管理为视角剖析各国的执行制度，实际上也是要让强制执行走出纯粹的法律分析框架，提醒人们不仅要考虑实现债权的效率问题，也要注意债务人的债务管理和潜在的贫困问题。[4]

三是公共性质的执行程序和市场性质的法律服务并存。欧美国家一直将国家和社会的关系作为各种哲学的核心命题之一，并注意保持公共服务和市场服务的界限。在债权人的债权清收方面，他们也一直实行作为公共服务的强制执行和市场服务齐头并进的政策，甚至会把更多的机会留给市场。这在很大程度上分担了执行程序和国家作为公共服务提供者的责任。

我国的情况则有所不同。尽管在理论上，人们对国家、债权人和债务

[1] 参见［德］弗里茨·鲍尔等：《德国强制执行法》（上册），王洪亮等译，法律出版社2019年版，第81页。

[2] 参见［英］卡尔·波兰尼：《大转型：我们时代的政治与经济起源》，冯钢、刘阳译，当代世界出版社2020年版，第137~141页。

[3] See Jack I. H. Jacob, *The Fabric of English Civil Justice*, Stevens & Sons Ltd., 1987, p. 187.

[4] See Wendy Kennett, *Civil Enforcement in a Comparative Perspective: A Public Management Challenge*, Intersentia Ltd., 2021, p. 566 - 569, 591.

人三者关系的把握遵循着与欧美国家类似的分析框架，并同样注重对债权人和债务人的一体保护，但在实际操作层面，受各种因素影响，无论是负责强制执行的法院还是社会公共舆论，并未在债权人和债务人之间保持好平衡。这一点可以从人们对“执行难”的认知中得到验证。“执行难”本身就是一个具有倾向性的概念，其隐含的意思是债权人实现债权难，是站在债权人的视角看待执行问题。尽管法院在20世纪80年代提出这一问题的时候，更多是在检讨法院工作的不足，但在其被上升为社会性问题之后，社会舆论已经给债权人和债务人贴上了不同的标签，即债权人是受害者，而债务人则是不诚信的。所谓“被执行人难找”“被执行财产难寻”“应执行财产难动”，实际上反映的都是债务人的诚信问题。至于债权人自身的问题，各方却很少关注。受此影响，学理在看待当事人主义和职权主义关系的时候，不可避免地得出与欧美学理截然相反的结论。在后者看来，职权主义是对自由主义的矫正，更多是站在债务人的视角限制债权人的自由处分。而在我国的学理上，由于债权人从一开始就被置于弱势地位，职权主义反而成了保护债权人的手段，并试图通过强化国家的干预化解债权人在查找财产方面的难题，而不是为其提供市场化的配套服务。

尽管我国社会给债权人和债务人贴上不同的标签并非没有事实根据——实践中，由于法律制度的不健全，债务人恶意逃避债务、规避执行的现象确实比比皆是，但同时应当看到这些问题的解决并不取决于执行机关和执行程序，而要依赖于社会的综合治理。如果为了解决部分债务人不诚信的问题，就寄望于借助国家的强制手段，通过公共性的强制执行给所有的债务人都施加压力，这对于另一部分“诚实而善良”的债务人而言，实际上是不公平的，很容易让已经陷入经济困境的他们雪上加霜。因此，在解决部分债务人不诚信的问题上，不宜一味地寻求国家强制，而应考虑“国家+社会+市场”的综合治理。具体到债务人隐匿财产的问题，也应当考虑“国家+社会+市场”的综合性解决方案。这恰恰是我国与欧美国家的最大差异。

欧美国家之所以能接受国家在财产调查问题上的“有限帮助”，一个很重要的原因是他们有公共服务和市场服务两条渠道。即使债权人不能从国家的正式程序中得到满意的结果，他也有市场服务作为替代选择。在20世纪末欧美国家提供正式的调查程序之前，债权人实际上也主要通过市场服务获取债务人的相关信息。而在我国，市场化服务却一直是缺位的。无论是私人收债还是私人调查，都游走在合法与非法之间的灰色地带。[1] 正因如此，我国法院在强制执行方面的压力始终难以得到缓解。

对比英国、法国、德国等国和我国的财产调查制度，不难发现，我国法院在财产调查方面的责任和能力不仅走在了“前列”，而且也几乎达到了极致。如果说在2013年之前，法院尚不能对债务人的经济状况给出准确的画像，那么网络执行查控系统建立之后，法院基本上已经可以判定债务人，尤其是那些沉默的、占据多数的、“诚实而善良”的债务人的债务履行能力。在此情况下，我国的执行程序其实完全可以重新考虑国家、债权人和债务人之间的责任分配。具体到“首次网络执行＋财产调查＋线下再次执行”的“三阶式”构造，在法院依职权完成首次的网络调查和执行并裁定终结本次执行程序之后，剩下的两个阶段确有必要通过律师调查令、审计执行、悬赏执行等方式，使债权人发挥更为主动的作用。法院和执行员则应专注于线下调查的秩序维护，完成那些不宜交给市场化主体实施的调查活动，比如搜查和上门查找债务人的动产。

---

〔1〕 参见云山城：《国外私人调查（侦探）业发展、管理、立法情况及对我国的借鉴意义》，载《铁道警官高等专科学校学报》2012年第3期。

# 参考文献

## 一、中文论著

### （一）著作


1. 白绿铉编译：《日本新民事诉讼法》，中国法制出版社 2000 年版。
2. 《当代中国》丛书编辑委员会编：《当代中国的司法行政工作》，当代中国出版社 1995 年版。
3. 曹杰：《强制执行法讲义》，上海法学编译社 1937 年版。
4. 《日本民事诉讼法典》，曹云吉译，厦门大学出版社 2017 年版。
5. 常怡主编：《强制执行的理论与实务》（修订本），重庆出版社 1992 年版。
6. 巢志雄：《诉权概念史》，厦门大学出版社 2021 年版。
7. 陈国申：《从传统到现代：英国地方治理变迁》，中国社会科学出版社 2009 年版。
8. 陈刚总主编、卷主编：《中国民事诉讼法制百年进程：清末时期》（第 1 卷），中国法制出版社 2004 年版。
9. 陈刚总主编、卷主编：《中国民事诉讼法制百年进程：清末时期》（第 2 卷），中国法制出版社 2004 年版。
10. 陈刚总主编、邓继好卷主编：《中国民事诉讼法制百年进程：民国初期》（第 2 卷），中国法制出版社 2014 年版。
11. 陈刚总主编、谢文哲卷主编：《中国民事诉讼法制百年进程：清末时期》（第 3 卷），中国法制出版社 2009 年版。
12. 陈计男：《强制执行法释论》，台北，元照出版有限公司 2012 年版。
13. 陈日华：《中古英格兰地方自治研究》，南京大学出版社 2011 年版。
14. 陈文海：《法国史》，人民出版社 2004 年版。
15. 陈煜：《清末新政中的修订法律馆——中国法律近代化的一段往事》，中国政法大学出版社 2009 年版。
16. 丁建弘：《德国通史》，上海社会科学院出版社 2002 年版。
17. 《德国民事诉讼法》，丁启明译，厦门大学出版社 2016 年版。
18. 丁贤俊、喻作凤编：《伍廷芳集》（上册），中华书局 1993 年版。
19. 董必武：《董必武政治法律文集》，法律出版社 1986 年版。
20. 董少谋：《民事强制执行法学》（第 2 版），法律出版社 2016 年版。
21. 何兰阶、鲁明健主编：《当代中国的审判工作》（上），当代中国出版社 1993 年版。
22. 何勤华主编：《法国法律发达史》，法律出版社 2001 年版。
23. 何勤华、李秀清：《外国法与中国法——20 世纪中国移植外国法反思》，中国政法大学出版社 2003 年版。
24. 侯欣一：《创制、运行及变异：民国时期西安地方法院研究》，商务印书馆 2017 年版。
25. 黄金龙：《〈关于人民法院执行工作若干问题的规定（试行）〉实用解析》，中国法制出版社 2000 年版。
26. ［清］甘厚慈编：《北洋公牍类纂正续编》，罗澍伟点校，天津古籍出版社 2013 年版。
27. 高仰光：《〈萨克森明镜〉研究》，北京大学出版社 2008 年版。
28. 顾肃：《自由主义基本理念》，译林出版社 2013 年版。
29. 何勤华、李秀清主编：《民国法学论文精萃第五卷：诉讼法律篇》，法律出版社 2004 年版。
30. 华夏等：《日本的法律继受与法律文化变迁》，中国政法大学出版社 2005 年版。
31. 江必新主编：《比较强制执行法》，中国法制出版社 2014 年版。
32. 蒋孟引主编：《英国史》，中国社会科学出版社 1988 年版。
33. 金邦贵主编：《法国司法制度》，法律出版社 2008 年版。
34. 李浩主编：《强制执行法》，厦门大学出版社 2004 年版。
35. 李喜蕊：《英国家庭法历史研究》，知识产权出版社 2009 年版。
36. 李世刚：《法国合同法改革——三部草案的比较研究》，法律出版社 2014 年版。
37. 李秀清：《日耳曼法研究》（修订版），社会科学文献出版社 2018 年版。
38. 李秀清、陈颐主编：《德国六法》，商务印书馆编译所编译，上海人民出版社 2013

年版。
39. 李秀清、陈颐主编：《法国六法》，商务印书馆编译所编译，上海人民出版社 2013 年版。
40. 李秀清、陈颐主编：《日本六法全书》，商务印书馆编译所编译，上海人民出版社 2013 年版。
41. 廖中洪主编：《民事间接强制执行比较研究》，中国检察出版社 2013 年版。
42. 刘汉富主编：《国际强制执行法律汇编》，法律出版社 2000 年版。
43. 刘新利、邢来顺：《德国通史第三卷：专利、启蒙与改革时代（1648—1815）》，江苏人民出版社 2019 年版。
44. 《法国民事执行程序法》，罗结珍译，中国法制出版社 2002 年版。
45. 《法国新民事诉讼法典》（上册），罗结珍译，法律出版社 2008 年版。
46. 吕一民：《法国通史》，上海社会科学院出版社 2012 年版。
47. 马克垚：《英国封建社会研究》，北京大学出版社 2005 年版。
48. 马原主编：《民事诉讼法的修改与适用》，人民法院出版社 1991 年版。
49. 钱金飞：《德意志近代早期政治与社会转型研究》，人民出版社 2017 年版。
50. 钱乘旦、许洁明：《英国通史》，上海社会科学院出版社 2007 年版。
51. 庞冠群：《司法与王权：法国绝对君主制下的高等法院》，人民出版社 2020 年版。
52. 屈文生：《普通法令状制度研究》，商务印书馆 2011 年版。
53. 瞿曾泽：《强制执行法释义》，会文堂新记书局 1937 年版。
54. 全国人大常委会法制工作委员会民法室编：《中华人民共和国民事诉讼法条文说明、立法理由及相关规定》，北京大学出版社 2007 年版。
55. 沈达明编著：《比较民事执行法初论》，对外贸易教育出版社 1994 年版。
56. 张根大等：《中国强制执行制度改革：理论研究与实践总结》，法律出版社 2003 年版。
57. 沈炼之主编：《法国通史简编》，人民出版社 1990 年版。
58. 《民事诉讼法学》编写组编：《民事诉讼法学》（第 3 版），高等教育出版社 2022 年版。
59. 孙立新：《德国通史第二卷：信仰分裂时代（1500—1648）》，江苏人民出版社 2019 年版。

60. 谭秋桂：《民事执行原理研究》，中国法制出版社 2001 年版。
61. 张仁善编：《王宠惠法学文集》，法律出版社 2008 年版。
62. 王懂棋：《新中国干部队伍建设制度史》，江苏人民出版社 2019 年版。
63. 王名扬：《法国行政法》，北京大学出版社 2007 年版。
64. 王亚平：《德国通史第一卷：封建帝国时代（公元 1500 年以前）》，江苏人民出版社 2019 年版。
65. 翁晓斌：《民事执行救济制度》，浙江大学出版社 2005 年版。
66. 毋爱斌：《民事执行拍卖制度研究》，厦门大学出版社 2014 年版。
67. 《德意志联邦共和国民事诉讼法》，谢怀栻译，中国法制出版社 2001 年版。
68. 谢振民编著：《中华民国立法史》，中国政法大学出版社 2000 年版。
69. 熊先觉等编选：《中国司法制度资料选编》，人民法院出版社 1987 年版。
70. 《苏联·盟员及自治共和国法院组织法》，徐步衡译，大众法学出版社 1951 年版。
71. 《苏俄民事诉讼法典》，徐福基、艾国藩译，大东书局 1951 年版。
72. 许仕宦：《家事审判与债务执行》，台北，新学林出版股份有限公司 2013 年版。
73. 薛波主编：《元照英美法词典》，法律出版社 2003 年版。
74. 严军兴、管晓峰主编：《中外民事强制执行制度比较研究》，人民出版社 2006 年版。
75. 严仁群：《民事执行权论》，法律出版社 2007 年版。
76. 阎照祥：《英国政治制度史》，人民出版社 1999 年版。
77. 杨与龄编著：《强制执行法论》，中国政法大学出版社 2002 年版。
78. 于明：《司法治国：英国法庭的政治史（1154—1701）》，法律出版社 2015 年版。
79. 张登科：《强制执行法》，台北，三民书局有限公司 2012 年版。
80. 张晋藩：《中华法制文明的演进》，法律出版社 2010 年版。
81. 张民安：《法国合同法总论》，中山大学出版社 2021 年版。
82. 张卫平：《民事诉讼法》，法律出版社 2016 年版。
83. 张卫平：《转换的逻辑：民事诉讼体制转型分析》（修订版），法律出版社 2007 年版。
84. 张卫平、陈刚编著：《法国民事诉讼法导论》，中国政法大学出版社 1997 年版。
85. 张卫平：《民事诉讼法》（第 4 版），法律出版社 2016 年版。

86. 张永红：《英国强制执行法》，复旦大学出版社 2014 年版。
87. 《苏俄民事诉讼法典》，张文蕴译，人民出版社 1951 年版。
88. 《德国民事诉讼法典》，赵秀举译，法律出版社 2021 年版。
89. 郑兢毅：《强制执行法释义》，商务印书馆 2014 年版。
90. 郑天翔：《郑天翔司法文存》，人民法院出版社 2012 年版。
91. 《苏俄民事诉讼法典》，梁启明、邓曙光译，法律出版社 1982 年版。
92. 中国社会科学院法学研究所民法研究室民诉组、北京政法学院民事诉讼法教研室编：《民事诉讼法参考资料》（第 2 辑·第 2 分册），法律出版社 1981 年版。
93. 《法国民事诉讼法典》，周建华译，厦门大学出版社 2022 年版。
94. 周道鸾主编：《民事诉讼法教程》，法律出版社 1988 年版。
95. 周威：《英格兰的早期治理——11—13 世纪英格兰治理模式的竞争性选择》，北京大学出版社 2008 年版。
96. 最高人民法院民事诉讼法修改研究小组编著：《〈中华人民共和国民事诉讼法〉修改的理解与适用》，人民法院出版社 2007 年版。
97. 最高人民法院政治部编：《域外法院组织和法官管理法律译编》（上册），人民法院出版社 2017 年版。

（二）译著

1. ［比］R. C. 范·卡内冈：《英国普通法的诞生》，李红海译，中国政法大学出版社 2003 年版。
2. ［德］奥拉夫·穆托斯特：《德国强制执行法》，马强伟译，中国法制出版社 2019 年版。
3. ［德］伯恩哈德·格罗斯菲尔德：《比较法的力量与弱点》，孙世彦、姚建宗译，清华大学出版社 2002 年版。
4. ［德］狄特·克罗林庚：《德国民事诉讼法律与实务》，刘汉富译，法律出版社 2000 年版。
5. ［德］弗里茨·鲍尔等：《德国强制执行法》，王洪亮等译，法律出版社 2019 年版。
6. ［德］罗森贝克等：《德国民事诉讼法》，李大雪译，中国法制出版社 2007 年版。
7. ［德］乌尔夫·迪尔迈尔等：《德意志史》，孟钟捷等译，商务印书馆 2018 年版。
8. ［德］汉斯－约阿希姆·穆泽拉克：《德国民事诉讼法基础教程》，周翠译，中国政法大学出版社 2005 年版。
9. ［法］艾涅斯特·格拉松：《法国民事诉讼程序的起源》，巢志雄译，北京大学出版社 2013 年版。
10. ［法］布洛克：《封建社会》（上），谈谷铮译，张家铭校，台北，桂冠图书股份有限公司 1995 年版。
11. ［法］弗朗索瓦·泰雷、［法］菲利普·森勒尔：《法国财产法》（上册），罗结珍译，中国法制出版社 2008 年版。
12. ［法］雷吉纳·佩尔努：《法国资产阶级史：从发端到近代》，康新文等译，上海译文出版社 1991 年版。
13. ［法］洛耶克·卡迪耶：《法国民事司法法》，杨艺宁译，中国政法大学出版社 2010 年版。
14. ［法］孟德斯鸠：《论法的精神》（上卷），许明龙译，商务印书馆 2012 年版。
15. ［法］皮埃尔·米盖尔：《法国史》，桂裕芳等译，中国社会科学出版社 2010 年版。
16. ［法］皮埃尔·特鲁仕主编：《法国司法制度》，丁伟译，北京大学出版社 2012 年版。
17. ［法］乔治·杜比主编：《法国史》（上卷），吕一民等译，商务印书馆 2010 年版。
18. ［法］让·叶戈、［法］让-佛朗索瓦·皮伊布：《公证执业法》，唐觉译，法律出版社 2008 年版。
19. ［法］让·里韦罗、［法］让·瓦利纳：《法国行政法》，鲁仁译，商务印书馆 2008 年版。
20. ［法］让·文森、［法］塞尔日·金沙尔：《法国民事诉讼法要义》（上），罗结珍译，中国法制出版社 2001 年版。
21. ［法］让·文森、［法］雅克·普雷沃：《法国民事执行程序法要义——强制执行途径与分配程序》，罗结珍译，中国法制出版社 2002 年版。
22. ［韩］姜大成：《韩国民事执行法》，朴宗根译，法律出版社 2010 年版。
23. ［美］朱迪斯·M. 本内特、［美］C. 沃伦·霍利斯特：《欧洲中世纪史》，杨宁、李韵译，上海社会科学院出版社 2007 年版。
24. ［美］哈罗德·J. 伯尔曼：《法律与革命第 1 卷：西方法律传统的形成》（中文修订版），高鸿钧等译，法律出版社 2008 年版。

25. ［美］孟罗·斯密：《欧陆法律发达史》，姚梅镇译，中国政法大学出版社 1999 年版。
26. ［美］任达：《新政革命与日本：中国，1898—1912》，李仲贤译，江苏人民出版社 1998 年版。
27. ［美］詹姆斯·W. 汤普逊：《中世纪晚期欧洲经济社会史》，徐家玲等译，商务印书馆 1992 年版。
28. ［苏］克列曼：《苏维埃民事诉讼》，王之相、王增润译，法律出版社 1957 年版。
29. ［苏］阿布拉莫夫：《苏维埃民事诉讼》（下），中国人民大学审判法教研室译，法律出版社 1956 年版。
30. ［日］坂井荣八郎：《德国史 10 讲》，龚娜译，中国工人出版社 2021 年版。
31. ［日］柴田三千雄：《法国史 10 讲》，冯赫阳译，中国工人出版社 2021 年版。
32. ［日］大木雅夫：《比较法》，范愉译，法律出版社 2006 年版。
33. ［日］冈田朝太郎口述、熊元襄编：《法院编制法》，上海人民出版社 2013 年版。
34. ［日］高木丰三：《日本民事诉讼法论纲》，陈与年译，中国政法大学出版社 2006 年版。
35. ［日］仁井田陞：《中国法制史》，牟发松译，上海古籍出版社 2011 年版。
36. ［日］竹下守夫：《日本民事执行法理论与实务研究》，张卫平、刘荣军译，重庆大学出版社 1994 年版。
37. ［意］彼德罗·彭梵得：《罗马法教科书》（2017 年校订版），黄风译，中国政法大学 2018 年版。
38. ［英］戴雪：《公共舆论的力量：19 世纪英国的法律与公共舆论》，戴鹏飞译，上海人民出版社 2014 年版。
39. ［英］卡尔·波兰尼：《大转型：我们时代的政治与经济起源》，冯钢、刘阳译，当代世界出版社 2020 年版。
40. ［英］L. 赖维乐·布朗、［英］约翰·S. 贝尔：《法国行政法》，高秦伟、王锴译，中国人民大学出版社 2006 年版。
41. ［英］佩里·安德森：《从古代到封建主义的过渡》，郭方、刘健译，上海人民出版社 2016 年版。
42. ［英］威廉·多伊尔：《捐官制度——十八世纪法国的卖官鬻爵》，高毅、高煜译，中国方正出版社 2017 年版。

（三）期刊、文集论文

1. ［法］宝道：《中国诉讼法改良之意见（1933 年）》，载王健编：《西法东渐：外国人和中国法的近代变革》，译林出版社 2020 年版。

2. 包来军：《浅析中世纪晚期法国卡佩王朝王权集权的政治和法律因素》，载《理论界》2013 年第 3 期。

3. 卞建林、王天保：《司法人员分类管理再思考》，载《内蒙古社会科学》2021 年第 6 期。

4. 常怡：《关于执行管辖》，载《政治与法律》1998 年第 5 期。

5. 常怡：《完善民事执行管辖的立法建议》，载《法律适用》1998 年第 4 期。

6. 陈杭平：《比较法视野下的执行权配置模式研究——以解决“执行难”问题为中心》，载《中外法学》2018 年第 2 期。

7. 陈丽平：《论法国承认与执行外国惩罚性赔偿判决之发展》，载黄进等主编：《中国国际私法与比较法年刊》第 24 卷，法律出版社 2020 年版。

8. 陈文海：《法国封建专制时期的鬻官制度》，载《华南师范大学学报（社会科学版）》1996 年第 5 期。

9. 陈学晏：《试论建立执行庭》，载《政法学刊》1986 年第 4 期。

10. 程汉大：《〈大宪章〉与英国宪法的起源》，载《南京大学法律评论》2002 年第 2 期。

11. 程汉大：《现代英国法院制度的历史变迁》，载中南财经政法大学法律史研究所编：《中西法律传统》第 5 卷，中国政法大学出版社 2006 年版。

12. 初庆东：《近代早期英国治安法官的选任与群体特征》，载《历史教学（高校版）》2017 年第 6 期。

13. 褚红军等：《推动实行审判权与执行权相分离体制改革试点的思考》，载《法律适用》2015 年第 6 期。

14. 董小燕、杨磊：《旧制度时期法国捐官制与绝对主义王权的关系探讨》，载《浙江学刊》2020 年第 1 期。

15. 杜苏：《司法独立的黎明：法国古典司法体制诸问题研究》，载《中外法学》2013 年第 1 期。

16. 《2012年12月12日欧洲议会和欧洲理事会关于民商事案件管辖权和判决执行的第1215/2012号（欧盟）条例（重订）》，杜涛等译，载林燕萍主编：《华政国际法评论》第2卷，法律出版社2014年版。
17. 方斯远：《论〈人民法院组织法〉的修订原则、重点与限度》，载《中国应用法学》2017年第1期。
18. 高瑞：《腓力四世时期朗格多克地区的王室执达吏研究》，载《鲁东大学学报（社会科学版）》2020年第5期。
19. 高执办：《国外执行机构概览》，载《人民司法》2001年第3期。
20. 高执办：《论执行局设置的理论基础》，载《人民司法》2001年第2期。
21. 高执办：《执行救济程序问题比较研究》，载《人民司法》2001年第7期。
22. 谷佳杰：《中国民事执行年度观察报告（2017年）》，载《当代法学》2018年第5期。
23. 顾荣新：《12世纪～19世纪英国治安法官的起源与流变》，载《法律文化研究》2007年第1期。
24. 洪浩：《论我国民事执行救济法律制度之重构》，载《法学》2005年第7期。
25. 侯树栋：《论10～11世纪德意志的帝国教会体制》，载《史学月刊》2005年第12期。
26. 胡其泰：《关于执行工作中的几个问题》，载《法学研究》1957年第4期。
27. 胡永恒：《普通法上的令状制度及其影响》，载公丕祥主编：《法制现代化研究》第12卷，南京师范大学出版社2009年版。
28. 黄春高：《"国王们都有长长的手臂"——法国路易六世时期的王权》，载《历史研究》2006年第2期。
29. 《瑞典强制执行法典》，黄金龙译，载《执行工作指导》2007年第1、2辑。
30. 黄艳红：《中世纪法国的空间与边界》，载《世界历史》2016年第3期。
31. 江浩：《民事执行中几个问题的研究》，载《法学研究》1957年第1期。
32. 江伟、熊跃敏：《德国民事诉讼上的和解制度介评——兼论对改革我国法院调解制度的启示》，载《福建政法管理干部学院学报》2001年第4期。
33. 孔令章、梁平：《民事间接强制执行制度比较研究》，载《重庆大学学报（社会科学版）》2012年第5期。

34. 雷彤：《执行体制改革背景下“执行员”的再解读》，载《当代法学》2019 年第 1 期。
35. 李大雪：《德国民事诉讼法的历史嬗变》，载《西南政法大学学报》2005 年第 2 期。
36. 李栋：《试析英国的封建制度及其宪政之生成》，载《环球法律评论》2011 年第 4 期。
37. 李菁笛：《曲折中的反思：民国时期县知事兼理司法制度再审视》，载《新疆大学学报（哲学·人文社会科学版）》2019 年第 3 期。
38. 李喜蕊：《论英国离婚法的改革》，载《聊城大学学报（社会科学版）》2006 年第 1 期。
39. 李云飞：《中世纪英格兰巡回法庭的运作机制探析》，载《暨南学报（哲学社会科学版）》2012 年第 7 期。
40. 李政：《中国近代民事诉讼法探源》，载《法律科学（西北政法大学学报）》2000 年第 6 期。
41. 李志明：《司法行政事务管理权配置：历史沿革、现实困境与发展趋势》，载《甘肃行政学院学报》2017 年第 1 期。
42. 廖中洪：《大陆法系当事人主义程序理论溯源——法国 1806 年〈民事诉讼法典〉基本思想与程序理论研究》，载《学海》2008 年第 3 期。
43. 林乾：《论中国古代司法与行政权的分、合嬗变》，载张中秋编：《2007 中华法系国际学术研讨会文集》，中国政法大学出版社 2007 年版。
44. 蔺志强：《一二五八年至一二六七年英国贵族改革运动》，载《历史研究》2004 年第 6 期。
45. 刘敏：《当代中国法制现代化进程的中断——50 年代末政法界反右派运动及其后果述论》，载南京师范大学法制现代化研究中心编：《法制现代化研究》第 6 卷，南京师范大学出版社 2000 年版。
46. 刘显娅：《都铎时期英国治安法官研究》，载《兰州学刊》2008 年第 12 期。
47. 刘颖：《执行文的历史源流、制度模式与中国图景》，载《中外法学》2020 年第 1 期。
48. 刘忠：《规模与内部治理——中国法院编制变迁三十年（1978—2008）》，载《法制与社会发展》2012 年第 5 期。

49. 刘忠：《员额制之后：法院人员分类构成评析》，载《华东政法大学学报》2020 年第 6 期。
50. 刘哲玮：《论民事诉讼模式理论的方法论意义及其运用》，载《当代法学》2016 年第 3 期。
51. 《法国民事执行程序法典》，罗结珍译，载《执行工作指导》2013 年第 3、4 辑。
52. 《法国民事执行程序法施行条例》，罗结珍译，载《执行工作指导》2014 年第 1、2、3 期。
53. 马登科：《程序上的执行救济与实体上的执行救济》，载《湖北社会科学》2001 年第 8 期。
54. 马登科：《民事间接强制执行比较研究》，载《法律科学（西北政法大学学报）》2012 年第 4 期。
55. 牟逍媛：《完善民事执行救济的程序保障机制》，载《法学》2005 年第 7 期。
56. 孟韵美：《中世纪晚期英格兰乡绅阶层的形成》，载《经济社会史评论》2018 年第 4 期。
57. 欧阳湘：《对民国前期新式法院数量的核实》，载《中国地方志》2006 年第 5 期。
58. 庞冠群：《法国绝对君主制下的司法界买官制问题再探讨》，载《求是学刊》2018 年第 1 期。
59. 秦瑞亭：《中德仲裁裁决执行制度比较》，载《南开学报（哲学社会科学版）》2010 年第 5 期。
60. 史明洲：《执行和解的法解释论展开——〈民事诉讼法〉第 230 条评注》，载《当代法学》2017 年第 1 期。
61. 谭玲、夏蔚：《强制执行制度的借鉴与创新——中国与加拿大强制执行制度之比较》，载《暨南学报（哲学社会科学）》2003 年第 3 期。
62. 唐仕春：《一九一四年审判厅大裁并之源流》，载《历史研究》2012 年第 3 期。
63. 唐兴霖、尹文嘉：《从新公共管理到后新公共管理——20 世纪 70 年代以来西方公共管理前沿理论述评》，载《社会科学战线》2011 年第 2 期。
64. 汪汉斌：《论民事执行改革研究中的若干理论偏误与缺失》，载《广东社会科学》2006 年第 6 期。
65. 王公义：《我国司法行政体制的历史沿革》，载《中国司法》2004 年第 1 期。

66. 王洪光：《强制执行救济论》，载陈光中、江伟主编：《诉讼法论丛》第 5 卷，法律出版社 2000 年版。
67. 王倩：《诸侯邦国立法与 16 世纪德意志的邦国构建》，载《世界历史》2019 年第 2 期。
68. 王胜明：《关于〈中华人民共和国人民法院组织法（修订草案）〉的说明——2017 年 8 月 28 日在第十二届全国人民代表大会常务委员会第二十九次会议上》，载《全国人民代表大会常务委员会公报》2018 年第 6 期。
69. 王亚平：《中世纪晚期德意志的邦国制》，载《世界历史》2018 年第 2 期。
70. 王亚平：《中世纪晚期德意志帝国改革与民族国家构建》，载《历史研究》2015 年第 2 期。
71. 王亚新：《民事诉讼法二十年》，载《当代法学》2011 年第 1 期。
72. 王银宏：《1495 年“帝国改革”与神圣罗马帝国和平秩序建构之制度困境的反思》，载《比较法研究》2016 年第 4 期。
73. 王银宏：《帝国基本法与统治的契约化——契约观念下神圣罗马帝国的“帝国改革”（1500 - 1521）》，载《史学月刊》2017 年第 10 期。
74. 魏文伯：《对于“中华人民共和国人民法院组织法”基本问题的认识》，载《法学研究》1955 年第 1 期。
75. 卫彦明、范向阳：《〈关于执行权合理配置和科学运行的若干意见〉的理解与适用》，载《人民司法 · 应用》2011 年第 23 期。
76. 吴光陆：《台湾地区“强制执行法”述评》，载《执行工作指导》2006 年第 1 辑。
77. 吴光陆：《台湾地区债务人异议之诉概述》，载《执行工作指导》2009 年第 3 辑。
78. 吴燕：《国民政府时期四川县级司法人事制度改革研究》，载《近代史研究》2011 年第 2 期。
79. 吴泽勇：《〈大清民事诉讼律〉修订考析》，载《现代法学》2007 年第 4 期。
80. 吴泽勇：《〈民事刑事诉讼暂行章程〉考略》，载《昆明理工大学学报（社会科学版）》2008 年第 1 期。
81. 吴泽勇：《清末修订〈法院编制法〉考略——兼论转型期的法典编纂》，载《法商研究》2006 年第 4 期。
82. 吴泽勇：《清末修订〈刑事民事诉讼法〉论考——兼论法典编纂的时机、策略和技术》，载《现代法学》2006 年第 2 期。
83. 肖建国：《中国民事执行立法的模式选择》，载《当代法学》2011 年第 1 期。
84. 肖建国：《执行当事人变更与追加的程序研究——基于德、日、韩执行文制度的比较研究》，载《法律适用》2011 年第 9 期。
85. 肖建国：《执行当事人变更与追加的救济制度研究——基于德、日、韩执行文制度的比较研究》，载《法律适用》2013 年第 9 期。
86. 王德新：《民事执行立法模式的比较与选择》，载《河南科技大学学报（社会科学版）》2011 年第 3 期。
87. 谢冬慧：《县司法处：近代中国基层审判机构论略》，载《东南学术》2010 年第 1 期。
88. 谢文哲：《法官阐明立法规定之历史沿革及启示——以德国、美国为中心的考察》，载《甘肃政法学院学报》2004 年第 6 期。
89. 许小亮：《从欧洲普通法到共同法——中世纪法律史的另一种叙事》，载《法学》2014 年第 5 期。
90. 徐小飞：《执行和解中法院的职能和角色》，载《法律适用》2012 年第 10 期。
91. 徐昕：《程序自由主义及其局限——以民事诉讼为考察中心》，载《开放时代》2003 年第 3 期。
92. 徐昕：《法国民事诉讼法律发达史及其理论意义》，载《江西社会科学》2013 年第 9 期。
93. 徐延昭：《浅析中世纪晚期西欧官吏阶层的产生》，载《史学集刊》2011 年第 14 期。
94. 薛永慧：《从台湾法官与司法辅助人员的关系看大陆法官员额制改革》，载《台湾研究集刊》2015 年第 6 期。
95. 杨鸿雁：《民初天津地方审判厅民事强制执行制度建设与实践》，载《天津法学》2020 年第 3 期。
96. 《德国强制拍卖与强制管理法》，杨柳译，载《执行工作指导》2009 年第 3 辑。
97. 银品：《民初承审员选任制探析》，载《史学月刊》2022 年第 7 期。
98. 尹志勇：《民事间接强制执行措施体系化研究》，载《西南科技大学学报（哲学社会科学版）》2020 年第 6 期。

99. 余甬帆：《法国“巴列门”史述评——以巴黎“巴列门”为考察主线》，载何勤华主编：《大陆法系及其对中国的影响》，法律出版社 2010 年版。
100. 云山城：《国外私人调查（侦探）业发展、管理、立法情况及对我国的借鉴意义》，载《铁道警官高等专科学校学报》2012 年第 3 期。
101. 詹娜：《16—17 世纪法国王权在中央高原地区的确立——以司法权为中心的考察》，载《史学月刊》2018 年第 6 期。
102. 张彩凤、叶永尧：《英国治安法官制度的现代化演进及其形态考察》，载公丕祥主编：《法制现代化研究》第 12 卷，法律出版社 2009 年版。
103. 张虎：《中美民事执行程序中的“财产披露”制度比较研究》，载《政治与法律》2013 年第 11 期。
104. 张国福：《关于北洋政府援用清末法律的依据问题》，载《法学杂志》1986 年第 1 期。
105. 张勤：《清末民初的民事诉讼法及大陆法系的影响——以法典结构为视角》，载何勤华主编：《大陆法系及其对中国的影响》，法律出版社 2010 年版。
106. 张卫平：《绝对职权主义的理性认知——原苏联民事诉讼基本模式评析》，载《现代法学》1996 年第 4 期。
107. 张卫平：《执行救济制度的体系化》，载《中外法学》2019 年第 4 期。
108. 张永红：《英国欠租扣押财物法及启示——兼论现代民事强制执行法的理论基础》，载《法律适用》2020 年第 3 期。
109. 张永红：《审判权和执行权相分离体制改革中应当注意的问题——基于英国模式的思考》，载《法律适用》2015 年第 5 期。
110. 张子弦：《法国民事诉讼法中的“辩论权尊重原则”》，载《苏州大学学报（法学版）》2022 年第 3 期。
111. 章武生、张大海：《论德国的起诉前强制调解制度》，载《法商研究》2004 年第 6 期。
112. 赵祥华：《民事执行管辖问题研究》，载《山东审判》2003 年第 2 期。
113. 赵轶峰：《世界大变迁与明清中国——对现代早期东西方历史进程的再思考》，载《社会科学辑刊》2015 年第 6 期。
114. 郑冲：《德国法院执行员制度改革之争》，载《比较法研究》2007 年第 6 期。

115. 周翠：《德国强制拍卖制度简介》，载《执行工作指导》2004 年第 1 辑。
116. 朱淑丽：《以欧盟为中心看欧洲私法的法典化趋向》，载《河北法学》2009 年第 2 期。

（四）博士学位论文

1. 陈颐：《腓力四世到路易十四时代法国的法律与国家建构——从司法主权到立法主权》，华东政法学院 2006 年博士学位论文。
2. 程丽庄：《俄罗斯联邦司法权研究》，重庆大学 2008 年博士学位论文。
3. 初庆东：《英国治安法官与地方治理研究（1560—1660）》，南京大学 2015 年博士学位论文。
4. 付海晏：《变动社会中的法律秩序——1929—1949 年鄂东民事诉讼案例研究》，华中师范大学 2004 年博士学位论文。
5. 宫雪：《英国民事执行权的运行与控制》，华东政法大学 2015 年博士学位论文。
6. 孙银钢：《盎格鲁 - 撒克逊法探析》，华东师范大学 2013 年博士学位论文。
7. 金殿军：《民事执行机制研究》，复旦大学 2010 年博士学位论文。
8. 陶婷：《执行文制度研究》，西南政法大学 2017 年博士学位论文。
9. 杨磊：《法国绝对君主制转型的尝试——论摄政王时期的改革（1715—1723）》，浙江大学 2020 年博士学位论文。
10. 余雄飞：《试论维京时代斯堪的纳维亚的早期社会及其基督教化》，东北师范大学 2019 年博士学位论文。

（五）译文

1. ［澳］欧文 · E. 休斯：《新公共管理的现状》，载《中国人民大学学报》2002 年第 6 期。
2. ［德］卡尔 · 奥古斯特 · 贝特尔曼：《民事诉讼法百年——自由主义法典的命运》，载［德］米夏埃尔 · 施蒂尔纳主编：《德国民事诉讼法学文萃》，赵秀举译，中国政法大学出版社 2005 年版。
3. ［德］彼得 · 哥特瓦尔德：《德国调解制度的新发展》，曹志勋译，载《经贸法律评论》2020 年第 3 期。
4. ［法］托尼 · 穆萨：《法国的强制执行法律制度》，载《执行工作指导》2007 年第 3 期。

5. ［日］山本和彦：《执行官制度的比较法研究——以日本、法国、德国的比较为中心》，史明洲译，载《人民司法·应用》2019年第10期。

（六）报刊论文

1. 陈永辉、黄年：《最高人民法院召开座谈会　建立执行威慑机制　构筑社会信用体系》，载《人民法院报》2004年12月15日。

2. 傅郁林：《质疑执行程序中的当事人主义——兼与张卫平教授商榷》，载《人民法院报》2003年4月11日。

3. 江必新、刘贵祥：《审判权和执行权相分离的最优模式》，载《法制日报》2016年2月3日，第12版。

4. 孟焕良：《司法拍卖回归自主模式——浙江法院网络司法拍卖调查》，载《人民法院报》2015年2月12日，第5版。

5. 谢辉：《用好"终结本次执行程序"》，载《人民法院报》2012年8月7日，第2版。

6. 张先明：《全国法院执行案件信息系统升级版正式开通》，载《人民法院报》2013年1月6日，第1、4版。

7. 张卫平：《民事执行中的积极与消极》，载《人民法院报》2003年2月21日。

8. 张志铭：《民事执行改革的几个理论问题》，载《人民法院报》2003年1月24日。

9. 周强：《关于〈中华人民共和国民事强制执行法（草案）〉的说明——2022年6月21日在第十三届全国人民代表大会常务委员会第三十五次会议上》，载《人民法院报》2022年6月26日，第1版。

## 二、外文论著

（一）著作

1. Arthur Engelmann et al., *A History of Continental Civil Procedure*, trans. by Robert Wyness Millar, Boston: Little, Brown and Company, 1927.

2. Brox / Walker, Zwangsvollstreckungsrecht, Carl Heymanns Verlag, 2008.

3. Claire Sandbrook, *Enforcement of a Judgment*, 10th Edition, Sweet & Maxwell, 2007.

4. Neil Andrews, *English Civil Procedure: Fundamentals of the New Civil Justice System*, Oxford University Press, 2003.

5. James J. Brown, *Judgment Enforcement Practice and Litigation*, John Wiley & Sons,

Inc. , 1994.

6. Jack I. H. Jacob, *The Fabric of English Civil Justice*, Stevens & Sons Ltd. , 1987.

7. John Baker, *An Introduction to English Legal History*, 5th ed. , Oxford University Press, 2019.

8. John O'Hare & Kevin Browne, *Civil Litigation*, Sweet & Maxell, 2000.

9. Mads Andenas et al. , eds. , *Enforcement Agency Practice in Europe*, British Institute of International and Comparative Law, 2005.

10. Maria Dobozy, *The Saxon Mirror: A Sachsenspiegel of the Fourteenth Century*, University of Pennsylvania Press, 1999.

11. Peter Herzog & Martha Weser, *Civil Procedure in France*, Springer Science & Business Media, B. V. , 1967.

12. Peter L. Murray & Rolf Stürner, *German Civil Justice*, Carolina Academic Press, 2004.

13. Prütting, Gehrlein, ZPO Kommentar, Aufl. 8. , Luchterhand Verlag, 2016.

14. Rosenberg / Gaul / Schilken, Zwangsvollstreckungsrecht, C. H. Beck Verlag, 1997.

15. Stuart Sime, *A Practical Approach to Civil Procedure*, Blackstone Press Limited, 1997.

16. W. A. Kennett, *Enforcement of Judgment in Europe*, Oxford University Press, 2000.

17. Wendy Kennett, *Civil Enforcement in a Comparative Perspective: A Public Management Challenge*, Intersentia Ltd. , 2021.

18. William Doyle, *Venality: The Sale of Offices in Eighteenth Century France*, Oxford University Press, 1996.

19. W. S. Holdsworth, *A History of English Law*, 7th ed. , ed. by A. L. Goodhart & H. G. Hanbury, Methuen & Co. Ltd and Sweet & Maxwell, 1956.

（二）论文

1. Andreas Deutsch, 200 Jahre modernes Gerichtsvollzieherwesen – Die Huissiers des französischen Code de procédure civile (1807) und ihre Bedeutung für Deutschland, DGVZ Nr. 1 (2007).

2. Marie – Laure Niboyet & Sabine Lacassagne, *Civil Enforcement in France*, European Business Law Review, Vol. 17 (2006).

3. C. Warren Hollister & John W. Baldwin, *The Rise of Administrative Kingship: Henry I*

*and Philip Augustus*, The American Historical Review, Vol. 83, No. 4, Oct., 1978.

4. Loïc Cadiet, *Introduction to French Civil Justice System and Civil Procedural Law*, Ritsumeikan Law Review (2011).

5. Elise M. Dermineur, *The Civil Judicial System in Early Modern France*, Frühneuzeit - Info 23 (2012).

6. Lauren J. Kim, *Judicial Court Structure of Sixteenth - Century France*, Torch Trinity Journal 16 (2013).

7. C. H. van Rhee, *The History of the 'Huissier de Justice' in the Low Countries*, Maastricht European Private Law Institute Working Paper, 15 (2011).

(三) 官方文件

1. Lord Chancellor's Department, *Effective Enforcement: Improved Methods of Recovery for Civil Court Debts and Commercial Rent and a Single Regulatory Regime for Warrant Enforcement Agents - A White Paper*, March 2003.

2. Lord Chancellor's Department, *Report of the First Phase of the Enforcement Review*, July 2000.

3. Lord Chancellor's Department, *Towards Effective Enforcement: A Single Piece of Bailiff Law and a Regulatory Structure - A Green Paper*, July 2001.